## AUTEURS CÉLÈBRES

# Ch. AUBERT

# LA
# MARIEUSE

PARIS

MARPON ET E. FLAMMARION

ÉDITEURS

26, RUE RACINE, PRÈS L'ODÉON

# LA MARIEUSE

# CHARLES AUBERT

# LA

# MARIEUSE

PARIS

C. MARPON & E. FLAMMARION, ÉDITEURS

26, RUE RACINE, PRÈS L'ODÉON

# LA MARIEUSE

## I

### UNE AGENCE MATRIMONIALE

M^me Lafare occupait alors un appartement fort coûteux, à l'entresol d'une maison de belle apparence, située dans la rue Taitbout, non loin du boulevard des Italiens.

De toutes les combinaisons extravagantes qu'on rencontre à Paris, l'exploitation d'une agence matrimoniale est, sans contredit, l'une des plus bizarres et des plus hasardeuses.

Malheureusement, M^me Lafare, qui avait risqué toutes ses économies dans cette entreprise, attendait encore l'occasion tant souhaitée qui devait l'enrichir tout d'un coup. On se mariait peu. Les frais étaient considérables, les clients étaient rares ; il en résultait un désaccord effrayant entre les recettes et les dépenses, et déjà, malgré toute l'énergie qu'elle avait déployée, une catastrophe était imminente.

Or, par une belle journée du mois d'août, un peu avant midi, la pauvre marieuse était dans le petit salon bleu tendre, — ce petit salon mystérieux dont le seul aspect prédisposait si bien les cœurs aux joies légitimes de la vie de famille. Installée dans un large fauteuil, elle écoutait avec un sang-froid admirable les récriminations de Mlle Annette, dont la langue, mise en branle par une lutte prolongée avec une meute de créanciers farouches, sonnait à toute volée le glas sinistre de la ruine.

Vêtue avec l'exquise simplicité qui distingue les soubrettes de mérite, Mlle Annette était une petite brune au regard vif, à la mine éveillée et friponne, ayant toujours devant les yeux quelque mèche de ses cheveux savamment ébouriffés.

Le poing sur la hanche et crânement campée sur la jambe gauche, elle pérorait d'un air décidé, soulignant chaque phrase de ces petits mouvements de tête mutinés qui sont, chez les domestiques dont on néglige de payer les gages, les signes non équivoques d'une complète insoumission.

« Elle en avait assez de la *boîte*, et elle ne se gênait pas pour le dire *carrément* à sa maîtresse. »

Quant à celle-ci, elle endurait les impertinences de la femme de chambre avec un flegme et une douceur qui eussent fait envie au diplomate le plus habile dans l'art de la dissimulation.

D'ailleurs, sans parler du caractère et de l'intelligence de cette femme, dont le lecteur aura bientôt la plus haute opinion, Mme Lafare était remarquable à plus d'un point de vue, et sa prodigieuse corpulence remplissait tout d'abord d'étonnement quiconque la voyait pour la première fois.

A part le milieu de la taille où le corset opposait quelque résistance à ce débordement de chair flasque, tout le corps paraissait s'effondrer comme une masse énorme, comme une chose absolument molle qui n'aurait été maintenue et grossièrement moulée que par la robe de soie grise dont l'étoffe se tendait sous la pesan-

teur des mamelles volumineuses et sous l'envahisse-
ment du ventre rebondi, étalé sur les cuisses.

Cependant, malgré l'exagération grotesque de son
embonpoint, M^me Lafare ne prêtait pas à rire.

En dépit de ses joues larges et pendantes, de son
triple menton, de sa peau grasse et luisante et de ses
cheveux gris frisotants, on demeurait convaincu qu'elle
avait dû être fort belle, à en juger par une petite
bouche rose très expressive et un peu railleuse, un nez
fin et régulier et des yeux largement fendus, des yeux
de gazelle, des yeux de velours qui brillaient d'une façon
étrange dans l'entrebâillement des paupières aux longs
cils que, par une manie inexplicable, elle tenait presque
constamment à demi fermées.

Presque toujours aussi un léger sourire voletait sur
ses lèvres, éclairant d'une expression doucereuse et
câline sa physionomie spirituelle.

En somme, avec son air digne, ses gestes de grande
dame et son éternel sourire, M^me Lafare captivait la
sympathie et paraissait être la plus honnête, la plus
obligeante, la plus aimable des femmes.

Cependant, M^lle Annette s'animait de plus en plus,
et sa voix retentissait avec la sonorité d'une trom-
pette.

— Non, madame, disait-elle, non, ils ne veulent pas
s'en aller, et ils ont raison, ces gens. Ils se sont installés
dans ma cuisine, le diable ne les ferait pas déguerpir,
et j'ai eu bien du mal à les empêcher d'envahir votre
appartement. Ils sont las d'attendre ; ils parlent d'aller
chez le commissaire, chez le juge de paix ; le tapissier
et le concierge se disputent au sujet de vos meubles,
tous les deux prétendent y avoir droit. Enfin, tous les
huissiers de Paris vont venir chez vous en pèlerinage ;
les assignations, les protêts, les saisies vont pleuvoir
dru comme grêle ; ça va être l'enfer ! Aussi je vous
répète que j'en ai assez ; je veux m'en aller.

— Voyons, petite, disait la grosse dame d'un ton

caressant, de quoi te plains-tu ? N'ai-je pas augmenté tes gages de dix francs ?

— Ah ! ça me fait une belle jambe ! Vous ne me les payez jamais.

— N'es-tu pas libre de sortir quand il te plaît ? N'agis-tu pas à ta guise avec les fournisseurs ?

— Pardine ! ce n'est pas ça qui vous gêne, vous ne leur donnez jamais un sou.

— Je puis les payer d'un moment à l'autre.

— Oh ! voilà cinq mois que vous dites ça ! En attendant, ça va toujours de mal en pis. Depuis que vous êtes ici, il n'est venu que des flibustiers, des panés et des veuves dotées de quatre ou cinq mioches ? un tas d'imbéciles et de pas grand'chose qui jouent au mariage avec l'espoir de gagner une riche héritière. Allons donc, ce n'est pas sérieux, ce métier-là ; on ne fait pas fortune en mariant les gens. Ah ! si c'était le contraire, je ne dis pas. Seulement, c'est moi qui ai tous les embêtements ; chaque jour, je suis obligée de faire de véritables tours de force auprès du boucher, du boulanger, du charbonnier ; nous changeons de blanchisseuse tous les quinze jours, et, si l'épicier d'en face n'était pas follement épris de mes charmes, il y a longtemps que je ne pourrais plus vous faire à dîner. On lui doit plus de cinq cents francs. C'est flatteur pour moi ; mais tout a une fin ; mes œillades sont impuissantes ; on veut de l'argent. Vous comprenez bien que je ne peux pas épouser tout le quartier ; et l'on ne peut pas vous faire crédit toute la vie à cause de mes beaux yeux. Et puis, ma réputation en souffre ; on m'a déjà surnommé *Paye-de-l'Œil.* D'ailleurs, outre les gages que vous me devez, je vous ai prêté toutes mes économies, et si ça continue, je n'aurai bientôt plus une robe à me mettre sur le dos. Faisons nos comptes.

Hors d'haleine, la femme de chambre s'arrêta enfin et se croisa les bras de l'air de quelqu'un qui a pris une résolution inébranlable.

Mais toujours souriante et sans s'émouvoir le moins du monde, M<sup>me</sup> Lafare lui répondit :

— Dis-moi, petite, tu connais mon armoire à glace ?

— Oui, fit la jeune fille tout interloquée par cette question.

— Elle est en palissandre et bien conservée ?

— Oui, très bien.

— Elle vaut bien trois cents francs ?

— Oh ! oui, certainement.

— Eh bien ! ce soir, tu la feras monter dans ta chambre.

— Dans ma ?...

— Oui, oui, dans ta chambre.

— Alors, madame me donne son armoire ? Oh ! que madame est bonne ! s'écria la femme de chambre toute radieuse et, très soumise déjà.

— J'y tiens beaucoup, c'est tout ce qui me reste de mon ancien mobilier ; mais je tiens surtout à te garder. Ecoute, Annette, tout n'est pas désespéré encore. Aujourd'hui même, j'attends une très noble demoiselle de la famille des marquis de Sérignan. D'après les lettres qu'elle m'a écrites de sa province, j'ai lieu de supposer qu'elle n'a pas moins de trois mille francs de rente. Je la marierai, crois-moi, dussé-je lui chercher un époux dans le royaume de la lune. Je saurai bien tirer de cette petite affaire un joli bénéfice. Après celle-là, pourquoi d'autres ne viendraient-elles pas ? Il faut de la patience. On ne peut pas m'expulser d'ici tout d'un coup, sans crier gare ; eh bien, j'irai jusqu'au bout. Qui sait, la chance peut tourner ; il ne faut qu'un coup... Hier, j'ai été vendre mon manteau de velours et ma dernière bague, de sorte que, pendant quinze jours encore, mon nom paraîtra dans la Petite Correspondance du *Figaro*. Pendant quinze jours, entends-tu ? quinze jours ! Pour moi, le monde est une grande loterie ; or, en quinze jours, on peut gagner le gros lot. Bah ! nous vivrons bien jusque là, quand je ne devrais manger que du pain sec. Je possède encore trois paires de draps et mon châle de noce, je vendrai tout, tout ! Et jusqu'au dernier moment, je lutterai, et jusqu'au dernier moment j'aurai de l'espoir. Va, va, mignonne, tu ne me connais pas encore. Aide-moi un peu et tu verras de quoi l'on est capable avec de l'énergie.

— Oh ! je veux bien, madame, dit la jeune soubrette, subjuguée par tant de volonté et complètement rassurée, d'ailleurs, au sujet de ses gages ; je ferai tout mon possible pour retarder votre perte. Malheureusement, je crains bien qu'il n'y en ait pas pour longtemps. Vos créanciers sont à bout de patience, et ils vont vous poursuivre sans pitié.

— Voyons, voyons, dit la marieuse, quels sont les plus pressés ?

— Il y a d'abord l'épicier.

— Oh ! pour celui-ci, je suis tranquille, il ne fera que ce qui te plaira.

— C'est vrai.

— Et d'un.

— Il y a le boucher.

— Attends-donc, un grand blond, n'est-ce pas ? Un beau garçon que j'ai vu une fois dans ta cuisine ?

— Oui.

— Ma foi ! je crois bien que si tu le voulais, ce ne serait pas encore celui-là qui nous inquiéterait beaucoup.

M$^{lle}$ Annette rougit très fort et baissa les yeux.

— Et de deux, fit M$^{me}$ Lafare.

La jeune fille se hâta de continuer :

— Puis il y a le charbonnier et le boulanger ; un Auvergnat et un Alsacien. Ah ! ceux-là sont terribles, madame.

— Terribles, terribles... Je parie que si tu essayais de lutter...

— Ah ! madame, un noir et un blanc, le charbon et la farine ; merci, c'est trop compromettant, ça laisse des traces.

— Eh ! combats de loin.

— Enfin, on verra.

A ce moment on sonna.

— C'est peut-être M<sup>lle</sup> de Sérignan, s'écria M<sup>me</sup> Lafare.

M<sup>lle</sup> Annette courut ouvrir et introduisit presque aussitôt une dame d'une quarantaine d'années, en toilette tapageuse, surchargée de bijoux ?

— Madame de Mourmoiron, annonça la soubrette.

— Arrivez donc, chère, dit M<sup>me</sup> Lafare, allant avec empressement au-devant de la visiteuse, à quel heureux hasard dois-je le plaisir de vous voir ? Annette, un fauteuil.

— Non, non ; ne vous dérangez pas. Je n'ai qu'une minute à vous donner.

— Comment, vous ne daignerez pas vous asseoir un instant ?

— Impossible, chère madame. J'ai mille courses à faire. Ma voiture est en bas, et j'ai bien peur de ne pouvoir faire toutes mes visites aujourd'hui. Je n'ai même pas eu le temps d'aller à la messe ce matin. Ecoutez-moi donc, ma bonne madame Lafare. Il s'agit d'une affaire superbe. Je viens de faire la connaissance d'un jeune homme charmant, noble et immensément riche. Beau garçon, vingt-quatre ans, arrivant de province, et naïf comme une jeune fille. C'est ma nièce qui a été l'arracher du château de ses pères et qui nous l'a amené à Paris. Elle donnait des leçons à la sœur de ce jeune homme, une charmante personne qui est aveugle de naissance, et que nous marierons aussi un jour ou l'autre.

— Y a-t-il des parents ?

— Non, ma chère, reprit avec exaltation M<sup>me</sup> de Mourmoiron ; les enfants sont orphelins. Mais nous

nous occuperons d'abord du jeune homme, un comte de Mallegardes, de la vieille noblesse. C'est une affaire superbe, vous dis-je; pensez donc, sa fortune personnelle se monte à plus de quatre millions.

— Quatre millions ! exclama M^me Lafare.

— Oui, ma bonne dame, quatre millions. Ah ! si nous réussissons, nous n'aurons pas perdu nos peines, et il faut réussir. Après-demain, je donne une grande soirée; le comte de Mallegardes et sa sœur m'ont promis de venir; amenez-moi donc celle de vos héritières qui est la plus riche, la plus titrée et la plus jolie. Il est indispensable qu'elle soit noble. Enfin ce que vous aurez de mieux. Pensez que la concurrence sera grande. Toutes les marieuses de la capitale vont m'amener la fleur du panier. Ce sera donc un véritable concours, et celle qui remportera le prix aura lieu de se réjouir. Vous avez bien compris?

— Parfaitement, parfaitement.

— A demain, donc; tâchez de réussir. Adieu, je me sauve.

Et après avoir serré la main de M^me Lafare, M^me de Mourmoiron, précédée par Annette, s'éloigna avec un grand bruit d'étoffe soyeuse, laissant derrière elle une forte odeur d'opoponax.

## II

### UNE FILLE A MARIER

Après le départ de M<sup>me</sup> de Mourmoiron, M<sup>me</sup> Lafare resta plongée dans de pénibles réflexions. Aucune des personnes inscrites sur son registre ne valait la peine d'être présentée. Aussi ce fut avec un douloureux accent de regret qu'elle soupira et qu'elle murmura plusieurs fois :

— Quatre millions ! quatre millions ! au moins quatre millions !

Tout à coup la sonnette retentit de nouveau. M<sup>me</sup> Lafare tressauta sur son fauteuil, et un éclair de joie illumina sa figure, lorsque Annette lui dit :

— M<sup>lle</sup> Angélique de Sérignan demande à vous parler.

— Ah ! mon Dieu ! comme elle arrive à propos.

— Eh bien, si vous n'avez que celle-là à présenter, reprit M<sup>lle</sup> Annette, vous ne ferez pas mal de lui mettre un sac sur la tête.

— Elle est donc laide ?

— Comme un singe, madame.

Déçue dans son espoir, M<sup>me</sup> Lafare poussa encore un gros soupir, et résignée, elle pénétra dans le grand salon où l'attendait M<sup>lle</sup> Angélique de Sérignan, avec la Canorgue, sa bonne.

Quel que fût l'empire que possédât M<sup>me</sup> Lafare sur elle-même, elle ne put réprimer tout à fait son désappointement à la vue des deux provinciales.

M<sup>lle</sup> de Sérignan était une grande personne, haute, mince et sèche, avec un teint de cire, un air maladif, des lèvres minces, des yeux méchants, une expression hargneuse sur le visage, et une raideur de mannequin par tout le corps. Un costume ridicule, dernier échantillon des modes vieillies d'une province arriérée, achevait de lui donner un aspect si burlesque que nos plus intrépides quêteurs d'héritières eussent reculé d'effroi devant une aussi invraisemblable fiancée.

Elle était flanquée d'une servante qu'on appelait la Canorgue, vierge méridionale aux hanches très larges, trapue, osseuse, carrée des épaules et plate d'estomac. Son teint sombre d'ancienne médaille, ses cheveux noirs et crépus, emprisonnés dans un foulard d'un jaune éclatant, ses sourcils très épais, ses gros yeux, — des yeux de négresse, — et ses moustaches très apparentes sur les coins d'une bouche fendue jusqu'au milieu des joues, lui donnaient plutôt l'air d'un homme que d'une femme. Elle avait une expression dure et sauvage, tempérée seulement par des manières et des attitudes de la plus basse servilité.

Mais M<sup>me</sup> Lafare eut bientôt caché son désappointement sous son plus gracieux sourire. Avec ses yeux caves, son teint flétri et sa mine refrognée, M<sup>lle</sup> de Sérignan avait une fortune d'environ soixante mille francs, et possédait, en outre, une maladie de cœur, qui pouvait l'emporter d'un moment à l'autre. Grâce à ce dernier avantage, M<sup>me</sup> Lafare la jugeait d'un placement facile, car elle connaissait un tas d'honnêtes gens disposés à s'en accommoder avec empressement.

Elle fit donc un effort sur elle-même et, tout à coup rassérénée, ce fut de sa voix la plus charmante et avec l'expression la plus mignarde qu'elle dit, en s'avançant vers la grande fille :

— Pardon, mademoiselle, de vous avoir fait attendre. Je suis tout à vous.

Sans se lever du canapé sur lequel elle était assise,

et presque sans bouger, M<sup>lle</sup> de Sérignan fit un léger salut de tête et ne souffla mot.

M<sup>me</sup> Lafare se laissa aller sur un fauteuil qui gémit sous le poids, et, quelque peu glacée par la mine dédaigneuse de la provinciale, elle reprit un peu plus cérémonieusement :

— C'est bien à mademoiselle Angélique de Sérignan que j'ai l'honneur...

Mais, sans répondre, la hautaine demoiselle interpella sa servante :

— La Canorgue, priez madame de parler plus fort. Celle-ci dit alors à M<sup>me</sup> Lafare :

— Ma maîtresse est dure d'oreilles; il faut parler fort, si vous voulez qu'elle vous entende.

— Bon ! pensa la marieuse, elle est sourde, il ne lui manquait plus que cela.

Puis, enflant sa voix le plus possible, elle ajouta :

— Mademoiselle de Sérignan a l'intention de se marier ?

A cette question, la maîtresse et la servante parurent secouées d'un commun tressaillement, et toutes les deux rougirent autant que le permettaient la blancheur d'ivoire de l'une et le teint bronzé de l'autre.

Etant enfin parvenue à vaincre l'espèce de répulsion que lui avait inspirée une interrogation si brutale, M<sup>lle</sup> de Sérignan, toujours hautaine, murmura d'une voix étouffée :

— C'est mon intention.

Aussitôt, et sur un diapason très élevé, M<sup>me</sup> Lafare, donnant libre cours à son imagination, esquissa avec une grande finesse l'attrayant portrait d'un personnage fantaisiste, qu'elle créait tout gracieux, tout frisé, ganté et cravaté de blanc, et disant déjà au pied de l'autel le *oui* sacramentel.

Lorsqu'elle vit que sa cliente était suffisamment séduite, M<sup>me</sup> Lafare pria la noble demoiselle de vouloir bien lui donner quelques détails sur sa fortune et sa position.

A cette nouvelle question, qu'elle jugea de la dernière impertinence, M^lle de Sérignan eut un haut-le-corps des plus menaçants.

Cependant, après avoir réfléchi que le mariage était sans doute un état où la femme devait nécessairement se soumettre à toutes sortes d'humiliations, elle fit taire sa pudeur de vierge réfractaire et titrée, et daigna répondre à la marieuse :

— Bien qu'il n'y ait rien de commun entre moi et vous, je comprends toutefois que vous avez besoin de quelques renseignements ; et je veux bien vous les donner.

M^me Lafare reçut sans broncher cette phrase insultante ; elle s'inclina même en faisant une grimace qui pouvait aussi bien passer pour un assentiment poli que pour une méprisante raillerie.

La Canorgue était impassible.

M^lle de Sérignan continua :

— Je suis l'unique descendante de la famille de Sérignan, et mes ancêtres combattaient déjà parmi les grands barons de France à l'époque des premières croisades.

Je suis née à Avignon, et n'ai plus de parents. Je suis restée fille jusqu'à ce jour, parce que... cela m'a plu ainsi. Ma réputation est intacte. Comme je m'ennuie à présent, je ne refuserais pas d'accorder ma main à quelque gentilhomme, si j'en rencontrais un digne de cette faveur. J'ai lu votre annonce dans les journaux, et j'ai cru pouvoir user de votre industrie pour trouver un époux à ma convenance. J'ai là, dans ce sac, toute ma fortune que j'ai réalisée : un peu plus de soixante mille francs. Voici en outre mes papiers et mes titres de noblesse : je vous les confie jusqu'à demain, afin que vous puissiez les examiner et savoir à qui vous parlez.

Disant cela, la noble provinciale ouvrit son sac et
ortit des paperasses où se trouvaient mêlées plusieurs
iasses de billets de banque ; puis, elle se leva, et, très
mue, les yeux pleins de fièvre, la main tremblante,
lle tendit ses parchemins à M^me Lafare, salua imper-
eptiblement, et se dirigea, vers la porte, suivie de la
Janorgue.

Là, elle s'arrêta, et plus troublée qu'elle ne voulait le
paraître, elle dit d'une voix brève :

— L'homme dont vous me parlez, s'il est un galant
chevalier, comme vous le dites, me plaît. Pour lui, je
ferai le sacrifice de toutes mes répugnances. Agissez
donc comme vous savez, afin qu'il soit mon époux.
Demain, je reviendrai.

Toujours automatique, elle se retourna, franchit vivement la porte que la Canorgue venait d'ouvrir, et
bientôt M^me Lafare, stupéfaite des étranges manières
de sa cliente, l'entendit descendre l'escalier d'un pas
magistral.

## III

### LES BILLETS DE BANQUE

Restée seule, la marieuse retomba sur son fauteuil et se mit à parcourir curieusement les parchemins de la noble demoiselle.

— Voilà une singulière fille à marier, murmura-t-elle ; présomptueuse, laide, sourde, acariâtre... hum ! heureusement elle porte un beau nom, sa dot est respectable et, circonstance des plus favorables, ses palpitations et sa mine d'agonisante encourageront les gens. Que dis-je ? on se la disputera !... J'ai là un poète avorté, un noble ruiné et un ex-sous-préfet qui n'hésiteront pas une seconde, les heureux coquins. Quel dommage qu'elle ne soit pas jolie ! Comme il eût été agréable pour moi de l'entendre annoncer dans les salons de M<sup>me</sup> de Mourmoiron : M<sup>lle</sup> de Sérignan !... quatre millions ! quatre millions !

Et plusieurs fois encore elle répéta :

Ah ! c'est bien dommage !

Tout à coup la sonnette retentit violemment, et, au bout d'un instant, la Canorgue se précipita dans le salon, en criant d'une voix rauque :

— L'argent ! où est l'argent ?

— Quoi ! quel argent ? demanda M<sup>me</sup> Lafare.

En même temps, ses yeux, se portant sur le canapé où s'était tenue M<sup>me</sup> de Sérignan, aperçurent deux liasses de billets de banque. Devançant la Canorgue, qui allait s'en emparer, elle bondit sur les billets et les serra dans sa main, comme quelqu'un qui ne veut plus s'en dessaisir.

Puis, les deux femmes se regardèrent d'une façon singulière. En un moment, une foule de pensées traversèrent leur esprit.

Enfin, la Canorgue dit brusquement:

— Cet argent est à ma maîtresse ; elle l'a oublié. Donnez-le moi.

Mme Lafare ne répondit pas tout d'abord. A quoi pensait-elle, en palpant fiévreusement les liasses de billets qu'elle tenait serrées contre elles ? Elle-même n'aurait pu le dire. On ne sait quelle vague espérance chantait sourdement dans son âme troublée, et suffisait à l'empêcher de rendre ces précieux chiffons qu'elle voulait tenir et toucher un peu, un moment encore, le plus longtemps possible.

— Mais, dit-elle, comment se fait-il que votre maîtresse ne soit pas venue elle-même les chercher?

— Elle m'a envoyée, voilà tout.

— Ah ! où est-elle ?

— Sur un banc du boulevard, là, au coin de la rue. Tout à coup, elle a fouillé dans son sac, et devenue toute blanche, toute pâmée, elle a crié : « Va chercher l'argent, va ! » — Allons, donnez-moi les billets.

C'était clair, c'était simple ; il fallait remettre l'argent. Cependant Mme Lafare hésita encore : une si grosse somme, une fortune, le bien-être, le luxe, le bonheur enfin, tout cela tenait dans ses deux mains, lui appartenait presque, et pourtant il fallait le rendre ; oui, il le fallait... Eh bien, non ! pas tout de suite du moins.

Elle fit un effort pour parler naturellement :

— Une si grosse somme... Vous comprenez, mon enfant, je suis responsable ; je préfère aller avec vous pour remettre moi-même cet argent à votre maîtresse.

Et, sans attendre de réponse, sans se couvrir, elle enveloppa les billets dans son mouchoir de poche, ouvrit la porte et descendit l'escalier, suivie de près, touchée presque par la Canorgue dont les yeux, allumés par la convoitise, ne perdaient pas un seul des mouvements de la marieuse.

Elles parcoururent la rue Le Peletier jusqu'au boulevard et, parvenues au coin, elles s'arrêtèrent brusquement, surprises, agitées de mille sentiments divers, à la vue d'un grand rassemblement qui s'était formé autour du premier banc.

Lorsque les deux femmes eurent fendu la foule, un spectacle terrifiant faillit leur arracher un cri. La Canorgue allait même se précipiter, quand M^me Lafare, la retenant par le bras d'un geste violent, lui dit à l'oreille avec une de ces intonations qui pénètrent au fond de l'âme et commandent aux sens :

— Taisez-vous !

La Canorgue se tut, en effet, et toutes les deux, silencieuses, respirant à peine, continuèrent de regarder là, à deux pas au plus, une femme à demi renversée sur le banc, l'œil vitreux, les traits contractés et rigides, la bouche ouverte et pleine de caillots noirs, les vêtements souillés de sang, qui ne donnait plus aucun signe de vie.

Tout autour, on parlait, on conseillait, et chacun s'agitait sans savoir que faire, lorsque survinrent deux agents qui enlevèrent le corps inerte et sanglant.

Les deux femmes suivirent avec la foule. On s'arrêta devant la boutique d'un pharmacien.

Elles restèrent là, immobiles, pendant un long temps, sans parler. Mais leurs mains s'étaient rencontrées et s'étreignaient l'une l'autre, comme pour comprimer le trouble mauvais de leurs doubles pensées.

Au bout d'une heure, elles virent deux hommes portant une civière.

Près d'elles, quelqu'un, sans doute un médecin, prononça distinctement ces mots :

— C'est une rupture d'anévrisme. Comme cette personne est inconnue, il n'y a plus qu'à la porter à la Morgue.

Puis la foule se disssipa et, seulement alors, les deux femmes parurent se réveiller.

— Venez, dit M^me Lafare.

Elles retournèrent rue Le Peletier.

Lorsqu'elles furent dans le salon, la marieuse ferma soigneusement les portes. Ensuite, se tournant vers la Canorgue, elle lui dit brusquement :

— Est-ce que votre maîtresse avait sur elle d'autres papiers ?

— Non ; elle vous a tout laissé.

— Connaît-elle quelqu'un à Paris ?

— Personne. Nous sommes arrivées dans la matinée et, après avoir déjeuné, nous sommes venus directement ici.

— Et vos bagages ?

— Les malles sont encore au chemin de fer. J'ai là les bulletins pour aller les réclamer.

— Eh bien, reprit M^me Lafare, deux personnes seules au monde savent que c'est M^lle de Sérignan qui vient de mourir, qu'elle a été transportée à la Morgue, et que la fortune, laissée entre mes mains, lui appartenait.

— C'est vrai, murmura la Canorgue.

M^me Lafare découvrit alors les billets, les soupesa et, après les avoir partagés en deux liasses elle dit à la servante :

— Vous voyez, les parts sont égales ?

— Oui.

— Choisissez.

La brune fille, les yeux pleins d'éclairs, bondit vers la table, s'empara d'une des liasses, la baisa et la fit disparaître dans la poche profonde de sa robe noire.

La marieuse ajouta :

— Quant aux titres, je les garde, et je vous abandonne les malles que vous pouvez faire reprendre, avant ce soir cependant, par un commissaire.

— C'est convenu. Je vois que vous êtes une honnête personne.

La marieuse eut un étrange sourire.

— Je ne vous demande qu'une chose, continua-t-elle, une chose tout à fait nécessaire à notre sûreté, c'est d'oublier complètement que vous avez connu M<sup>lle</sup> Angélique de Sérignan.

— Par ma foi, je l'espère bien, dit la Provençale.

Joyeuse et farouche, elle comprima sa poitrine avec ses bras puissants; et, sous l'empire d'un sentiment longtemps contenu, elle cria :

— Moi aussi, je serai servie!... Moi aussi, je trouverai maintenant à me marier.

Dans un large sourire, elle montra la double rangée de ses dents blanches et, bête fauve illuminée par la joie, ébouriffée, ivre, triomphante, elle se redressa et sortit en bondissant comme un cabri.

M<sup>me</sup> Lafare, restée seule, s'accouda sur la table, caressant du regard les parchemins et les billets de banque. Cette masse intelligente se mit à penser longuement, longuement son esprit s'absorba en de laborieuses combinaisons.

Être pervers et supérieur, elle considérait uniquement cette maigre fortune, venue de l'enfer, comme un instrument nécessaire pour arriver à quelque chose qui serait digne d'elle.

# IV

## LA BELLE COUTURIÈRE DE LA RUE SAINT-DENIS

Par une soirée brumeuse du mois de janvier, un homme remontait avec agitation la rue Saint-Denis.

Il paraissait avoir trente ans. Sa taille élevée et svelte, l'élégance de sa tournure et de ses manières ne permettaient pas de s'apercevoir, tout d'abord, du mauvais état de ses vêtements, très propres d'ailleurs ; mais un œil attentif y aurait bientôt découvert les signes évidents d'une pauvreté soigneusement dissimulée.

Une profonde inquiétude assombrissait en ce moment sa physionomie intelligente et sympathique.

Le jeune homme marchait rapidement ; il était très pâle, et ses grands yeux clairs jetaient par instants de sombres lueurs.

Arrivé à la hauteur de la rue du Caire, il s'arrêta et parut hésiter avant de s'engager dans l'obscure allée qui se prolongeait comme un trou noir au travers d'une vieille maison d'assez triste apparence.

Il tortillait fiévreusement sa moustache, et, en proie à une douloureuse émotion, il laissait échapper des lambeaux de phrases qui révélaient le pénible combat qui se livrait dans son esprit.

— C'est affreux, ce que je fais là. N'est-ce pas indigne d'elle et de moi !... cependant ce doute me tue... il faut que je sache à quoi m'en tenir.

Il hésita encore un instant, puis il reprit avec violence :

— Ah ! non, non, c'est trop lâche !... je ne m'abaisserai pas à ce point.

Il fit quelques pas comme pour s'en aller, mais il s'arrêta bientôt. Il traversa la rue et se mit à observer les fenêtres du troisième étage de la vieille maison.

Un léger filet de lumière brillait entre les rideaux de l'une des croisées.

— Elle est là... murmura-t-il, que fait-elle en ce moment ?... Après tout, pourquoi hésiter ? Il faut que je la voie... Ses caresses apaiseront sans doute l'horrible mal qui me torture ; son doux sourire chassera ce soupçon qui m'obsède et me tue... Si elle est coupable !... Eh bien...

Il fit un geste de menace et pénétra résolument dans l'allée. La concierge était sur sa porte ; il ralentit un peu le pas en passant devant elle.

— Tiens, M. Jean Eyrolles ! fit celle-ci avec étonnement.

— Bonsoir, madame Dupont, dit le jeune homme, cherchant à esquiver les bavardages de la concierge.

— Vous n'êtes donc pas allé à Étampes ? Il me semblait vous avoir entendu dire que vous ne reviendriez qu'après-demain ?

— Je suis revenu plus tôt, ayant pu terminer aujourd'hui les affaires de l'administration.

— Ah ! c'est différent... C'est égal, madame va être bien surprise.

— Bonne nuit, madame Dupont, fit sèchement celui qu'on venait d'appeler Jean Eyrolles.

Et, peu disposé à en écouter davantage, il s'engagea dans l'escalier. Il monta lentement d'abord, puis plus vite, et enfin il se mit à franchir les marches deux à deux.

— Pourquoi sera-t-elle si surprise ? murmura-t-il. Cette femme sait donc quelque chose ?

Parvenu au troisième étage, il s'arrêta devant une porte où brillait une plaque de cuivre portant ces mots : « M<sup>me</sup> Eyrolles, couturière. »

Ayant tiré une petite clef de sa poche, il se disposait à ouvrir, lorsque, se ravisant, il colla son oreille contre la serrure.

Il n'entendit rien.

D'ailleurs, il avait des bourdonnements dans la tête ; son cœur battait avec violence, et il se sentait chanceler comme un homme pris de vertige.

Il tremblait si fort qu'il fut obligé de se servir de ses deux mains pour introduire la clef dans la serrure. Enfin la porte s'ouvrit, et le timbre résonna violemment.

Au même instant, un cri, suivi d'un bruit de meubles, brusquement remués, frappa son oreille.

Il s'élança comme un fou, traversa l'atelier, la salle à manger, et ouvrant une dernière porte, il se trouva face à face avec une jeune femme qui s'écria en le voyant :

— Toi !

Pâle, hagard, effrayant, Jean Eyrolles parcourut la chambre d'un coup d'œil rapide.

— Tu es seule ?

— Oui, oui... sans doute, répondit la jeune femme, comprimant à grand'peine l'émotion dont elle était envahie.

Et comme Jean Eyrolles s'adossait contre le mur, paraissant ne plus pouvoir se soutenir, elle ajouta :

— Qu'as-tu donc ? qu'est-il arrivé ?

— Rien, rien. Je me sens un peu malade ; j'ai dû revenir à la hâte de ce voyage. Il fait humide et j'ai eu froid... Mais, toi-même, pourquoi trembles-tu à ce point ?

— J'ai eu peur. C'est assez naturel ; tu entres comme un voleur.

Plus troublée qu'elle ne voulait le paraître, elle se

laissa tomber sur le canapé et battit des paupières comme si elle allait se trouver mal.

Alors Jean Eyrolles, honteux, repentant, vint doucement se mettre à ses pieds. Il prit les mains de sa femme, et, d'une voix très douce, il lui dit :

— Antonine, pardonne-moi, j'étais fou.

— Que veux-tu dire ?

— Je suis jaloux... Je croyais que tu me trompais... et je suis revenu pour te surprendre...

— Me surprendre !

— Oh ! pardonne-moi ! Je souffrais tant...

Et, les yeux humides, le pauvre jeune homme couvrit de baisers les mains de sa femme, qui reprenait peu à peu son assurance.

— Oh ! Jean, comme c'est mal ! dit-elle d'un ton plein de reproches ; comment as-tu pu concevoir de tels soupçons ?

— Que sais-je ?... La jalousie est une torture épouvantable. La moindre apparence suffit pour vous verser dans le cœur ce mortel poison qui brûle, qui consume et étouffe en nous tout bon sentiment sous un désir unique et furieux de vengeance et de meurtre... Te souviens-tu de ce jour où nous fûmes invités au bal de M. Ruffin ? Pendant toute la soirée, ce gros homme se tint près de toi, s'enorgueillissant de sa richesse et de son luxe, faisant l'aimable à sa manière, et te regardant sans cesse avec ses gros yeux pleins d'impures ardeurs et de révoltantes convoitises...

— Comment ! c'est de M. Ruffin que tu es jaloux ?

— Que veux-tu ?... tu étais coquette avec lui, tu accueillais volontiers ses grossiers compliments, et tes minauderies endiablées semblaient provoquer les appétits de cet homme et l'encourager à te faire la cour.

— Mais tu es fou... Je m'amusais ; voilà tout.

— Depuis ce jour, le soupçon m'est entré dans l'âme, alimenté sans fin par mille détails. Je te trouvais tout autre ; tes allures avaient changé. Je te surprenais souvent avec de belles toilettes ; il me semblait que tu devenais indifférente ; maintes fois, pendant ces derniers temps, tu n'es pas rentrée pour dîner, prétextant avoir été retenue par quelques clientes ; et puis, tu écrivais à M. Ruffin ; moi-même j'ai dû mettre plusieurs lettres à la poste...

— Tu sais bien que j'habille sa femme, qui est maintenant ma meilleure cliente !

— Oui, oui, je sais ; mais la jalousie aveugle... Que de fois j'ai été tenté d'ouvrir les lettres que tu adressais à cet homme. Enfin, hier, comme je revenais de mon bureau un peu plus tôt que de coutume, je t'ai vue — oh ! c'est bien le hasard ! — je t'ai vue descendre de sa propre voiture, arrêtée par précaution au coin de la rue du Caire. Je ne t'en ai pas parlé, parce que je pensais que tu m'aurais appris toi-même...

— Mais, mon ami, c'est bien simple : je venais d'essayer une robe à sa femme, et M. Ruffin, qui avait affaire dans le quartier, m'a proposé de me reconduire dans sa voiture.

— Je te crois, mon Antonine, je te crois. A présent que tu es là, que je te vois, que je t'entends, c'est fini. Il ne me reste plus que la honte de de t'avoir soupçonnée. Ah ! si tu savais l'horrible mal que fait la jalousie ! Songe donc qu'avec une sorte d'atroce joie, je caressais l'idée de te tuer, toi ! toi que j'aime tant, toi qui m'es plus chère que la vie.

— Tu voulais me tuer !

— Oh ! si l'autre avait été là, quand je suis entré, me volant tes caresses toujours enviées, comment veux-tu que je ne vous eusse pas égorgés tous deux !

Et, à cette seule pensée, crispant malgré lui ses poings nerveux, Jean Eyrolles promena un sombre regard autour de la chambre.

Tout à coup, les yeux d'Antonine s'agrandirent démesurément. Elle jeta un cri et, d'un mouvement brusque et rapide, prenant à deux mains la tête de son mari, dont les regards ne cessaient d'errer vaguement à droite et à gauche, elle lui cacha la figure sur son sein.

— Tu me pardonnes, n'est-ce pas, Antonine, dit Eyrolles, qui prit ce mouvement pour un élan passionné.

— Oui, oui... je te pardonne, et je t'aime bien, crois-moi... Mais ne bouge pas ; laisse ta tête là, sur ma poitrine, laisse-la ainsi toujours, toujours...

Et la malheureuse lui maintenait convulsivement le visage contre son cœur qui battait à se rompre, pendant que, les yeux dilatés par l'épouvante, elle contemplait par terre, aplatie sur le parquet, à deux pas à peine, émergeant du grand tapis qui recouvrait la table, une grosse main, une main d'homme certainement, une rouge et lourde main où brillait un large anneau d'or enrichi de diamants.

Oh ! cette main révélatrice ! Comment empêcher son mari de la voir et de tenir ainsi la preuve indéniable de la présence d'un complice ?

— Qu'as-tu donc ? demanda anxieusement Jean Eyrolles, en écoutant les battements désordonnés du cœur de la jeune femme.

Elle prit une résolution suprême, énergique, violente, elle cria :

— Vite, un verre d'eau... Tu en trouveras à la cuisine... Je sens que je vais me trouver mal.

Et elle se leva en même temps que lui, appuyée sur son épaule, le poussant, l'enveloppant et le maintenant, afin qu'il ne se retournât pas. Elle le suivit ainsi jusque dans la salle à manger.

Là, elle respira un peu, et s'assit sur une chaise, pendant que son mari remplissait d'eau, hâtivement, le verre demandé.

Mais, lorsqu'il le lui présenta, elle avait déjà trouvé le moyen d'éloigner Jean Eyrolles pour quelques instants.

Jean, lui dit-elle, j'aurais besoin d'un peu d'eau de mélisse. Veux-tu aller m'en chercher ?... L'épicier ne doit pas être encore fermé... Veux-tu ?·j'ai les nerfs dans un état effrayant... Je t'en prie, va vite.

— J'y cours, mignonne... Ah ! Ah ! mon chapeau...

Et avant qu'elle eût pu faire un mouvement, il s'élança dans la chambre.

Antonine sentit un frisson lui glacer tous les membres et, pendant une seconde, elle se crut sur le point de mourir... Evidemment, il allait voir, et tout était perdu.

Elle eut envie de fuir ; mais l'excès même de sa peur la tint clouée sur place.

Presque aussitôt Jean Eyrolles reparut, disant :

— Je reviens dans deux minutes.

Puis il sortit en courant.

Alors Antonine se leva et resta près de la porte jusqu'au moment où le bruit des pas de Jean Eyrolles eut cessé de se faire entendre dans l'escalier. Après quoi, elle se précipita dans sa chambre, souleva le tapis, et dit à celui qui se trouvait là, blotti sous la table :

— Vite, vite ! fuyez.

Un gros homme se dressa péniblement sur ses jambes chancelantes. Sans lui laisser le temps de parler; Antonine lui mit son chapeau dans la main et le poussa jusqu'à la sortie en disant :

— Pas un mot ; fuyez, fuyez vite.

L'air ahuri, les mouvements incertains, M. Ruffin, car c'était lui, dégringola l'escalier aussi promptement que le lui permettait sa corpulence.

Alors seulement Antonine respira. Le danger étant conjuré, elle ne tarda pas à retrouver tout son calme.

Lorsque Jean Eyrolles rentra, Antonine était déjà à moitié déshabillée.

Complètement remise de ses émotions, elle devint câline comme une chatte et se fit coquettement délacer par son mari, chez qui tout soupçon avait disparu.

Radieux, caressants comme aux premiers jours de leur mariage, les deux époux commencèrent à se lutiner, pareils à des enfants. Jamais Antonine ne s'était montrée plus espiègle et plus provocante. Adorable de grâce et de gaminerie, elle avait jeté à la tête de son mari les coussins et les oreillers.

Puis, après une poursuite pleine de langueur, elle était allée se pelotonner, avec des ondulations toutes félines, dans l'édredon de soie bleue qui gisait sur le tapis. Là, blottie et roulée sur elle-même, presque nue, lascive et délicieuse, elle bravait le jeune homme enivré. — Et lui, morcelant un énorme bouquet qui se trouvait sur la table, il menaçait la belle voluptueuse, et lui jetait des fleurs à poignée, avec une feinte colère, pleine d'amoureux énervements.

## V

OÙ LE LECTEUR FERA PLUS AMPLE. CONNAISSANCE AVEC LA
BELLE COUTURIÈRE DE LA RUE SAINT-DENIS

La chambre d'une femme est pleine de révélations;
les goûts et le caractère de celle qui l'habite s'y reflètent
dans chaque objet.

Un inquiétant esprit de coquetterie avait présidé à
l'arrangement de la chambre d'Antonine. L'aspect
frivole et voluptueux à la fois de cette pièce la rendait
plus digne d'une femme galante que d'une honnête
ouvrière. On eût été moins étonné de voir cette chambre
dans la rue Bréda que dans le sévère quartier où elle
se trouvait.

Les murs étaient tendus d'une étoffe rose Louis XV, un
moelleux tapis dissimulait le vilain carreau jaune; un
lit capitonné et recouvert de dentelle, ainsi que le fauteuil et le canapé, une armoire à glace, plusieurs éta-
gères surchargées de bibelots et de futilités, et enfin la
toilette, où se trouvait tout un attirail de parfumerie,
complétaient cet ameublement qui était comme l'expression d'une impuissante tentative de luxe faite au
détriment du véritable confortable.

D'ailleurs les toilettes tapageuses de la jeune ouvrière
l'avaient fait remarquer dans le quartier, et, lorsqu'elle
passait dans la rue Saint-Denis, elle provoquait une
grande sensation dans l'esprit du petit bourgeois; les
femmes blâmaient et s'indignaient, les hommes admi-

raient et désiraient ; et on l'appelait généralement :
« La belle couturière. »

Antonine était, en effet, merveilleusement belle.

Blanche et rose, potelée et mignonne à la fois, fine
de taille, les seins fièrement tendus, telle elle apparaissait. Son corps atteignait ce développement gracieux
des formes qu'on se plaît à remarquer dans certaines
statues de l'antiquité. A des traits parfaitement ré-
guliers, elle joignait ce charme mystérieux qui fait
qu'on désire en même temps qu'on admire.

Etait-ce sa petite bouche rieuse, si joliment dé-
coupée, ces lèvres rouges presque ardentes, aux contours
charnus et veloutés, qui faisaient naître l'envie? ou bien
étaient-ce ces grands yeux, profonds comme la mer
dont ils avaient la transparence verte, ces grands yeux
étoilés, voluptueux et rayonnants sous l'ombre des
longs cils? Peut-être était-ce la teinte rosée qui animait
ses joues, éclairait son visage et lui donnait une fraîcheur tout enfantine? ou enfin la glorieuse auréole de
cheveux blonds qui flottaient autour de sa tête comme
des flammes d'or?... On eût été bien embarrassé de
dire ce qui charmait en elle, et néanmoins, dès qu'on
la voyait, on lui appartenait de cœur et d'esprit.

Folâtre et spirituelle, elle savait à merveille jouer à
la petite fille et décocher soudain les flèches de la plus
malicieuse espièglerie.

Pour peu qu'on fût de son intimité, elle se livrait à
tous les élans d'une gaieté bruyante, qui n'avait souvent
d'autre cause que l'exubérance capiteuse de son riche
tempérament.

Cependant, depuis quelque temps, quelqu'un qui
l'aurait vue, lorsqu'elle était seule, eût été fort surpris
de la trouver penchée sur un registre, un crayon à la
main, additionnant des sommes dont le total semblait
l'effarer et lui faisait froncer les sourcils, ce qui assombrissait malencontreusement son joli visage.

C'est qu'il ne suffit pas toujours d'être belle et séduisante comme une princesse ou comme une fée pour en avoir la puissance et les richesses.

Toute jeune elle avait connu la misère.

Disons tout de suite qu'Antonine était la fille unique de M<sup>me</sup> Lafare.

Ses parents, vivant dans le plus grand désordre, étaient toujours à court d'argent, bien qu'ils eussent un nombre très illicite de moyens ingénieux pour s'en procurer.

Que faisaient-ils?

Tout.

Les industries les plus extraordinaires, qu'on peut exercer à Paris seulement, M. et M<sup>me</sup> Lafare les exploitaient et les inventaient au besoin.

Le père était tour à tour témoin salarié à la porte des mairies, vendeur de billets à la porte des théâtres, chef de claque, marchand de macarons sur les boulevards pendant les fêtes, *entraîneur* à Mabille et à Valentino. Il était aussi courtier de plusieurs compagnies d'assurances, lançait les jeux nouveaux, s'entremettait pour l'achat des fonds de commerce, procurait des bailleurs de fonds dans les affaires véreuses, vendait la photographie et la biographie des hommes illustres, et savait, en un mot, mettre à profit tous les événements et tous les besoins du jour.

M<sup>me</sup> Lafare tenait le vestiaire dans les bals, louait des chaises dans les jardins publics, vendait des parapluies sur les boulevards les jours d'orage, des cannes les jours de soleil, louait des jumelles aux courses, gardait les malades et faisait les ménages de garçon.

Quant à Antonine, dès l'âge de sept ans on l'envoyait vendre, le soir, de petits bouquets défraîchis dans les grands cafés, commerce difficile où il faut joindre, à une grande effronterie, une légèreté d'anguille pour se faufiler entre les tables et échapper aux brutalités des garçons de café, sinon à la poigne des agents de police.

Souvent on faisait bonne chère chez les Lafare, mais plus souvent encore on mâchait dans le vide.

On ne pouvait jamais s'ennuyer dans ce ménage bizarre; on riait, on chantait, on faisait des plans, on se querellait et on se battait.

Un jour, Antonine avait alors treize ans, M. Lafare s'en alla et ne revint pas. La mère et la fille n'en entendirent jamais plus parler.

Une fois cependant, quelque temps après la Commune, elles apprirent par un journal que le malheureux était condamné à mort, par contumace.

Restée seule, M^me Lafare mit sa fille en apprentissage chez une couturière. Pendant trois ans, la petite Antonine fit des ourlets, des boutonnières, des volants, des plissés, des bouillonnés, des froncés. D'une intelligence vive et d'une habileté de doigts sans pareille, elle se fit remarquer par sa patronne, qui, au bout de deux ans, lui donna trente francs par mois, et lui confia exclusivement les fonctions de *poignarder*, c'est-à-dire de retoucher les robes.

La quatrième année, pas une robe princesse ou longue ou garnie en tablier, pas une tunique polonaise, un corsage séparé ne pouvaient aller sans que la petite Antonine y mît la main.

Ses appointements furent portés à cent cinquante francs.

Malheureusement la guerre arriva, puis, le siège, puis la Commune, puis un long chômage, suite des désastres.

Vers la fin de 1871, la mère et la fille étaient dans la plus grande détresse.

Antonine alla au Temple, se présenta comme demoiselle de vente et fit, comme extra, plusieurs journées par semaine, dans une boutique de chaussures. Elle n'avait d'autres appointements que les pourboires que lui donnaient les clientes, et parfois une petite remise du patron lorsqu'elle parvenait à vendre quelques vieux rossignols fanés.

Pendant l'hiver, elle eut la chance d'entrer chez Tucker, la plus forte maison de chaussures de Paris, faisant spécialement la chaussure à talons Louis XV.

Elle endossa l'uniforme des demoiselles de vente qui est : une robe princesse noire, un col plat uni avec le nœud de ruban vert, et, pendus à la ceinture par une chaînette en acier, les ciseaux, la corne d'ivoire et le tire-boutons.

Elle allait avoir dix-sept ans, elle était divinement belle et d'une coquetterie infernale.

Le soir, après la journée, lorsqu'elle rentrait chez sa mère elle traînait sur ses pas tout un cortège de *suiveurs* et s'amusait follement de la mine plus ou moins grotesque de ces amoureux de hasard qui passent leur temps à convoiter platoniquement un petit pied alerte, un bas blanc, une taille jeune, et une chevelure blonde qui, flottant au vent, laisse apercevoir une nuque ambrée où croît un fin duvet.

Quel jeu charmant, quel manège délicieux ! Comme elle savait bien se faire suivre par un, par deux, par trois ! Comme elle était savante dans l'art de se laisser approcher, puis de fuir au moment où l'on allait parler ! Comme elle savait s'arrêter à propos devant une boutique, traverser la rue en sautillant et d'un petit coup d'œil furtif, en se baissant un peu pour ramasser ses jupes, rattacher à ses pas un galant découragé, sur le point de rester en arrière !

Oh ! les petits rires étouffés, les beaux rêves pleins de moustaches, de toilettes extravagantes et d'équipages somptueux ! Que de grands romans s'ébauchaient dans cette petite tête !

Il y avait surtout une boutique de bijouterie où elle était toujours sûre de captiver une vraie fournée de cœurs.

Des vieux, hélas !

C'était sur le boulevard. De nombreux réflecteurs jetaient des torrents de lumière sur la vitrine éblouissante où les joyaux merveilleux et les pierreries étincelantes formaient comme une fournaise pleine de flamboiements.

Oh ! les beaux bijoux qu'aiment les filles ?

Elle restait là pendant de longues minutes, dévorant des yeux ces parures embrasées qui lui brûlaient le cœur, à elle. Peu à peu, dans l'obscurité relative qui régnait en deçà et au delà des magasins lumineux, elle voyait se mouvoir des ombres, des hommes, des messieurs bien mis, riches sans doute, qui, semblables aux hôtes des bois que le feu tient à distance, tournaient, rôdaient autour de l'espace éclairé sans oser y rentrer, guettant la jeune fille comme on guette une proie.

Quelquefois un plus hardi s'approchait, fredonnant un ancien couplet ou un refrain en vogue ; puis une petite voix doucereuse et cassée, une voix de perroquet attendri, prononçait distinctement quelque phrase significative.

Elle ne comprenait pas bien, mais elle devinait ; sans regarder, elle voyait.

Souvent un petit vieux voûté, à favoris gris, à l'air vénérable, encaqué dans sa redingote noire et feignant d'examiner les parures, s'approchait d'elle de plus en plus. Et parfois elle osait jeter un regard qu'elle détournait aussitôt avec répugnance à la vue de sa triste conquête.

Ecœurée, elle s'envolait tout à coup, suivie encore par quelque autre courtisan rabougri qui trottinait derrière elle, toussant, crachant ou reniflant.

Antonine rentrait toute pleine de dégoût. La lubricité de ces amoureux cacochymes, asthmatiques ou catarrheux lui faisait peur.

Quant aux jeunes gens qui auraient pu lui plaire, ils manquaient d'audace ou de persévérance.

Par un singulier hasard, aucun ne fut assez adroit

ou assez patient pour captiver cette rayonnante créature ; aucun de ceux qui auraient pu satisfaire son
amour pour le luxe et l'éclat n'eut l'occasion de le lui
offrir d'une façon sérieuse.

Et puis elle connaissait sa valeur.

Un jour M<sup>me</sup> Lafare la surprit devant son armoire
à glace, admirant son corps dans sa radieuse nudité.
En proie à l'ivresse d'une sorte d'orgueil impudique
elle cria :

O mère, vois donc comme je suis belle !

Donc elle restait vierge de corps, quoique livrée déjà
au royal tentateur de ses rêves ; elle restait pure, attendant que le hasard envoyât sur sa route quelque
ravisseur digne de la posséder.

Cependant il venait des hommes chez M<sup>me</sup> Lafare,
et plusieurs fois la jeune fille dut essuyer les regards
cyniques de chalands qui, venus pour la mère, mar-
chandaient la fille.

Or, en raison de cette situation morale, ce qui arriva
fut assez singulier.

Elle se maria.

Un jour de fête, le magasin étant fermé, Antonine
et une grande partie de ses camarades s'échappèrent
de Paris comme une volée de petits oiseaux vagabonds,
et s'abattirent bruyamment dans le bois de Chatou,
qui fut bientôt rempli de chansons joyeuses, de cris et
de frais éclats de rire.

L'ardent soleil de juin répandait comme une pluie
de baisers d'or ; pas une feuille, pas un brin d'herbe
n'échappait à cette profusion de chaudes caresses.

En vraies Parisiennes, les jeunes filles s'étonnaient
que le ciel fût si grand, qu'il y eût véritablement des
prés, des bois, des fleurs dans les champs, des oiseaux
dans les arbres ; elles trouvaient surtout étrange que la
Seine coulât librement auprès d'elles, sans être empri-
sonnée entre deux murailles profondes et tristes.

Comme il n'y avait point d'hommes avec elles,

elles se livraient sans retenue à toutes sortes d'extra-
vagances ; les choses les plus folles étaient proposées et
exécutées : courir, bondir, grimper aux arbres, s'enguir-
lander de fleurs, se rouler,  se battre  et s'embrasser,
étaient autant de joies qui les grisaient.

Antonine, qui  suivait un  petit sentier  au bord  de
l'eau, découvrit un canot qui n'était pas amarré.

Sauter dedans, saisir les avirons, s'éloigner de la
berge, fut l'affaire d'un instant.

Déjà elle songeait à appeler l'attention de ses com-
pagnes pour jouir de leur surprise, lorsqu'un petit cla-
potement, qui se produisit près d'elle, attira ses regards.

Soudain elle jeta un cri, ferma les yeux, et tout son
visage s'empourpra.

Qu'avait-elle vu ?

Là, tout près, à sa gauche, une jeune tête blonde,
avec de longs cheveux et de fines moustaches, penchée
sur une épaule blanche,  émergeait de l'eau gracieuse
et souriante.

— Était-elle folle ?

Quand elle rouvrit les yeux, la vision avait disparu.

Ah ! encore, à droite, maintenant, baignée de soleil,
la blonde tête d'un jeune homme reparaissait et deux
yeux bleus la contemplaient.

Puis la forme blanche roula de nouveau dans la
profondeur des ondes vertes.

La jeune fille avait abandonné les rames ; son sein
se soulevait violemment sous l'empire d'une émotion qui
paralysait sa pensée.

Soudain une main nerveuse saisit le rebord de la
petite embarcation qui oscilla ; la tête reparut et une
voix dit :

— Au nom de la loi, mademoiselle, je vous arrête.

— Mais, monsieur... balbutia la jeune fille interdite.

— Ne cherchez pas à m'attendrir, je serai impitoyable. Ah ! le joli pirate, qui s'empare de mon bateau et de toutes mes richesses ! Il ne vous manque plus que de me charger de chaînes et de me garder comme esclave.

Mais le jeune homme s'interrompit tout à coup en voyant la jeune fille porter un mouchoir à ses yeux qui s'étaient remplis de larmes.

Certes, la voix du jeune homme était trop sympathique, son sourire était trop radieux, et ses yeux trop caressants pour qu'Antonine pût être effrayée.

Alors, pourquoi pleurait-elle ?

Elle eût été elle-même bien embarrassée pour le dire, car l'émotion qu'elle éprouvait en ce moment était plutôt douce que pénible.

Le jeune baigneur se rapprocha davantage, s'empara doucement de la petite main d'Antonine, et les jeunes gens, blonds tous les deux et comme ensoleillés, se turent, glissant avec le courant du fleuve.

Après un long silence, le jeune homme approcha ses lèvres de la petite main blanche en murmurant :

— Pardon.

La petite main se retira, le visage se découvrit, et, plus belle, plus sereine que jamais, Antonine dit vivement :

— Allez-vous-en, monsieur.

— Où ça ? mademoiselle.

— Il n'est pas convenable que vous restiez près de moi, dans ce costume.

— Vous me condamnez alors à passer le reste de mon existence dans ce fleuve ?

— Comment cela ?

— Parce que mes vêtements se trouvent là, derrière vous; dans le bateau.

— Eh bien ! monsieur, je vais ramener la barque où je l'ai prise...

— Renoncez à cet espoir, mademoiselle. Les écluses

sont ouvertes depuis ce matin ; vous ne pourrez jamais remonter le courant pendant deux kilomètres.

— Deux kilomètres, s'écria Antonine en se retournant. Est-ce possible ! où sommes-nous ? où sont mes amies ?

— Tenez, apercevez-vous là-bas, là-bas, bien loin, ce grand peuplier qui a l'air d'un panache ?...

— Oh ! il faut retourner bien vite.

Et disant cela, elle saisit les avirons et se mit à ramer courageusement.

— Mais vous allez vous rompre les bras, mademoiselle, et nous n'avançons pas d'un centimètre. Le courant est très fort en ce moment ; il faudrait toute la vigueur d'un homme pour le remonter.

— C'est vrai, dit Antonine. Eh bien ! je vais toujours essayer d'aborder ; je rejoindrai mes amies à pied.

La jeune fille tenta aussitôt de diriger le bateau vers la rive ; mais soit par inexpérience, soit par une traîtresse manœuvre du jeune homme, la légère embarcation se mit à tournoyer, toujours entraînée par le courant.

— Mon Dieu ! que faire ? s'écria la jeune fille découragée en voyant fuir le rivage.

— Ma foi ! dit le jeune homme en réprimant un sourire, je crois que seul je pourrais sauver l'équipage.

— Eh bien ! monsieur, sauvez-nous.

— C'est mon désir ; seulement...

— Seulement ?

— Pour cela, il faudrait que je fusse dans la barque, et...

— Oh ! monsieur, dans l'état où vous êtes !

— Précisément, voilà l'embarras.

— C'est déjà très inconvenant...

Et la jeune fille rougissait en songeant que le fleuve, en plein soleil, était par instant un voile plein d'impudeur et que, parfois, bien malgré elle, la forme blanche du jeune baigneur avait frappé son regard.

— Si la chose était possible, je prendrais mes vêtements et j'irais m'habiller tout au fond de l'eau.

— Mais, que faire ?

— Je ne vois d'autre issue à cette situation que de monter dans le bateau pour me rhabiller.

— Ah ! par exemple, monsieur, voilà ce que je ne permettrai jamais.

— Alors, mademoiselle, le fleuve nous portera ainsi jusqu'à Honfleur, puis dans l'Océan ; une fois là, à la grâce de Dieu !

— Mais le bateau descend toujours, monsieur.

— C'est vrai ; il va même plus vite.

— Voyons, monsieur, de grâce, ne plaisantons plus.

— Eh bien ! mademoiselle, veuillez vous mettre à l'avant ; vous me tournerez le dos et, sans que vous ayez l'ennui de me voir, je monterai à bord pour m'habiller.

— Mais si la barque se mettait à tourner ?

— Eh bien, ne tournerais-je pas aussi, moi ?

Les deux jeunes gens poussèrent un long éclat de rire.

— Il y a mieux encore, s'écria le jeune homme.

— Quoi donc ?

— Voyez-vous là, derrière, cet énorme parapluie blanc.

— Oui.

— Eh bien, vous l'ouvrez.

— Je l'ouvre.

— Et vous le placez au milieu du canot, de sorte que nous avons chacun notre appartement.

— Mais c'est impossible ; tenez, voilà que nous traversons un pays ; il y a des maisons de tous côtés.

— Nous traversons Bougival, et, dans quelques minutes, nous nous retrouverons en pleine campagne.

Quelques instants après, l'on avait dépassé les dernières maisons. Antonine confuse regardait obstinément l'eau verte, tandis que de l'autre côté du parapluie déployé, un jeune homme achevait de s'habiller.

Très élégamment vêtu, grand, mince, il frappa quelques petits coups sur le manche du parapluie.

— Peut-on entrer ?.

— Oui, monsieur, dit Antonine, qui ne put retenir un léger cri à la vue du beau cavalier qu'elle avait devant elle : en effet, ce dernier lui était tout d'abord apparu d'une façon si étrange qu'elle n'aurait pu se l'imaginer vêtu, parlant et agissant comme tout le monde.

En vérité, mêlant la splendeur de la jeunesse aux beautés du paysage admirable, sous un ciel merveilleux d'éclat et de pureté, ce couple était charmant.

Les circonstances de cette rencontre les liaient pour quelques heures encore, car après avoir débarqué, il fallut dîner à Bougival.

Jean Eyrolles connaissait un bon endroit, il y conduisit Antonine.

A la porte du restaurant, ils furent reçus par un garçon à l'air intelligent et discret, qui les introduisit dans un cabinet dont la fenêtre donnait sur la Seine, du côté de la Grenouillère.

Dans sa candeur, Antonine fut heureuse de voir qu'ils n'étaient pas mêlés à d'autres consommateurs.

Le dîner fut des plus simples. Les amoureux ne mangent guère. On goûta au petit bleu du pays, qui fit faire une épouvantable grimace à la jeune fille, puis Jean Eyrolles fit apporter une bouteille d'un vieux Beaujolais qu'Antonine trouva fort de son goût.

Bien que mêlant beaucoup d'eau à son vin, la demoiselle de magasin, que la chaleur avait fortement altérée, se trouva tout étourdie quand on apporta le dessert.

Jean Eyrolles, qui lui témoignait autant de respect que d'admiration, s'était conduit avec tant de réserve qu'Antonine, tout à fait rassurée, se livra sans contrainte à sa gaieté naturelle.

Une bouteille de champagne, discrètement apportée, mit le comble à la bonne humeur des deux jeunes gens.

Il est si doux à boire, ce vin couleur d'or, qui mousse et qui pétille ! Comment se méfier de son ivresse qui n'est faite que de rires, de joyeux propos, et aussi de tendres aveux !

Lorsque la bouteille fut à moitié bue, le diable s'en mêla.

Depuis un moment les jeunes gens étaient tout près l'un de l'autre ; ils s'appelaient par leur petit nom, et des flammes parcouraient leurs veines.

Jean Eyrolles passa son bras autour de la taille d'Antonine ; puis, murmurant un mot d'amour, il l'attira contre lui et l'embrassa avidement sur le cou. Mais soudain, frémissante, indignée, la jeune fille, le visage empourpré, et les yeux pleins d'éclairs, repoussa Jean Eyrolles avec violence et se leva en criant d'une voix saccadée :

— Ah ! monsieur, je ne m'attendais pas à cela de vous.

C'était bien la pudeur révoltée d'une vierge qui bondit sous la brûlure d'un premier baiser.

Jean Eyrolles, ravi et honteux à la fois, conçut une haute idée du caractère de cette jeune fille, et il se repentit d'avoir effarouché la pureté de cet ange que le ciel venait de mettre sur sa route.

— Elle sera ma femme, se dit-il.

Le vol d'un baiser est un de ces crimes dont on obtient facilement le pardon. Le jeune homme promit de ne plus recommencer, et la jeune fille redevint rieuse et confiante.

Puis il fallut songer au retour.

Les jeunes gens durent remonter lentement la Seine jusqu'à Chatou, d'autant plus lentement que leurs cœurs battaient très vite et faisaient beaucoup de chemin, si bien que la nuit était venue lorsqu'ils abordèrent auprès du grand peuplier. Les amies d'Antonine étaient parties

Jean Eyrolles et Antonine revinrent à Paris et ne se quittèrent que très tard, les yeux ravis.

Leurs cœurs étaient si pleins de sentiments nouveaux et leurs esprits si tourmentés par de belles visions qu'ils ne purent trouver le sommeil ; ce qui ne les empêcha pas de rêver comme jamais ils n'avaient encore rêvé.

Elle se nomme Antonine ! répétait le jeune homme, en évoquant la belle rameuse ensoleillée dont l'image idéale emplissait son esprit.

— Il s'appelle Jean Eyrolles ! murmura la jeune fille, qui ne pouvait effacer de ses yeux cette tête aux blondes moustaches, surgissant tout à coup de l'eau comme une apparition.

Et, transfigurée par les premières brûlures de l'amour, la pauvre ouvrière avide de luxe, la petite Parisienne ambitieuse se purifiait déjà de sa passion naissante.

Jean Eyrolles n'avait plus de parents ; son père, un petit notaire de province, était mort depuis un an. Jean Eyrolles, qui avait alors vingt-sept ans, se vit tout d'un coup à la tête d'une cinquantaine de mille francs. Il était étudiant en médecine, ce qui le détermina à écrire bon nombre de tragédies en cinq actes. Très désireux de célébrité, il était arrivé dans la capitale avec l'idée de s'amuser un peu et de travailler beaucoup. Or, il s'amusa beaucoup et travailla peu.

Cependant, un an après la mort de son père, Jean Eyrolles n'avait encore dissipé que le tiers de son héritage. Cela donne à penser que c'était un garçon fort sage.

Il commençait à s'ennuyer, lorsqu'il rencontra Antonine.

Il ne songea pas à se renseigner sur la moralité de Mme Lafare, qui d'ailleurs eut le bon goût de s'effacer, craignant à juste titre de jeter une ombre fâcheuse sur les joies intimes de ces beaux amoureux ; et, deux mois après leur première rencontre, Antonine devint la femme légitime de Jean Eyrolles.

Pendant trois mois ils voyagèrent ; puis ils revinrent à Paris, où ils goutèrent à tous les plaisirs, modestement, en vrais amis qui ne cherchent partout que le moyen de s'adorer partout.

Un beau jour, Jean Eyrolles, qui faisait des chiffres depuis le matin, dit soudain :

— Ma pauvre Antonine, sais-tu combien il nous reste d'argent ?

— Qu'importe ?

— Il nous reste à peine deux mille francs.

— Deux mille francs ! Comment cela se fait-il ?

— C'est bien simple. Quand nous nous sommes mariés, nous avions trente-cinq mille francs ; nous en avons donné trois mille à ta mère et nous en avons dépensé trente mille depuis trois ans ; tu vois que nous avons été raisonnables. Malheureusement il n'y en a plus que pour deux mois.

— Est-il possible ?

— Je crois que nous ferions bien de nous mettre à travailler.

— Ah ! fit la jeune femme avec une intonation étrange.

Et, se souvenant de sa misérable enfance, elle eut un mauvais froncement de sourcils.

Cependant elle ne pouvait pas avoir vécu pendant trois ans avec un homme comme Jean Eyrolles, sans s'être fortifiée au souffle de cette nature ardente, bonne, délicate et dévouée.

Le jeune homme se souvint qu'il avait à Dijon une vieille tante fort riche, dont il devait hériter un jour.

Il lui écrivit une longue lettre, espérant en obtenir quelque argent. Mais la réponse de la vieille lui ôta toute envie de recommencer.

Alors, les deux époux firent des plans qui furent ratifiés par des baisers.

Un mois après, en attendant que ses pièces fussent jouées, Jean Eyrolles entra dans une administration, aux appointements de quinze cents francs par an.

Quant à Antonine, elle installa un atelier de couture rue Saint-Denis.

Pendant quelque temps, elle travailla avec ardeur; mais ils étaient devenus pauvres, et bientôt elle s'aperçut avec effroi que cette tâche de tous les jours lui était impossible.

Et pourtant, entourée de bien-être, Antonine eût peut-être été une épouse bonne et vaillante.

Mais voilà que tout à coup les agréments de la vie lui échappaient. Il lui fallait s'habiller très modestement et endurer mille privations. Il fallut renoncer à toute élégance, aux promenades, au confortable intérieur, aux fêtes, au théâtre, à tous les plaisirs enfin. Aussi, lorsqu'elle dut, au risque d'altérer sa santé, passer de longues journées dans un travail pénible, voir ses joues se creuser et pâlir; quand elle comprit que cette existence allait lui ravir peu à peu son éclat, sa fraîcheur, sa beauté; qu'elle ne serait plus admirée, et que, pour prix de cette vie de labeur continu, de devoirs incessants, de soucis et de privations, elle n'avait désormais à gagner que l'estime de son mari, elle devint faible.

Elle se reprit à rêver ses rêves d'autrefois; rêves où elle se voyait comblée de toutes les splendeurs que méritaient ses charmes; de sorte qu'insensiblement l'idée d'un homme à aimer, autre que son mari, finit par ne lui inspirer aucune répugnance.

Et de quel droit, après tout, se disait-elle, le sort lui refusait-il les choses les plus indispensables à l'existence d'une femme dont la nature est de plaire?

Certainement Jean Eyrolles était plein de délicatesses. Elle n'avait rien à lui reprocher, si ce n'est, pensait-elle, l'irréparable tort qu'a tout homme de vouloir être encore aimé par une femme dont il ne peut plus satisfaire les goûts, les besoins et les caprices.

Après avoir lutté pendant quelques mois, elle se trouva à bout de force. Elle devint l'amie de quelques femmes galantes, pour lesquelles elle avait travaillé, et ne tarda guère à suivre leurs conseils, ainsi que leurs exemples.

Elle porta elle-même les belles toilettes qui se confectionnaient dans son atelier et, à l'insu de son mari qui avait en elle une confiance aveugle, elle se mit à mener une existence des plus désordonnées. Elle fit des dettes et, finalement, prit un amant pour les payer.

Puis un autre ; puis un troisième.

Néanmoins, quoique confiant, le pauvre Jean Eyrolles ne fut pas sans remarquer les allures équivoques de sa femme. Il fit en vain les plus douces et les plus vives remontrances et finit peu à peu par endurer tous les tourments d'un homme qui aimant avec passion, a de graves motifs de jalousie. Enfin ses soupçons prirent une telle consistance qu'il en arriva à cet état douloureux où l'on oublie toute convenance et toute dignité pour acquérir une certitude.

# VI

## UNE TEMPÊTE DANS UN CHAPEAU

Nous avons laissé Jean Eyrolles au moment où, complètement rassuré, il se plaisait amoureusement à couvrir de fleurs le corps harmonieux de sa femme pelotonnée dans l'édredon.

Le lendemain, comme de coutume, il dut se rendre à son bureau où son devoir le retenait jusqu'au soir.

En quittant Antonine, il était plein de joie et d'espérance. Il en était revenu aux ivresses des premiers temps de leur mariage. Cependant il eut de la peine à se mettre à l'ouvrage.

Mille pensées lui traversaient l'esprit. Les chiffres dansaient devant ses yeux et prenaient des aspects fantastiques; vingt fois il recommençait la même addition. Peu à peu une foule de petits faits revinrent à sa mémoire, et, chose singulière, bien qu'il eût ce jour-là toutes sortes de bons prétextes pour croire à la fidélité de sa femme, ses horribles soupçons l'assaillirent de nouveau avec une telle violence qu'il se sentit tout à fait incapable d'accomplir sa tâche. Contre son habitude, il se mit à bavarder avec son compagnon de bureau, essayant de chasser la pensée obsédante qui le torturait.

Enfin, se penchant résolument sur ses registres, il se remit au travail avec énergie, et déjà le calme commençait à lui revenir, lorsqu'un troisième employé vint flâner dans le bureau.

En allant et venant, ce dernier fit tomber le chapeau de Jean Eyrolles. Tout en le ramassant, le plaisant jeune homme se mit à dire :

— A qui la boîte à cornes? Est-ce à vous, père Jérôme?

— Non, fit le vieil employé, qui travaillait avec Eyrolles?

— Alors, il est à vous, M. Eyrolles, reprit le jeune homme, tout en jouant avec le chapeau. Tiens, fit-il tout à coup, ce ne sont pas vos initiales qu'il y a dans la coiffe. Un G et un R! Où diable l'avez-vous pris?

— Un G et un R? mais ce n'est pas mon chapeau,... dit Jean Eyrolles qui considérait ces initiales avec étonnement... Un G et un R!... répéta-t-il.

Tout à coup le pauvre homme devint d'une pâleur affreuse : une pensée lui avait bouleversé l'esprit :

— Georges Ruffin, murmura-t-il... Oui, oui, ce sont bien ses initiales... Georges Ruffin!... mais comment se fait-il?...

Et, s'adressant à son camarade de bureau, il lui dit :

— Je suis bien venu ce matin avec ce chapeau, n'est-ce pas? je l'ai bien déposé là sur ce carton et personne n'est entré ici jusqu'à ce moment?

— Non, personne. C'est bien vous qui l'avez apporté ce matin ; vous l'aurez pris par mégarde dans quelque maison. Etes-vous allé quelque part hier soir?

— Non, non, dit Jean Eyrolles cherchant à se rappeler; non, non, je n'ai été chez personne ; je ne suis entré nulle part.

— En ce cas, c'est quelqu'un, au contraire, qui se trouvant chez vous aura confondu son chapeau avec le vôtre, et emporté le vôtre en vous laissant le sien.

Et le vieux bonhomme se remit à ses chiffres.

Jean Eyrolles était devenu horrible à voir : son visage s'était contracté et ses yeux lançaient des éclairs. Il se souvenait, et la lumière se faisait dans son esprit.

Il se rappelait son arrivée chez lui, le cri qu'avait

poussé sa femme, le bruit des sièges remués, l'émotion d'Antonine, sa frayeur, ses caresses pleines de trouble, l'empressement avec lequel elle l'avait envoyé chercher de l'eau de mélisse, dont elle ne s'était même pas servi. En sortant en toute hâte il avait pris le chapeau de *l'autre*, sans doute. Il se rappelait tout, oh! parfaitement... Alors, elle avait donc voulu l'éloigner?... Dans quel but? sinon pour laisser s'échapper quelqu'un, un homme, un amant qui s'était caché en l'entendant venir! Evidemment, c'était cela... Et cet homme, c'était Ruffin; et ce Georges Ruffin, dans son empressement à fuir, n'avait pas vu, à son tour, que le chapeau qu'il prenait n'était pas le sien. Oh! Jean Eyrolles comprenait tout, maintenant. Certes, il était bien trahi, et sa femme était, sans contredit, une indigne créature qui méritait toutes les morts.

Jean Eyrolles se laissa tomber sur sa chaise et s'y affaissa comme un agonisant.

Un gémissement sortit de sa poitrine, si profond, si douloureux, que M. Jérôme, l'impassible caissier leva brusquement la tête et lui dit :

— Mon Dieu! qu'avez-vous, vous êtes malade?

— Oui, oui, en effet... je ne me sens pas bien.

Puis, tout à coup, sans dire un mot, Jean Eyrolles se leva, prit le chapeau et, poussant une sorte de rugissement prolongé, il quitta précipitamment le bureau.

Un instant après, le vieux caissier, tout alarmé, le vit traverser la cour, en gesticulant comme un fou.

En quelques minutes, Jean Eyrolles eut franchi la faible distance qui le séparait de sa demeure.

Arrivé à la porte, il la trouva fermée, et fut obligé de se servir de sa clef pour pénétrer chez lui.

Il parcourut rapidement toutes les pièces; l'appartement était vide. Dans la chambre à coucher régnait un grand désordre; les armoires étaient ouvertes, et une foule d'objets gisaient pêle-mêle sur le tapis.

Jean Eyrolles ne comprit pas tout d'abord... Hébété,

incapable d'assembler ses idées, il tournait autour de l'appartement, cherchant sa femme et l'appelant à voix basse... Il revint ainsi vers la porte d'entrée qui était restée ouverte.

Sur le carré, il aperçut la figure curieuse de la concierge, accourue derrière lui avec l'espoir d'apprendre ce qui se passait dans le ménage de Jean Eyrolles, car elle ne doutait pas que l'inconduite d'Antonine ne provoquât finalement un drame digne en tous points de l'attention du quartier.

— Madame Dupont, dit Jean Eyrolles souriant d'une façon terrible, pouvez-vous me dire où est ma femme ?

— Je l'ignore complètement, monsieur Eyrolles... Tout ce que je sais, c'est que, ce matin, après votre départ, madame a envoyé chercher un fiacre, et elle est partie, après avoir donné congé à toutes ses apprenties. Elle emportait avec elle une grosse malle. Mais comment ne savez-vous pas où elle est allée ?

— Si, si, je le sais ; je dois même aller la retrouver... Merci, madame Dupont.

Jean Eyrolles fit plusieurs fois le tour de l'appartement sans avoir conscience de ce qu'il faisait. Ce ne fut qu'au bout d'un certain temps, que, jetant les yeux sur la table, il aperçut enfin une lettre qui lui était destinée.

A cette vue, le pauvre homme fut pris d'un tremblement convulsif qui le secoua si horriblement qu'il ne put ouvrir la lettre sans la déchirer.

Voici ce que sa femme lui écrivait :

« Je ne peux plus supporter cette vie ; la misère me tue. Je renonce à la lutte. D'ailleurs, je me sens indigne de toi et je pars. Oublie-moi et pardonne. Antonine. »

Jean Eyrolles laissa retomber la lettre sur la table : puis, il se prit la tête dans ses deux mains, tant il lui semblait qu'elle allait éclater.

— Hein ! comment ! dit-il ; alors c'est bien vrai...

Elle est partie... elle ne va pas revenir ! jamais, jamais !... C'est clair ; elle est allée rejoindre quelqu'un, un autre, quelque homme enfin qui lui a offert autre chose que la misère... Eh quoi ! Antonine, ma femme, serait capable d'une aussi lâche action... Me quitter, parce que je n'ai plus d'argent, et aller avec un autre, parce qu'il lui en donnera... Mais il n'est pas possible qu'elle ait fait cela ? Est-ce qu'elle aurait pu, depuis trois ans, me combler de marques d'affection et de dévouement pour en arriver tout d'un coup à tant de bassesse ?

Et cependant, voici la preuve... Comment douter encore... En me quittant, elle fuit la misère, le travail, l'honnêteté. A la vie pénible et digne de l'ouvrière, elle préfère le luxe honteux d'une existence clandestine.

Il relut encore une fois la lettre, puis il se tordit les mains avec désespoir.

— C'est donc vrai, elle m'a quitté... Il faudra donc que je vive seul, que je vive sans elle ? Je ne la verrai plus, je ne l'entendrai plus... Mais je ne pourrai pas... Après tout, elle est ma femme, je la veux ! Cette chose n'est pas possible, puisqu'elle n'est pas concevable. Cette nuit encore, n'a-t-elle pas été la douce Antonine d'autrefois, l'épouse affectueuse et câline ; n'était-elle pas bien à moi ? et voilà que tout à coup ce grand déchirement aurait lieu ?... Mais elle peut pas s'en aller... c'est ma vie qu'elle emporte, et je sens bien que je ne résisterai pas longtemps à l'horrible torture qui me déchire les entrailles, car il n'y a pas une fibre dans tout mon être qui ne tressaille douloureusement.

Donc, à tout prix, il faut qu'elle renonce à ce projet ; il faut qu'elle revienne, qu'elle soit là près de moi, à moi, dans mes bras... Oh ! je ne la laisserai plus m'échapper...

Jean Eyrolles s'interrompit, et ses poings se crispèrent.

— Qu'elle revienne !... N'est-ce pas inadmissible et devrais-je y consentir ? N'est-elle pas à jamais coupable et ne suis-je pas déshonoré ? Le monde ne me désignerait-il pas du doigt ? Eh qu'importe ?... Il s'agit bien de mon honneur, de mon amour-propre, de ce que dira le monde !... Ce que je veux, c'est elle, oui, elle. Je pardonnerai, j'oublierai, mais je ne saurais me condamner éternellement à souffrir ainsi comme un damné.

Dans une crise indescriptible, le malheureux se laissa tomber sur le sol où il se roula avec d'atroces convulsions. Afin d'étouffer le bruit de ses sanglots, pareils à de rauques mugissements, il mordait ses bras et ses poings crispés, et son âme semblait à chaque instant s'exhaler à travers les cris qui lui brisaient la gorge.

Soudain, la sonnette retentit.

— Antonine ! cria Jean Ayrolles.

Il ne fit qu'un bond jusqu'à la porte et l'ouvrit.

Il se trouvait en présence d'un gros homme vêtu d'un paletot gris, qui recula avec terreur en voyant la sinistre physionomie de celui qui ouvrait.

— Ah ! s'écria Jean Eyrolles, c'est vous, monsieur Georges Ruffin !

Et comme celui-ci faisait mine de battre en retraite, Jean le saisit par le bras et le tira violemment dans l'atelier, tout en fermant la porte dont il mit la clef dans sa poche.

— Monsieur... balbutia Ruffin excessivement troublé, je viens chercher une robe...

— Une robe ?

— Oui, oui. Or, M<sup>me</sup> Antonine...

— M<sup>me</sup> Antonine ?

— C'est-à-dire M<sup>me</sup> Eyrolles devait l'apporter à quatre heures... et, ne la voyant pas arriver...

— Vous êtes venu vous-même la chercher.

— En effet, je craignais...

— Qu'elle ne vous manquât de parole !...

— Oui, oui, c'est cela, dit le gros homme, très mal à son aise.

— En vérité, vous n'avez pas de chance, mon cher monsieur Ruffin. Vous vous êtes croisés en route, et ma femme doit être chez vous. Car, voyez-vous, Antonine est fidèle à sa parole ; du moment qu'elle vous avait promis... Elle vous avait bien promis, n'est-ce pas ?

— Oui, oui, pour quatre heures.

— Pour quatre heures. Eh bien ! vous avez eu tort de ne pas l'attendre, car elle est très exacte, ma femme ; ce qu'elle promet, elle le tient.

— En ce cas, je cours chez moi, dit Ruffin, très inquiet du ton doux et glacé de Jean Eyrolles. Mais celui-ci reprit :

— A propos, dites-moi donc, c'est bien hier qu'elle vous a fait cette promesse ?

— Oui.

— Le soir ? entre neuf heures et dix heures.

— Je ne me rappelle plus exactement...

— Vous ne vous rappelez plus ? Allons donc !... Vous ne vous souvenez pas que vous vous êtes caché, lorsque je suis arrivé.

— Moi ! je...

— Parlons franchement, monsieur Georges Ruffin... Voyons, y a-t-il longtemps que vous êtes l'amant de ma femme ?

Le gros homme comprit qu'il courait un gros danger ; aussi fit-il un appel désespéré à tout ce qui lui restait d'énergie pour se tirer de ce mauvais pas.

— Monsieur, dit-il, cherchant à raffermir sa voix, je ne comprends rien à tout ce que vous me débitez là. Je ne suis jamais venu chez vous qu'à des heures convenables, et je n'ai jamais été obligé de me cacher.

— Ah ! cher monsieur, je crois que vous mentez.

— Qu'est-ce à dire ?

— Vous mentez, vous dis-je.

— Je vous le jure...

— A quoi bon nier, alors que vous avez encore à la main mon chapeau à moi, mon propre chapeau, que vous avez, par méprise, emporté hier au soir.

— Comment !

— De plus, voici le vôtre, que vous m'avez laissé en échange... Voyez... Ne sont-ce pas bien vos initiales, monsieur Georges Ruffin ?

— Mon Dieu ! c'est sans doute fort extraordinaire, et je ne m'explique pas du tout...

— Il suffit que je comprenne, moi, et je bénis le ciel qui vous envoie. Cher monsieur, vous êtes un misérable et je vais avoir l'honneur de vous tuer.

Ruffin, suant de peur, bondit vers la porte et chercha précipitamment à l'ouvrir.

Jean Eyrolles se mit à ricaner d'une façon sinistre.

Ruffin se sentit fléchir sur ses jambes.

— Vous n'avez pas, je suppose, l'intention de m'assassiner ? dit-il d'une voix bégayante.

— Vous êtes un imbécile, répondit Jean Eyrolles, en détachant deux fleurets qui étaient suspendus à la muraille, et il ajouta :

— Le temps de les démoucheter, et je suis à vous.

Le bruit de l'acier froissa désagréablement les oreilles de Ruffin, qui déjà sentait sa vie lui échapper à moitié devant la colère froide de son implacable interlocuteur.

Il comprenait à peu près qu'il n'avait à espérer nulle miséricorde et que, s'il ne trouvait un moyen quelconque de s'échapper avec célérité, il allait certainement mourir.

Un instant il eut l'idée de se laisser tomber à genoux et d'implorer la pitié de cet homme. Déjà, étendant les bras vers lui, il prenait une figure suppliante, lorsqu'il vit Jean Eyrolles pénétrer dans un petit cabinet où il se mit à remuer divers objets métalliques :

— Ne vous impatientez pas, lui cria le jeune homme ; je cherche une lime, et dans un instant ces fleurets seront aussi meurtriers que nous devons le désirer.

En vérité, l'idée de ce morne duel n'inspirait à Ruffin aucun espoir de triomphe. Une fois le combat engagé, il se voyait perdu.

Avec l'étranglement propre aux condamnés à mort, il s'était acculé tout au fond de la pièce, et, les yeux hébétés de terreur, il regardait l'endroit par où allait sortir son terrible adversaire.

Soudain, une chance de salut frappa son esprit. La porte du cabinet où se trouvait Jean Eyrolles était une porte vitrée dont la clef était à la serrure. Secouant la torpeur qui le paralysait, Ruffin s'approcha vivement de la porte, la tira à lui et fit tourner deux fois la clef dans la serrure. Puis, comprenant que cette porte ne résisterait pas longtemps à la fureur de Jean Eyrolles, il alla ouvrir la fenêtre, espérant s'évader par là.

Il rencontra les regards fureteurs de la concierge, dont la curiosité était vivement surexcitée par la certitude que le drame, pressenti par elle, allait enfin s'accomplir. Désireuse de n'en perdre aucune péripétie, elle s'était installée à la croisée qui s'ouvrait sur le palier du troisième étage et qui n'était séparé de la fenêtre de Jean Eyrolles que par une distance de un mètre et demi.

— Madame, cria Ruffin d'une voix affolée, on veut me tuer ; la porte est fermée : donnez-moi vite les moyens de passer par la fenêtre. Une planche un peu solide suffira.

A ce moment les vitres de la porte du cabinet volant en éclats, Ruffin répéta avec un accent désespéré :

— Vite, vite !

Le vacarme des carreaux brisés et des coups de hache ébranlant la petite porte avait attiré déjà sur l'escalier grand nombre de gens effarés.

Jean Eyrolles achevait de renverser les derniers obstacles qui le séparaient de son ennemi, lorsque la concierge reparut avec une de ces longues planches dont se servent les blanchisseuses pour repasser le linge.

En un clin d'œil la planche fut posée comme un pont entre les deux croisées, et Ruffin, qui croyait sentir à chaque seconde, lui entrant dans les chairs, le fleuret ou la hache de Jean Eyrolles, Ruffin puisa dans sa frayeur même le courage nécessaire pour tenter la dangereuse traversée.

Il monta avec résolution sur l'appui de la fenêtre, franchit bravement le pont improvisé qui aboutissait à la croisée d'en face, et tomba dans les bras tendus des voisins et de la concierge.

Au même instant Jean Eyrolles parut à son tour à la fenêtre, écumant de rage.

— Lâche ! lâche ! cria-t-il.

Puis, ayant ouvert la porte, il se précipita dans l'escalier.

Mais à peine eut-il passé le seuil, que vingt personnes lui barrèrent le passage. Pendant qu'il se démenait, il put entendre distinctement dans l'escalier le bruit des pas de Ruffin descendant les dernières marches.

Le gros homme était sauvé, quelqu'un eut même l'attention de lui jeter son chapeau qui avait roulé pendant la bagarre.

— Laissez-moi passer, hurlait Jean Eyrolles ; laissez-moi passer, vous-dis-je !

Malgré ses efforts, quelques locataires vigoureux parvinrent à lui arracher sa hache et à le maintenir jusqu'au moment où il feignit de se rendre.

Simulant un grand abattement, Jean Ayrolles parut enfin ne plus pouvoir se soutenir. Alors, les voisins complaisants le portèrent sur un chaise et se relâchèrent de leur surveillance.

C'était le moment qu'il attendait.

Il bondit tout à coup avec une agilité extraordinaire et, rapide comme l'éclair, passant au milieu des groupes stupéfaits, il s'élança à la poursuite de Georges Ruffin.

# VII

## OU MADEMOISELLE ANNETTE ÉCOUTE AUX PORTES

Il n'est pas inutile d'expliquer comment Georges Ruffin avait eu la malencontreuse idée de venir sonner à la porte de Jean Eyrolles.

La veille, pensant que son mari ne rentrerait pas, Antonine avait consenti à recevoir le gros banquier chez elle. A bout de ressources, fatiguée de cette vie misérable dont elle avait encore augmenté les difficultés par ses goûts de désordre et de dissipation, elle avait enfin cédé aux instances de Ruffin qui, depuis longtemps déjà, la suppliait d'abandonner son mari, afin qu'elle pût partager sans contrainte la fortune du banquier.

Antonine n'avait résisté jusqu'alors que parce que cet amant, gros et mûr, lui déplaisait beaucoup. Cependant, les difficultés croissantes de sa position lui faisaient considérer comme une nécessité de profiter des libéralités de cet homme.

Elle avait donc consenti à quitter le toit de son mari. Tout était convenu. Ruffin possédait une ravissante petite maison de campagne, située au bord de la Seine, dans l'île de la Grande-Jatte. Cette retraite, dans laquelle le financier avait réuni tout le confort imaginable, devait offrir à la jeune femme un asile sûr où son mari ne viendrait certainement pas la chercher. Il avait donc été convenu que Ruffin se trouverait le lendemain, à quatre heures, avec sa voiture, au coin de la rue du Caire, qu'on dînerait en ville et que, vers dix heures, on irait prendre le train d'Asnières.

A peine venaient-ils de s'entendre à ce sujet, que Jean Eyrolles avait fait irruption dans l'appartement. Le gros homme s'était glissé précipitamment sous la table où, pendant quelques minutes, il avait enduré d'horribles angoisses.

Il avait passé une nuit assez agitée ; mais confiant en la parole de son idole, il s'était levé de grand matin pour s'occuper des derniers préparatifs et avait couru toute la journée.

A quatre heures précises il était au coin de la rue du Caire. Mais un quart d'heure s'écoula, puis une demi-heure. Bientôt, en proie aux irritantes alternatives de l'espoir et du découragement, il éprouva toutes les tortures de l'impatience. Enfin, surexcité par son inquiétude même, il ne put y tenir et, après une heure d'attente, il se décida à aller chercher celle qui tardait tant.

Que risquerait-il, d'ailleurs ? Rien. La veille, il avait pu s'échapper, sans que le mari s'aperçût de sa présence, de sorte qu'il avait toujours, en cas de besoin, le prétexte très plausible de venir réclamer une robe pour sa femme, puisque M<sup>me</sup> Ruffin était la cliente d'Antonine. Quoi de plus simple ?

Il alla donc sonner bravement à la porte de Jean Eyrolles et le lecteur sait le reste.

Quant à Antonine, fermement résolue à quitter son mari, elle avait voulu l'enivrer une dernière fois et lui prodiguer en une nuit tous les trésors de sa coquetterie.

Un instant même elle eut des remords en songeant au chagrin mortel qu'elle allait infliger à cet homme si bon. Mais dès que Jean Eyrolles l'eut quittée pour aller à son bureau, elle ne tarda pas à céder de nouveau à ses mauvais instincts de courtisane et commença aussitôt ses préparatifs de départ. Après la scène de la veille, redoutant une surprise, elle résolut de quitter la maison avant l'heure convenue avec Ruffin, qu'elle se proposait de rejoindre le soir, à la gare. Elle lui envoya, pour le prévenir, un court billet que le financier, absent depuis le matin, ne reçut qu'en rentrant chez lui après son terrible colloque avec Eyrolles.

Vers midi, ses malles étant prêtes, elle donna congé à ses ouvrières, envoya chercher une voiture et se fit conduire chez sa mère.

— Tiens! c'est madame Eyrolles, s'écria M<sup>lle</sup> Annette en l'apercevant, il y a bien longtemps qu'on ne vous a vue, madame.

— C'est que j'ai été très occupée tout ce temps-ci. Ma mère est-elle là ?

— Oui, madame, dans son cabinet.

— C'est bien, j'y vais. Et comme M<sup>lle</sup> Annette faisait mine de la suivre, Antonine reprit :

— Laissez-nous ; j'ai à lui parler d'affaires.

Et elle entra chez M<sup>me</sup> Lafare.

— Chipie ! murmura M<sup>lle</sup> Annette en la regardant s'éloigner ; ça fait des embarras, et dans le fond je parie qu'elle est aussi panée que sa mère. Si seulement on voulait écouter aux portes !...

Il paraît qu'elle le voulait bien, car, sans plus hésiter, elle pénétra doucement dans le salon, qui était contigu au cabinet de M<sup>me</sup> Lafare et, prêtant l'oreille, elle chercha à surprendre ce que les deux femmes pouvaient bien se dire.

Malheureusement elles parlaient si bas que M<sup>lle</sup> Annette ne put en entendre beaucoup ; aussi les quelques mots qui parvinrent jusqu'à elle lui en apprirent bien peu.

La soubrette était d'autant plus ennuyée qu'elle jugeait la conversation fort intéressante, car M<sup>me</sup> Lafare poussait de fréquentes exclamations.

— Comment ! ce soir ? disait la marieuse.

— Oui, à onze heures ; il attendra dans la petite maison qu'il possède à l'île de la Grande-Jatte.

M<sup>lle</sup> Annette ne put en entendre davantage, attendu que les deux femmes se levant, la prudence lui conseilla de se retirer.

Du reste, peu d'instants après, la mère et la fille se disposèrent à sortir.

— Faudra-t-il faire à dîner pour deux ? demanda la femme de chambre.

— Non, dit Antonine, je ne reviendrai pas.

Les deux femmes sortirent, et M<sup>lle</sup> Annette, ayant ouvert une fenêtre, les vit monter dans un fiacre sur lequel se trouvaient deux malles.

— Oh ! oh ! pensa la soubrette, j'ai idée qu'il se passe quelque chose d'extraordinaire.

Mais, dans l'impossibilité où elle se trouvait d'en savoir plus long pour le moment, elle se remit à son ouvrage.

Vers cinq heures et demie la sonnette retentit, et l'étonnement de M<sup>lle</sup> Annette redoubla, quand elle se trouva devant Jean Eyrolles.

Quoique pâle, il avait l'air très calme, et sa voix n'eut qu'un léger tremblement lorsqu'il demanda :

— M<sup>me</sup> Lafare est-elle chez elle ?

— Non, monsieur, répondit Annette. Ma maîtresse est sortie avec madame votre épouse.

Jean Eyrolles devint plus pâle, mais, toujours calme, il reprit :

— Savez-vous quand elles rentreront ?

— Non, monsieur, un fiacre, surmonté de deux malles, stationnait à la porte, et j'ai même pensé que madame partait en voyage. Mais si monsieur veut attendre M<sup>me</sup> Lafare, il pourra en apprendre davantage, car ces dames se sont enfermées et ont causé longuement.

Jean Eyrolles se laissa tomber dans un fauteuil, et

fit un violent effort pour ne pas laisser échapper l'horrible plainte qui l'étouffait.

— Pauvre M. Eyrolles, pensa Annette ; je suis sûre que sa femme lui fait des misères. Il a pourtant l'air bien doux et bien aimable. Ce n'est pas moi qui lui ferais de la peine, si j'avais un mari comme lui.

— Dites-moi, demanda Jean Eyrolles ; n'auriez-vous pas saisi un mot qui permette de pressentir où elles sont allées ?

— Non. J'ai entendu seulement Mme Eyrolles parler d'une petite maison de campagne qui se trouve à la Grande-Jatte.

— Ah ! s'écria le jeune homme ; oui, je sais. Comment n'y ai-je pas pensé plus tôt ?... En effet... Et il ajouta, se parlant à lui-même :

— C'est bien là qu'est la petite maison où Ruffin accomplit ses fredaines et que mon chef de bureau, son compagnon de plaisir, m'a montrée un jour, en promenade. Il ne se doute pas que je connais son nid de débauches. Oh ! maintenant je les trouverai bien... Et, se levant avec brusquerie, il prit son chapeau.

Il se disposait à sortir, lorsque la femme de chambre continua :

— Je crois aussi avoir compris que Mme Eyrolles ne doit s'y rendre que ce soir, vers onze heures.

— Vers onze heures, dites-vous... Êtes-vous bien sûre ?

— Parfaitement, monsieur ; elle a dit ce soir à onze heures.

En ce moment la sonnette résonna de nouveau. Annette alla ouvrir et Mme Lafare entra. Jean Eyrolles se précipita au-devant d'elle, en disant :

— Antonine, où est Antonine ?

— Antonine ? fit Mme Lafare, — qui eut l'air très ennuyée de rencontrer son gendre, je ne sais pas.

— Comment ! vous ne savez pas ? Annette vient de m'annoncer que vous étiez sorties ensemble.

— C'est vrai ; mais elle est allée de son côté, et moi, du mien.

— Ah ! madame, madame, s'écria Jean Eyrolles qui sentait s'allumer en lui une terrible colère, prenez garde.... En encourageant votre fille dans la détermination funeste qu'elle vient de prendre, vous vous rendez responsable de tout le mal qui peut arriver. Ecoutez ; il est peut-être temps encore... Dites-moi où est Antonine.

— Eh ! monsieur, je l'ignore. Je ne me suis jamais mêlée en rien à vos affaires de ménage, et je n'ai pas à vous répondre.

— Voyons, madame, réfléchissez donc un peu. Votre fille est venue vous voir ce matin pour vous apprendre sans doute qu'elle avait quitté son foyer conjugal ; elle a dû vous confier aussi qu'elle allait rejoindre son amant, et, quand je viens, moi son mari, vous demander où elle est, vous refusez de me répondre ! Et vous, sa mère, loin de détourner votre fille du chemin fangeux dans lequel elle s'engage, vous vous faites sa complice ! Mais quelle femme êtes-vous donc ?.... N'y a-t-il donc en vous ni pudeur, ni fierté, ni honneur, et, au lieu de m'aider à châtier la misérable qui me trompe, êtes-vous déjà prête à partager avec elle le prix de sa honte ?

— Mon cher monsieur, vous oubliez toutes les convenances. Encore une fois, je vous répète que jusqu'à ce jour j'ai eu le bon goût de ne jamais m'ingérer dans votre ménage. Or, je ne suis pas disposée à commencer aujourd'hui. Vous ayant donné ma fille, c'était à vous de la garder et non à moi. Tant que vous avez été heureux avec elle, je n'ai pas été vous ennuyer de ma présence ; à plus forte raison, dois-je m'abstenir présentement de me mêler en quoi que ce soit à ce qui vous arrive. Ma fille, qui a négligé toujours de me consulter, agit donc d'après sa seule volonté, et je ne vois pas du tout en quoi il vous serait utile de la rencontrer. Il y a

des malheurs irréparables, monsieur. Croyez bien que
j'en suis navrée pour vous et pour votre femme; mais
j'estime qu'une entrevue avec Antonine ne pourrait que
vous être pénible à tous les deux.

Devant le cynisme de cette mère, qui parlait si froidement de l'inconduite de sa fille, l'irritation de Jean
Eyrolles devint extrême.

— Je veux la voir, vous dis-je.

— Pourquoi faire?

— Pour la tuer, madame.

— Vraiment! Et c'est à moi que vous venez demander de l'exposer à vos violences? Mais vous êtes
fou. Croyez-moi, revenez à vous, et dans quelques jours
ce gros chagrin s'apaisera. On s'habitue à tout.

— Assez, assez. Vous êtes infâme! A présent seulement je commence à comprendre qu'Antonine ait pu
se conduire de la sorte, ayant une mère telle que vous.
D'ailleurs, elle n'échappera pas au châtiment que je
lui réserve.

Après avoir dit ces mots, Jean Eyrolles fit un geste
de dégoût, et sortit rapidement.

# VIII

## LES IDÉES DE MADAME LAFARE

— Bonne nature, pensa M^me Lafare, bonne pâte de mari. S'il avait été riche, ma fille eût été très heureuse avec lui.

Puis, s'adressant à Annette, qui la regardait d'un air penaud et très troublé, elle lui dit :

— Qu'as-tu donc, petite ? Te voilà toute chose. Allons, parle. Qu'as-tu à me dire ?

La soubrette hésita un instant.

— Madame, dit-elle enfin, je crois que j'ai fait une bêtise.

— Ce n'est pas la première. Voyons, j'écoute.

— Ah ! madame, j'ai peur que celle-là soit bien grave.

— Dis toujours.

— Eh bien, madame... j'aime mieux vous avouer tout. Peut-être trouverez-vous un moyen d'empêcher le malheur que mon inconséquence pourrait causer.

— Mais parle donc, petite sotte. De quoi s'agit-il ?

— Voici, madame. Pendant que vous étiez avec votre fille, je vous ai, par hasard, entendu parler d'une petite maison de campagne, située dans l'île de la Grande-Jatte, où M^me Eyrolles doit se rendre ce soir vers onze heures.

— Voilà que tu écoutes aux portes, maintenant ?... Ainsi tu as entendu cela.

— Si je n'avais fait que l'entendre, le mal ne serait pas grand.

— Qu'y a-t-il encore?

— Je l'ai répété.

— Tu l'as répété? A qui?

— A M. Jean Eyrolles, madame.

— Malheureuse! s'écria M^me Lafare. Tu as donc le diable au corps? En vérité, c'est effrayant cela. Que va-t-il se passer?... Mais folle que tu es, tu ne sais donc pas que c'est la mort de ma fille que tu as préparée là, car, dans l'état de colère furieuse où se trouve mon gendre, inévitablement il ira les assassiner tous les deux.

— Oh! je l'ai bien compris, madame, c'est pourquoi j'ai préféré tout vous dire.

— Cependant, tu n'as pu lui donner d'indications précises, peut-être ne trouvera-t-il pas la maison.

— Oh! si, madame, il paraît la connaître très bien, car il s'est écrié : « Oui, je sais, comment n'y ai-je point songé plus tôt? »

— Voyons, voyons, il faut sortir de là. Et d'abord je dois prévenir Antonine... Mais où la retrouver maintenant?... Quand je l'ai quittée, elle m'a dit que, dans la crainte de rencontrer ici son mari, elle irait dîner chez l'une de ses amies... Malheureusement elle ne m'a pas dit où... Je ne peux pourtant pas la laisser égorger par ce fou!... A tout prix, il faut que je trouve un moyen. Voyons, laisse-moi. J'ai besoin de réfléchir.

Contrite et la tête basse, M^lle Annette retourna à la cuisine.

— Que le diable emporte les amoureux! songea M^me Lafare. Antonine n'aurait-elle pas mieux fait de rester fille, au lieu d'épouser ce petit jobard avec ses trente mille francs?... Je me doutais bien qu'ils n'iraient pas loin avec ça... Il est vrai qu'alors notre position ne nous permettait guère d'espérer mieux... Tandis que maintenant, je pourrais lui trouver un parti bien autrement avantageux.

C'est qu'elle est jolie, mon Antonine, et coquette jusqu'au bout des ongles... Ah! si j'avais pu mener une aussi jolie fille au concours de M<sup>me</sup> de Mourmoiron, je sais bien à qui serait restée la victoire... Si seulement elle était veuve... Encore faudrait-il qu'elle fût noble, qu'elle eût des titres... Des titres?... Eh bien, n'ai-je pas là les parchemins de M<sup>lle</sup> de Sérignan?...

Soudain la grosse femme mit la tête dans ses deux mains; sa figure intelligente s'anima par degrés, et sous l'influence de l'idée grandiose qui germait dans son cerveau, ses yeux, élargis outre mesure, devinrent brillants comme des escarboucles. Grisée par le rêve splendide qui se déroulait en son esprit, la marieuse se prit à penser tout haut :

— Après tout, il n'y a rien d'impossible... Antonine arrive au rendez-vous; son mari, qui la suit, trouve Ruffin; un combat s'engage, Jean Eyrolles est tué... et ma fille est veuve... La voici libre. Dès cet instant, elle ne s'appelle plus qu'Angélique de Sérignan. Elle descend à l'hôtel du Louvre et, personne ne la connaissant, je deviens sa marraine, ou sa gouvernante... Je la présente chez M<sup>me</sup> de Mourmoiron; elle plaît au comte, qui l'épouse, et la voilà comtesse et millionnaire avec hôtel, chevaux, voitures et laquais ! Mais, mon Dieu ! Tout cela est possible !...

Cependant après le rêve facile, M<sup>me</sup> Lafare se prit à songer aux difficultés et son front se rembrunit :

— Ah ! oui... Les choses s'arrangeront-elles de cette façon ? L'amant tuera-t-il le mari ? C'est peu probable. Le contraire même est plutôt à craindre. Ce Jean Eyrolles a l'air d'un homme déterminé et très capable de toutes les violences... S'il allait égorger ma fille ! Certainement, il veut et peut la tuer ! il l'a dit. Il faut donc que moi, je songe à la défendre... c'est mon devoir, c'est mon droit. Avant tout, je suis sa mère, et le danger qu'elle court m'autorise à employer tous les moyens pour empêcher cet homme d'arriver jusqu'à

elle... tous les moyens, tous, tous... Quand je devrais...
Mais alors... Oh !

Ces derniers lambeaux de phrases, dont l'incohérence
indiquait la gestation laborieuse d'un plan encore obscur, devaient renfermer quelque idée sinistre, car la
physionomie de la marieuse prit une expression de fé-
rocité qui eût donné le frisson au plus brave.

Elle réfléchit longtemps ; enfin elle sonna.

— Mon manteau, mon chapeau, dit-elle à M<sup>lle</sup> Annette.

— Madame sort ? demanda la femme de chambre.

— Oui.

— Mais le dîner est prêt.

— Je dînerai en ville.

Puis, comme elle allait sortir : elle ajouta :

— Je rentrerai sans doute fort tard — ne m'attends
pas.

M<sup>lle</sup> Annette était intriguée. Mais la surprise de l'ac-
corte soubrette, qui dans son enfance avait traversé les
plus dangereux quartiers de Paris, eût certainement
été portée à son comble, si elle avait pu entendre
M<sup>me</sup> Lafare donner l'ordre au cocher de la conduire
rue Elisa-Borey, à la Villette.

## IX

OÙ L'ON FAIT CONNAISSANCE AVEC LE PÈRE MARTIN ET
MADAME LULU

La rue Elisa-Borey est certainement l'une des rues
de Paris les plus pittoresques qu'on puisse voir. Peu
longue, d'ailleurs, cette rue, qui est principalement ha-
bitée par des chiffonniers, commence à la rue des
Amandiers et débouche sur des terrains vagues où
s'élèvent, çà et là, de singulières constructions en planches et en briques, bâties par des mains inhabiles.

Le jour, la rue Elisa-Borey donne une triste impression à cause des souffrances qu'on y devine ; mais, la
nuit, cette impression fait place à la terreur, tant
l'ombre est épaisse, tant le pavé est gluant, tant l'at-
mosphère est nauséabonde. De loin en loin, quelque
morne cabaret, à peine éclairé par une lampe fumeuse,
projette une lumière rougeâtre au milieu de l'inquié-
tante obscurité,

Le curieux, assez hardi pour s'aventurer dans ces ténèbres, et pour jeter un coup d'œil dans les cinq ou
six bouges qui servent tout à la fois de restaurants et
de cafés aux habitants de l'endroit, ne verra pas sans
un certain frisson les hôtes étranges qui s'y trouvent
attablés.

Egoïstes et soupçonneux par nature, nous redoutons
les souffreteux et, généralement, l'extrême misère provoque plutôt notre méfiance que notre pitié. Aussi, à
tort ou à raison, le seul aspect des gens, qu'on pouvait

apercevoir à travers les vitres sales de ces caboulots, donnait-il un malaise insurmontable qui faisait rebrousser chemin aux plus braves.

C'est au bout de la rue, là où commençaient les huttes et les cabanes, que se trouvait l'établissement tenu par Mᵐᵉ Lulu, la bonne Mᵐᵉ Lulu, qui vendait à boire et à manger, et qui avait toujours à la disposition de ses clients plusieurs petits cabinets meublés d'une paillasse, qu'elle louait à la nuit pour un prix très modique.

Disons donc tout de suite que cette bonne Mᵐᵉ Lulu avait encore droit à l'affection de sa clientèle sous bien d'autres rapports. A travers l'extrême maigreur de son buste déshérité battait un cœur vraiment sensible. Aussi ne laissait-elle jamais le monde dans la peine, quand il lui était possible de le tirer d'embarras.

Malgré les mauvaises langues qui se plaisaient à l'accuser d'être usurière, et de s'enrichir de la sueur des pauvres nécessiteux, on savait bien dans le quartier que Mᵐᵉ Lulu était serviable, ne refusant de l'argent à personne, pourvu qu'on lui donnât des gages, ces gages ne fussent-ils que des chiffons et des guenilles.

Elle prenait ses précautions, voilà tout.

Elle ne pouvait pas, après tout, se retirer le pain de la bouche.

Et puis, M. Larmignan lui coûtait les yeux de la tête.

Cette pauvre Mᵐᵉ Lulu avait le cœur si tendre, qu'il fallait bien lui passer quelques petites faiblesses. Comment aurait-elle pu refuser quelques douceurs à son chéri ?

Le Larmignan, qui jouait les jeunes premiers au théâtre de la rue Oberkampf, était un petit brun, très frisé, très pommadé, qui s'habillait avec autant de chic qu'un commis des magasins du Louvre. Un garçon très bien enfin. Aussi quoique au moral le jeune acteur fût creux comme une noix vidée, et vaniteux comme un flûtiste, cette excellente M^me Lulu était-elle fière de son bon ami, et se saignait-elle aux quatre membres pour le nourrir et le bien habiller.

Elle n'était pas sans ignorer que le jeune cabotin avait inspiré plus d'un caprice à des cocottes de la « haute », à des femmes très bien nippées.

Mais la tendresse de la logeuse ne s'en était pas amoindrie ; elle s'était bornée simplement à témoigner son mépris pour la conduite de ces dames en des termes que la plus vulgaire pudeur nous interdit de répéter.

Ce soir-là, vers huit heures, impassible derrière son comptoir, M^me Lulu résistait avec un calme stoïque aux supplications d'un habitué, espèce de mendiant, qu'on appelait le père Martin.

— Voyons, madame Lulu, disait celui-ci, vous ne voudriez pas me laisser crever de faim, moi, un vos meilleurs clients. Allons, faites-moi encore crédit d'un dîner.

— Impossible.

— Parce que je vous dois dix-sept sous d'avant-hier, vous allez me refuser un repas ?

— C'est comme vous dites.

— Oh ! madame Lulu ! Vrai ! je n'aurais jamais cru ça de vous. Mais songez donc que v'là vingt-quatre heures que je n'ai rien mangé.

— Fallait travailler. Je n'aime pas les *feignants*.

— Puisque j'étais malade.

— Fallait pas vous soûler hier.

— Ça ce n'est pas ma faute, c'est les autres qui régalaient. Voyons, jusqu'à demain.

— Non.

— Madame Lulu, vous allez me pousser à faire un mauvais coup.

— Allons donc. Vous êtes trop feignant.

— Pas tant que ça. Quand il y aura une occasion, vous verrez.

— Ah! malheur! une voiture dans notre rue!

— C'est peut-être ce cher Larmignan, dit le père Martin en clignant de l'œil. Est-ce heureux, les beaux garçons!

— Bon. Voilà qu'on s'arrête ici.

Mme Lulu courut à la porte et alla au-devant d'une grosse dame, très voilée, qui descendait péniblement du fiacre.

— Bonsoir, madame Lulu, dit celle-ci en faisant signe au cocher de l'attendre.

— Comment, c'est vous, madame Lafare? s'écria la logeuse.

— Je vous en prie, ma chère, j'aime mieux que vous ne disiez pas trop mon nom par ici.

— Comme vous voudrez, madame. Entrez donc, vous allez passer dans ma chambre.

Les deux femmes traversèrent la salle, aux yeux ébahis des consommateurs, et pénétrèrent dans une petite pièce qui n'était séparée du comptoir que par une cloison vitrée.

— Mazette! murmura le père Martin, des robes de soie... plus que ça de chic! C'est une dame huppée, celle-là; je m'y connais. Que diable vient-elle faire ici?

Et il jeta un coup d'œil curieux vers la chambre de Mme Lulu. Mais un épais rideau vert protégeait la chambre à coucher de la logeuse contre tout regard indiscret.

— Quel hasard vous amène, chère madame? demanda enfin Mme Lulu, quand sa visiteuse se fut installée.

— Mais le plaisir de vous voir d'abord, dit Mme Lafare; et ensuite, je venais vous rappeler que votre dernier billet est toujours en souffrance.

— Hélas! ma bonne dame, je n'ai pu encore réunir les cinq cents francs que je reste vous devoir. Ah, voyez-vous, depuis un an que vous m'avez vendu cette maison, on n'y fait plus autant d'affaires que lorsque vous la dirigiez. Mais soyez tranquille, avant quinze jours je vous porterai ça.

— Soit, j'attendrai. Cependant, dit M^me Lafare, en entr'ouvrant le rideau pour jeter un coup d'œil dans la salle, vous avez du monde.

— Heu ! heu ! fit M^me Lulu, des « crève-la-faim, des chiffonniers, des mendiants, « des propre-à-rien ». Ah ! la clientèle a bien changé. Vous, au moins, vous aviez des...

— C'est vrai, je ne reconnais personne.

Tout à coup M^me Lafare fit un soubresaut qui arracha un gémissement à la chaise sur laquelle elle était assise.

Plus émue qu'elle ne voulait le paraître, elle demanda à la gargotière :

— Quel est donc cet homme ?

— Lequel ?

— Celui-là, tout près, tenez, il est en train de prendre du sucre sur votre comptoir.

— Ah ! la canaille ! s'écria M^me Lulu. Il dîne avec mon sucre, attendez, je vais...

— Non, laissez-le. Je vous paierai. Mais dites-moi qui il est ?

— Ça ? Eh bien, c'est le père Martin.

— Ah ! c'est le père Martin. Que fait-il ?

— Il mendie dans le jour. Il a la spécialité des petites crèmeries et des bateaux de blanchisseuses. Il est malin comme un singe. Il leur chante la messe en latin avec toutes sortes de grimaces. Il paraît que ça fait rire le monde, car il rapporte quelquefois de bonnes recettes. Le soir il fait aussi des affaires. Mais seulement quand le coup est sûr. Oh ! en v'là un qui est prudent. Quand on le pincera, c'est que le diable lui-même aura été pincé.

— Alors, dit M^me Lafare, c'est un malin ?

— Oh ! pour ça, oui ; je vous en réponds. Malheureusement, c'est plus « feignant » qu'un veau. Il reste, des fois, huit jours sans travail. Alors, il crève de faim, comme aujourd'hui, par exemple.

— Ah ! il crève de faim, en ce moment ?

— Je vous crois. Tenez, voilà qu'il me reprend un morceau de sucre, lui qui ne l'aime pas... Vous pensez qu'il faut qu'il ait le ventre creux.

— Il est donc tout à fait sans ressources ?

— Il n'a pas un radis. Pourtant, je ne sais comment il a fait, il est parvenu, dans le temps, à s'acheter une petite bicoque à Saint-Ouen, tout au bord de la Seine. Dès qu'il a un peu d'argent, il y retourne pour y vivre en rentier. Il pêche à la ligne, il dort... Oh ! c'est un drôle de type.

M<sup>me</sup> Lafare paraissait réfléchir profondément. Après un mouvement de silence, elle murmura :

— Pourquoi pas ?... Ça fait encore bien mieux mon affaire.

— Plaît-il ? fit M<sup>me</sup> Lulu.

— Rien, rien. Dites-moi, pouvez-vous me faire servir à dîner ici.

— Ce sera pour moi bien de l'honneur.

— En ce cas, servez vite, tout ce que vous avez de meilleur.

— Vous tombez à pic. J'ai justement un lapin...

— Un vrai ?

— Parole. Je l'ai acheté au marché.

— Bien. Avec ça, deux bouteilles cachetées, des pommes frites, de la salade, du fromage.— et... deux couverts.

— Deux couverts ?

— Oui ; hâtez-vous.

— Elle veut me faire dîner avec elle, pensa M<sup>me</sup> Lulu, et, s'élançant vers la cuisine, elle dépêcha son unique servante, tout en repoussant les prières du père Martin, que l'odeur du lapin enivrait.

En considérant les préparatifs qui se faisaient dans

la chambre de M^me Lulu, le pauvre affamé sentit des visions surnaturelles emplir ses yeux extasiés. Le plat de lapin lui parut être en or, les bouteilles de vin lui semblaient contenir le soleil.

Pris d'un accès de lyrisme grotesque, il se laissa tomber à genoux, leva les bras au ciel, et d'une voix nasillarde, il se mit à dire sur le ton bizarre qui faisait tant rire les blanchisseuses :

O chambre de M^me Lulu, sanctuaire béni, arche sainte, reçois le père Martin dans ton sein ; reçois-le, ce goinfre émérite qui crève de faim depuis deux jours. *Panem nostrum quotidianum da nobis hodie.* Et vous, dame rayonnante, créature miraculeuse, tour de Babel, fille d'Hercule, vous qui, anxieuse de vous empiffrer, allez vous garnir la poche stomachique de ces mets délicieux, laissez s'approcher de la sainte table le vieux père Martin, le souffreteux, le très maigre, le très affamé ; faites qu'une fois dans sa vie il se gave de bonnes choses et qu'il sente enfin se gonfler la peau de son ventre, aussi flottante, présentement, que la plus vide des besaces. Faites, ô ma bonne déesse, faites que le père Martin se délecte, en ce jour, et croyez qu'il vous sera reconnaissant *ad vitam æternam, in secula seculorum. Amen.*

Les quelques buveurs attablés dans le bouge se prirent à rire, et M^me Lulu, furieuse, s'avançait déjà sur lui pour mettre dehors le mendiant, lorsque la bienheureuse porte vitrée s'ouvrit. La grosse dame, toujours voilée, apparut sur le seuil, fit un signe d'invitation et dit :

— Venez.

Le père Martin n'hésita pas. Si extraordinaire que fût la réalisation de sa prière bouffonne, il s'élança dans la chambre de M^me Lulu et, à la stupéfaction de tous, la porte se referma.

Il n'y avait plus à en douter; le père Martin allait dîner en tête à tête avec la belle dame qui était venue en voiture.

## X

### UNE HEUREUSE RENCONTRE

Dès qu'ils furent seuls, le père Martin fit un salut qui ne manquait pas d'une certaine distinction, et il allait entamer un beau compliment, lorsque plusieurs idées, surgissant à la fois dans son esprit, lui firent perdre tout à coup l'effronterie de son assurance.

Pourquoi cette dame l'avait-elle invité à dîner? Etait-ce à cause de l'invocation burlesque qu'il venait d'improviser? Etait-ce par pitié? Mais non. Elle se fut contentée de lui faire servir un repas dans la salle commune. Etait-il en bonne fortune? Avait-il inspiré un caprice? Quelle que fût la bonne opinion qu'il eût de lui-même, le mendiant ne pouvait se faire illusion à ce point. La vieillesse et les excès avaient fort endommagé son physique, et, d'ailleurs, le délabrement et la malpropreté de ses habits devaient inspirer quelque dégoût à toute honnête personne.

Quelle était donc l'intention de cette femme?

Mme Lafare, devinant ce qui se passait dans la cervelle du vieux bonhomme, lui fit un signe de se mettre à table et remplit les assiettes et les verres.

Le père Martin s'assit bravement en face de sa généreuse hôtesse, et, sollicité par la faim canine qui le torturait depuis la veille, il se mit à manger sans trouver un mot à dire.

Le lapin de Mme Lulu lui parut sans doute excellent, car, en un clin d'œil, son assiette fut vide. Sans perdre de temps, il saisit son verre et le vida d'un trait, après avoir adressé un léger salut à M^me Lafare.

Cela fait, il poussa un long soupir de satisfaction ; puis, ragaillardi par ce premier acompte, il crut devoir engager la conversation par le côté qui l'intéressait le plus à cette heure.

— Me sera-t-il accordé, madame, de savoir à qui je suis redevable du grand plaisir que je goûte en cet instant ?

Pour toute réponse, M^me Lafare releva son voile et montra son visage souriant.

A cette vue, le père Martin étouffa un cri, se leva brusquement, ouvrit de grands yeux, se laissa retomber sur sa chaise, et se mit à bégayer, suffoqué par l'émotion :

— Hein ! comment ? Vous !... toi !... c'est toi, Victorine ?

Flattée de l'impression qu'elle venait de produire, M^me Lafare lui répondit en riant :

— A la bonne heure ! Je suis heureuse de constater que tu ne m'as pas oubliée.

— Dame... Vous comprenez... tu comprends, on ne retrouve pas sa femme tous les jours... et, après douze ans d'absence, on a bien le droit d'être surpris... Que le diable m'emporte, si je m'attendais à te rencontrer ici !

— Bah ! tant qu'on n'est pas mort, tout est possible.

— Mazette ! reprit le vieux mendiant, en contemplant sa femme avec admiration, comme te voilà mise... quel chic !... Tu as fait tes affaires, toi ?

— Oui, oui, j'ai eu de la veine.

— Comme tu es grasse et fraîche !... Ce que c'est que le bonheur.

Et, jetant un regard d'envie sur la corpulente dame, le père Martin poussa un profond soupir.

— Allons ! mon ami, reprit M^me Lafare, il ne faut pas que ça te coupe l'appétit. Bois et mange.

Tout en parlant, elle remplit de nouveau le verre et l'assiette du vieux vagabond.

— Ah ça, dit-il, et la petite ?

— Antonine ?

— Oui.

— Eh bien, elle est mariée.

— Ah bah ! avec qui ?

— Avec un brave garçon, qui habite la province.

— Eh bien tant mieux ! pauvres chattes, je suis un gueux de vous avoir quittées comme ça. Vrai ! si je m'attendais à celle-là... Mais toi-même, tu ne pensais guère me voir ici, hein ?

— Si, dit la marieuse.

— Quoi ! tu savais que je fréquentais cet endroit ?

— Oui.

— Allons donc. Tu veux peut-être me faire croire que c'est pour moi que tu t'es dérangée ?

— Tu l'as dit, c'est pour toi.

— Hum ! c'est dur à avaler, dit le père Martin, en entamant la seconde bouteille.

— C'est pourtant ainsi.

— Est-ce que... après douze ans de séparation... tu aurais un petit revenez-y pour ton mari ?

— Que tu es bête !

— Dame ! on ne sait pas ; c'est si capricieux une femme. Puis, au fond, je n'étais pas un époux désagréable... et maintenant que l'âge m'a rendu plus sérieux... eh bien, si tu voulais...

La marieuse partit d'un grand éclat de rire. Quant à Lafare, que nous continuerons à appeler le père Martin, il se rapprocha de sa femme, la regarda d'un air tout à fait tendre et, se penchant vers elle, ajouta tout bas :

— Tu sais... tu n'as qu'un mot à dire...

— Mon Dieu ! quel nigaud tu fais, mon pauvre Gustave !

— Eh bien, quoi !... Quand je me serai un peu peigné,

rasé et requinqué, j'en vaudrai bien encore un autre. Je ne suis pas encore si cassé...

— Non, mon pauvre vieux, dit-elle, en reprenant son sérieux, non, ce n'est pas l'amour qui m'amène ici.

— Alors, je ne vois pas trop pourquoi tu es venue me chercher...

— Je suis venue te demander un conseil.

— Toi? hum !... Enfin, parle.

— Voici de quoi il s'agit. Ce soir, un monsieur, un riche monsieur, a un rendez-vous avec une aimable femme que je connais.

— Bon ! dit le père Martin, qui s'était remis à manger.

— Le rendez-vous est chez le monsieur, qui possède une petite maison isolée, au bord de la Seine, dans l'île de la Grande-Jatte.

— C'est charmant, les amoureux ! dit le vieux mendiant, la bouche pleine.

— Seulement, voilà ! il y a un autre monsieur, un autre galant de la petite, jaloux comme un tigre. Tu saisis ?

— Parfaitement.

— Or ce jaloux, étant prévenu du rendez-vous de ce soir, doit se rendre au lieu indiqué et, comme il a des droits, tout permet de supposer qu'il tuera l'homme et la femme.

— Diable !

— C'est cela qu'il faut éviter.

— Il suffit de prévenir les deux amoureux.

— Impossible ; des circonstances s'y opposent.

— Alors, il y aura du grabuge.

— Sans doute... à moins qu'on empêche le jaloux d'entrer dans la maisonnette.

— C'est vrai.

— Et j'ai compté sur toi pour cela.

— Ah ! ah ! nous y voilà, pensa le père Martin.

— Mais, dit-il tout haut, de quel droit veux-tu que j'empêche ce monsieur d'aller à ses affaires.

— D'abord, il s'agit de conjurer une catastrophe. En somme, la jeune femme étant très intéressante, ce sera une bonne action de lui sauver la vie.

— Sans doute. Cependant, si ce monsieur est bien déterminé à faire un mauvais coup je ne me crois pas assez d'éloquence pour faire qu'il renonce à son projet. D'abord je ne le connais pas, moi. Où veux-tu que je le trouve ?

— Ecoute. Je peux te conduire à la petite maison. Tu te mettras en faction devant la porte, et tu l'empêcheras d'entrer, voilà tout.

— Néanmoins si mes raisonnements ne le touchent pas ?

— Alors, tu emploieras d'autres moyens.

— Ah ! très bien. Tu crois donc qu'on pourrait...

— Le mettre hors de combat ? oui.

— Je comprends... Ça n'est pas une besogne ordinaire, sais-tu ?

— Je le sais bien. Aussi, est-elle bien payée...

— Parfait !... mais s'il fait du bruit ?

— Il n'y a aucun danger ; la maison est isolée, et, du reste, le jaloux ne viendra guère qu'à onze heures.

— Du moment qu'on ne serait pas dérangé...

— A cet égard, tu peux être tranquille...

— Alors tu dis donc que, pour l'assommer à moitié, on donnerait ?...

— Mille francs ?

Les deux époux avaient insensiblement baissé la voix. Leurs têtes s'étaient rapprochées, et ils se regardaient, comme s'ils eussent voulu s'entendre par les yeux.

— Mille francs ? répéta le père Martin à voix basse.

— Oui.

— Et ça ne ferait rien que le monsieur fût un peu blessé ?...

— Rien..., et même...

— S'il se laissait mourir ?

— Dans ce cas trois mille francs te seraient comptés.

— Trois mille !... c'est dit.

— Prenez-vous du café ? demanda M<sup>me</sup> Lulu, en ouvrant brusquement la porte.

— Certainement, chère madame, dirent ensemble les époux Lafare qui ne purent se dispenser de sourire, devant la mine désappointée de la gargotière furieuse de voir qu'on avait des secrets pour elle.

— Servez-nous du café, reprit M<sup>me</sup> Lafare, et faites-nous le plaisir d'en prendre avec nous.

M<sup>me</sup> Lulu s'inclina et répondit :

— C'est pas de refus.

Un instant après, nos trois personnages dégustaient, à petites gorgées, un moka plus ou moins fin préparé par la patronne elle-même.

Cependant la curiosité de M<sup>me</sup> Lulu n'était pas satis-faite ; elle se torturait l'esprit pour tâcher de comprendre quel mobile avait poussé M<sup>me</sup> Lafare à dîner en tête à tête avec un mendiant.

— Vous connaissez donc le père Martin ? ne put-elle s'empêcher de demander.

— Oui, oui, nous sommes de vieilles connaissances. Il vient quelquefois faire ses singeries dans ma cour.

— Et vous ne redoutez pas les entreprises de ce mauvais sujet ? C'est capable de tout, vous savez, des propres-à-rien comme ça...

— Oh ! quant à cela, il n'y a pas de danger. Seraient-ils dix comme lui, vous savez que j'ai la poigne assez solide pour me faire respecter.

— Ça, c'est bien vrai. En effet, j'ai souvent entendu dire, à l'époque où vous teniez cette maison, que vous n'aviez jamais besoin de la police pour vous débarrasser des pochards qui faisaient des esclandres.

— Allons, dit M<sup>me</sup> Lafare, l'heure s'avance ; j'ai encore quelques courses à faire, et il est temps que je parte.

Et, jetant une pièce de vingt francs sur la table, M<sup>me</sup> Lafare ajouta :

— Payez-vous.

M<sup>me</sup> Lulu prit la pièce d'or et se dirigea vers son comptoir. Les époux Lafare la suivirent. Mais pendant que la gargotière faisait le compte, deux des voyous qui se trouvaient dans la salle commune, envieux de la bonne aubaine arrivée au père Martin, résolurent de profiter à leur tour de la générosité de la grosse dame. Rajustant leur haute casquette de soie et donnant un tour gracieux à la mèche de cheveux qui s'arrondissait coquettement sur leurs tempes, ils s'avancèrent vers le comptoir, la mine effrontée, l'œil insultant.

— Eh bien ! la grosse mère, dit l'un d'eux en s'adressant à M<sup>me</sup> Lafare qui avait laissé retomber sa voilette sur sa figure, on fait donc ses petites fredaines, aujourd'hui ? C'est mal de cacher sa frimousse sous ce vilain chiffon noir.

— Madame a bien tort de vouloir se payer le père Martin. Là, entre nous, ce n'est pas une riche conquête, et vous auriez pu choisir mieux.

— Oh ! pour ça, oui ; nous, par exemple ; n'étions-nous pas là, à la disposition de madame ?

— Je t'écoute ! Des beaux garçons comme nous ne poussent pas au coin de toutes les rues.

— Allons ! ma grosse, relevez vite cette voilette.

— Et faites connaissance avec Bibi.

Enhardis par le mutisme de M<sup>me</sup> Lafare, les deux vauriens se rapprochèrent d'elle avec un sourire cynique. L'un d'eux lui prit la taille, tandis que l'autre cherchait à soulever son voile.

Mais, aussitôt, le premier reçut une gifle qui l'envoya rouler à quatre pas de là sous une table. Quant au second, M<sup>me</sup> Lafare le saisit par les poignets, et, bien qu'il fût un gaillard vigoureux, il essaya vainement de s'arracher de cette étreinte, tant était grande la force musculaire de la marieuse. Les bras serrés et meurtris par ces mains, pareilles à des étaux, le sacripant devint d'abord écarlate ; bientôt il pâlit affreusement et grimaça d'une façon ignoble ; enfin, malgré ses efforts et ses contorsions, il fléchit sur ses jambes et tomba sur les genoux, murmurant à travers les gémissements que lui arrachait la douleur :

— Grâce, grâce, pardon !

Alors seulement, M<sup>me</sup> Lafare le lâcha et le vaurien, geignant et blasphémant, se retira dans un coin, la tête basse et se léchant les poignets, où se voyaient des marbrures violacées.

La galerie était dans l'admiration. Devenus respectueux, les autres chenapans s'extasiaient en termes énergiques. Mais leur enthousiasme ne connut plus de bornes lorsque M<sup>me</sup> Lafare, en recevant sa monnaie, dit à M<sup>me</sup> Lulu de la voix la plus calme du monde :

— Tenez, prenez aussi le prix d'une bouteille de cognac que vous servirez à ces étourdis, afin qu'ils ne me gardent pas trop rancune de la correction que je viens de leur infliger.

A ces mots, tous les va-nu-pieds se découvrirent et se levèrent dans un sentiment unanime de surprise et de déférence.

Ce fut donc au milieu d'une ovation chaleureuse que M<sup>me</sup> Lafare, toujours tranquille, sortit du cabaret et monta dans son fiacre, suivie du père Martin qui prit place à côté d'elle.

Avant de refermer la portière, le cocher s'approcha de la marieuse qui lui dit quelques mots à l'oreille. A peine remonté sur son siège, il fouetta ses rosses, et la voiture eut bientôt disparu dans l'obscurité.

## XI

### COMMENT M. RUFFIN ENTEND L'HÉROISME

Après son évasion du logement de Jean Eyrolles, — évasion presque inespérée, — Ruffin avait regagné son coupé à la hâte et s'était fait conduire chez lui.

Chemin faisant, le gros homme se mit à calculer les nombreux désagréments que lui avait déjà valus l'intempérance de ses passions. Néanmoins, de tous les dangers auxquels il avait échappé jusqu'alors, grâce à la circonspection inhérente à son caractère, ce dernier péril avait été de beaucoup le plus terrible, de sorte qu'il lui fallait quelques minutes pour se remettre un peu de son émotion.

Dès que le calme lui fut revenu, l'image d'Antonine se présenta à son esprit. Où était-elle ? Pourquoi avait-elle manqué au rendez-vous ?

A son arrivée chez lui, il trouva le billet de la jeune femme et fut délivré complètement de l'anxiété à laquelle il était en proie.

Ce billet était ainsi conçu :

« Mon cher ami, après la scène d'hier, la prudence me conseille de quitter la maison avant l'heure convenue entre nous. Ne viens donc pas me chercher cette après-midi, mais trouves-toi à la gare Saint-Lazare, ce soir à dix heures et demie. J'y serai. Ton Antonine. »

Tout à fait rassuré par le contenu de cette lettre, Ruffin ne pensa plus qu'à prendre les dispositions indispensables à son absence de quelques jours. Il comptait, en effet, se débarrasser de tout souci commercial, pour goûter à loisir, en la compagnie de sa bien-aimée, les joies réglementaires de la lune de miel.

Après avoir donné les plus amples instructions à son premier commis, Ruffin dîna paisiblement avec sa femme et sa fille, car nous avons oublié de dire qu'il était marié et père d'une grande demoiselle aux cheveux roux, qui accomplissait son dix-septième printemps et portait assez niaisement le nom d'Isaline.

Au dessert, le banquier annonça gravement qu'une affaire de la plus haute importance l'appelait à Perpignan pour une douzaine de jours et, vers dix heures du soir, une valise à la main, le financier, alerte comme un jeune homme, quitta le domicile conjugal et se fit conduire à la gare Saint-Lazare où il rencontra Antonine.

Quelques minutes avant onze heures, l'amoureux couple arrivait à l'île de la Grande-Jatte et s'arrêtait devant une jolie maisonnette située au bord de la route qui longe la Seine.

La nuit était très noire, le ciel sans étoiles, et nul bruit ne troublait le silence de ce lieu désert.

Au moment où Ruffin allait introduire une clef dans la serrure, une ombre se détacha tout à coup de l'épaisse charmille qui entourait la maison, et s'approcha vivement.

— Qui vient là ? demanda Ruffin non sans frayeur.

— Ne craignez rien ; c'est moi, dit une voix de femme.

— Ma mère ! exclama Antonine.

— Madame Lafare ! fit Ruffin.

— Moi-même, répondit la marieuse ; mais entrons vite, car j'ai à vous entretenir de choses très graves.

Ruffin ouvrit la porte et la referma avec précaution, dès qu'ils furent entrés ; puis ayant allumé les bougies, il se retourna vers M<sup>me</sup> Lafare et lui dit :

— Qu'y a-t-il donc ?

— Oh ! oh ! fit la mère d'Antonine sans lui répondre tout d'abord, vous avez fait des frais depuis ma dernière visite ; votre ameublement est entièrement renouvelé.

— En effet, le salon est tout neuf, ainsi que la chambre à coucher. Vous devez bien savoir que, lorsqu'il s'agit de plaire à Antonine, je ne recule devant aucune dépense.

— Il ne s'agit pas de tout ça, interrompit Antonine ; dis-nous donc vite, maman, ce qui t'amène ici, à pareille heure.

— Je suis tout bonnement venue dans l'espoir d'empêcher qu'on ne vous assassine cette nuit.

— Est-ce possible ! s'écria Ruffin, déjà blême de terreur ; courons-nous donc un danger ?

— Un danger à peu près inévitable.

— Mon mari, peut-être ?

— Tu l'as dit, fillette.

— Mais, reprit Antonine, comment peut-il se douter que nous sommes ici, puisqu'il ignore l'existence de cette habitation ?

— Je ne sais. Il est venu chez moi pendant mon absence, il a interrogé Annette et, comme cette bavarde, ayant surpris quelques mots de notre conversation, lui apprenait que tu serais ici vers onze heures du soir, il s'est écrié :

— Comment n'y ai-je pas songé plus tôt ?

— Je n'y comprends rien, dit Ruffin.

— Enfin, ce qu'il y a de certain, c'est qu'il va survenir d'un instant à l'autre pour vous tuer tous les deux, ainsi qu'il l'a formellement déclaré.

— Mon Dieu ! que faire ? demanda la jeune femme dont le visage se couvrit d'une pâleur mortelle.

— Il n'y a qu'à fuir avec célérité, bégaya Ruffin qui, depuis un moment, tressaillait au moindre bruit.

— Mauvais moyen, reprit M<sup>me</sup> Lafare. D'abord, vous avez à craindre presque sûrement de le rencontrer sur

la route, où vous serez moins protégés qu'ici ; ensuite,
parvinssiez-vous à lui échapper cette nuit, il finira bien
par vous rejoindre tôt ou tard.

— C'est vrai, marmotta le banquier dont le visage
s'hébétait de plus en plus.

— Désormais, c'est un duel à mort entre vous. Tant
qu'il sera vivant, vous serez en danger tous les deux.

— Je ne le sens que trop ! dit le gros homme en se
rappelant la scène qui s'était passée entre lui et Jean
Eyrolles quelques heures auparavant.

— D'un autre côté, dans la situation où vous vous
êtes placés, vous ne pouvez guère invoquer la protection
de la police... Il s'agit d'un époux outragé !

— Mais alors je n'ai aucun espoir de lui échapper,
s'écria le banquier éperdu.

— Dame ! vous êtes un homme ; défendez-vous !

— On ne se défend pas contre un tigre, car c'est un
tigre, madame, un vrai tigre...

Et le boursier se mit à marcher en s'arrachant les
cheveux.

Mᵐᵉ Lafare échangea avec sa fille un regard où se
peignaient à la fois le mépris et la pitié.

— Ma pauvre Antonine, soupira l'énorme matrone, tu
as là un piètre défenseur.

— Oui, madame, dit Ruffin, oui, je l'avoue, j'ai
horreur des scènes de violence, et, en ce moment, je
préférerais être partout ailleurs qu'ici. J'ai toujours été
dans les affaires, moi, et mes mains, vouées au travail,
ne brandirent jamais une arme homicide. Aussi, je le
déclare hautement, j'aurais évité de m'empêtrer dans
cette intrigue, si j'en avais prévu les conséquences.

— Vraiment, mon pauvre monsieur, vous me faites
pitié. La peur vous fait trop oublier les plus vulgaires
notions de la courtoisie.

— Avant tout, continua Ruffin, je tiens à l'intégrité
de ma personne, je ne crains pas de le dire ; en d'autres termes, ma peau m'est trop précieuse pour que

j'en puisse faire le sacrifice comme un étourdi sans
sou ni maille. Eh! que diable, j'ai de la famille, madame; j'ai une femme, un enfant!

M^me Lafare souriait dédaigneusement.

Quant à Antonine, la lâcheté du banquier lui causait
un tel dégoût, qu'elle oubliait ses propres terreurs.
D'ailleurs, la présence de sa mère, dont elle connaissait l'énergie, lui donnait quelque assurance.

— Ainsi, dit-elle à son amant, je ne dois pas compter
sur vous pour me défendre?

— Mais si, mais si. Seulement, je pense qu'il serait
préférable de s'arranger. Comprenez bien que je ne
puis me battre, moi; ça me répugne... Ce n'est ni dans
mes goûts, ni dans mes habitudes... Je suis un par-
tisan de l'ordre, après tout, avide de tranquillité. Et
puis le scandale m'effraye. Que penserait-on de moi...
à la Bourse? Je perdrais la confiance, et cesserais aux
yeux du monde d'être un homme sérieux... Position
oblige... Qui diable aurait pu deviner que vous aviez
un époux d'humeur si acariâtre?..... lui si doux, si
poli..... Fiez-vous donc aux apparences... Que faire
maintenant?... A quoi bon parler le langage de la
raison à un fou furieux... C'est que je le connais, à
présent, votre aimable mari!.... Ce n'est pas seulement à votre vie, c'est à la mienne, qu'il en veut...
Dès lors, sauve qui peut!... Sans doute, la fuite devient
un devoir... Mais comment sortir paisiblement d'ici,
puisqu'il n'a pas eu honte de me tendre une sorte de
guet-apens, et qu'il est là, pour sûr, épiant ma sortie...
Certainement, j'en deviendrai fou; je le sens et c'est
à vous, madame, que je le devrai.

Le malheureux couard se mit à arpenter le salon
comme un insensé, allant de la porte à la fenêtre pour
voir si tout était bien fermé.

— Ma foi! mon cher monsieur Ruffin, dit M^me Lafare,
je conçois votre angoisse. Nous voici tous dans une
horrible position. Cependant il y aurait un moyen...

— Un moyen?... fit le gros homme haletant.

— Oui, un moyen... légitime, après tout.

— Lequel? lequel? De grâce, indiquez-le-moi.

— On pourrait payer quelqu'un, un de ces hommes, par exemple, qui font métier de se battre, pour vous protéger contre les fureurs de cet enragé... et même pour vous en débarrasser.

— L'idée est lumineuse!

— En somme, étant menacé, vous essayez de vous défendre... N'est-ce pas naturel?

— Comment donc! c'est un droit imprescriptible....

— De plus, si dans cette affaire, qu'il provoque, votre ennemi recevait un mauvais coup, à qui en serait la faute?

— Il l'aurait bien mérité! s'écria Ruffin avec exaltation. Mais, reprit-il aussitôt avec découragement, où le trouver, ce protecteur! Avons-nous le loisir d'aller à sa recherche?

— Il est là.

— Hein! qui? Comment?

— Dans la prévision du péril que vous alliez courir, j'ai eu la précaution de me procurer un de ces hommes dont je vous parlais. Je l'ai amené avec moi, et je l'ai posté en bas, près de la porte.

— Vraiment, vous avez pensé à tout cela?

— Oui. Il veille. Vous n'avez plus rien à craindre...

— Est-il vrai? demanda Antonine.

— Oui, dit M<sup>me</sup> Lafare.

— Mais qu'il vienne! s'écria Ruffin, je le récompenserai...

— Inutile. Je lui ai donné ses instructions, et je lui ai promis trois mille francs.

— Trois mille francs!

— Si vous trouvez que c'est trop cher, je peux lui dire de s'en aller.

— Non, non; qu'il reste; je payerai.

— Mon Dieu! s'écria Antonine toute frémissante,

que va-t-il se passer? cet homme ne va pas le tuer, j'espère?

— Il a ordre de défendre cette maison, voilà tout.

— Mère, mère, reprit la jeune femme avec épouvante, il ne faut pas qu'on l'assassine !... Je ne le veux pas...

— Silence, commanda tout à coup M^me Lafare, qui tendit le cou comme pour mieux entendre.

Les trois personnes qui se trouvaient dans le petit salon prêtèrent l'oreille et retinrent leur respiration.

## XII

### M. RUFFIN SE TRANQUILLISE

Le sable de la route criait sous les pas d'un homme qui s'avançait rapidement.

Le bruit se rapprochait, et bientôt on heurta violemment à la porte.

— C'est lui ! dirent-ils ensemble, à voix basse.

Bientôt la voix de Jean Eyrolles s'éleva dans le silence de la nuit.

— Ouvriras-tu ? lâche ! cria-t-il en ébranlant la porte.

Ruffin s'affaissa dans un fauteuil : il était verdâtre. Antonine chancelait.

— Mère, je me sens mourir, murmura-t-elle.

M$^{me}$ Lafare prit sa fille dans ses bras, et l'entraîna dans la chambre à coucher où elle la déposa sur le lit.

La voix de Jean Eyrolles retentit de nouveau.

— Lâche, triple lâche ! Tu n'ouvriras donc pas ! Attends.

Désespérant d'enfoncer la porte, le pauvre mari se hissa jusqu'à l'appui de la fenêtre et fit voler les vitres en éclats.

Au même instant, une ombre surgit près de lui, et le malheureux, poussant un cri terrible, retomba inerte sur le sol.

Le père Martin venait de lui enfoncer deux fois son couteau entre les deux épaules.

En entendant ce cri sinistre, Antonine perdit tout à fait connaissance, et M^me Lafare elle-même en eut froid au cœur.

Mais la hideuse femme eut bientôt maîtrisé son émotion. Dès que tout bruit eut cessé, elle revint dans le salon, ouvrit la fenêtre et chercha à voir dans l'obscurité.

— C'est fait, dit la voix du père Martin.

— Est-il blessé grièvement ? demanda-t-elle.

— Il est mort.

— Bien. Attends-moi.

Et M^me Lafare, allant au banquier qui restait anéanti sur son fauteuil, le prit par le bras et le secoua rudement.

— Allons ! remuez-vous un peu, dit-elle.

— Hein ! que se passe-t-il ? demanda Ruffin en roulant des yeux égarés.

— Jean Eyrolles est mort.

— Mort !

— Oui. Donnez les trois mille francs.

— Les trois mille francs... Ah ! oui... O mon Dieu ! quand je pense qu'un crime vient d'être commis... Tenez, je ne peux pas ouvrir mon portefeuille.

— Donnez.

— Permettez que je compte moi-même ? dit le banquier, que ce souci d'argent ranimait par degrés. Voici deux billets de mille, et puis dix de cent francs.

— Il n'y en a que neuf.

— Neuf. Etes-vous sûre ?

— Donnez donc le dixième.

— Ça fait bien de l'argent, soupira Ruffin.

Puis il reprit d'un ton plus bas :

— Ainsi, il est mort ?

— Oui.

— Mais comment cela est-il arrivé ?

A cette demande épouvantable de cynisme et de

candeur, M^me^ Lafare regarda Ruffin avec admiration.

— Venez le voir, dit-elle.

Elle alla ouvrir la porte, et, suivie par le banquier, elle sortit et tendit les billets de banque au père Martin.

— Y a t-il le compte ?. demanda sournoisement le vieux misérable.

— Oui. Trois mille.

— Merci. Je m'en rapporte à toi.

— Croyez-vous qu il soit mort ? interrogea Ruffin, qui s'était penché sur le cadavre.

— J'en réponds, grogna le père Martin en mettant les billets de banque dans sa poche.

— Maintenant, il faut faire disparaître ce corps, dit M^me^ Lafare.

— Quant à ça, mon plan est combiné. Il y a, près d'ici, un bateau amarré, dans lequel je vais porter le sujet. Je le conduirai au milieu de la Seine et, avec une grosse pierre au cou, je le laisserai glisser dans le royaume des poissons. Ni vu ni connu, je t'embrouille. Je réponds de tout.

— En ce cas, que ce soit vite fait.

Sans perdre de temps, le père Martin et M^me^ Lafare, prirent le cadavre de Jean Eyrolles, traversèrent la route, arrivèrent jusqu'au canot, dont avait parlé le vieux, et y déposèrent leur sinistre fardeau.

Le père Martin, s'étant muni d'une énorme pierre, détacha l'embarcation, sauta dedans, et s'éloigna rapidement du bord.

Les ténèbres le dérobèrent bientôt aux regards de M^me^ Lafare et de Ruffin qui avait voulu voir aussi.

— Mon Dieu, quelle nuit ! murmurait ce dernier en retournant vers la petite maison, quelle nuit !... Un homme assassiné ! Au fond, c'était un brave garçon, ce Jean Eyrolles... Quel dommage ! Ainsi il est bien mort... Ce que c'est que nous... Il est vrai qu'à présent nous pouvons être tranquilles... Pourvu qu'il n'y ait pas de traces, personne ne saura rien... Il ne nous manquerait plus qu'une affaire avec la police.

Sous l'empire d'une agitation fébrile, Ruffin allait et venait. Une fois de retour au salon, il prit un flambeau et vint examiner l'endroit où il avait vu le corps de Jean Eyrolles. Ruffin, s'étant baissé, reconnut que le sable était humecté de sang en cet endroit. Avec son pied il fit disparaître cette sombre et large tache qui pouvait éveiller les soupçons.

Comme il allait rentrer, il heurta quelque chose de noir.

— Tiens, dit-il, son chapeau ! Que dis-je, son chapeau ? Le mien ! car depuis hier, en effet, j'ai toujours eu le sien sur ma tête. Allons ! tout est pour le mieux, quoique je n'eusse pas cru que l'aventure dût avoir une fin si grave.

Machinalement il se mit à brosser le chapeau qu'il venait de ramasser.

En ce moment M$^{me}$ Lafare parut à la porte de la chambre à coucher, ramenant sa fille, qui avait tout à fait repris connaissance.

Les deux femmes remirent leurs chapeaux rajustèrent leur manteau et se préparèrent à sortir.

— Vous partez, dit Ruffin d'un ton effaré.

— Tout de suite.

— Comment ! Antonine ne reste pas ici ?

— Après ce qui vient de se passer, vous voudriez que ma fille restât, surtout dans l'état où elle se trouve ?

En effet, tout le corps d'Antonine était agité par un tremblement nerveux, et sa pâleur était telle qu'elle faisait peur à voir.

— Mais alors ? demanda Ruffin.

— On vous écrira, monsieur.

— Décidément vous partez sans moi ?

— Avouez qu'un cavalier aussi poltron que vous nous serait bien inutile. Adieu donc ; bonne nuit.

— Vous pensez que je vais rester seul ici !... Ah ! non par exemple, j'aime mieux vous suivre.

— Restez, dit durement M<sup>me</sup> Lafare.

Et la marieuse, ayant pris le bras de sa fille, l'entraîna rapidement, tandis que Ruffin, consterné et stupide, se barricadait dans la petite maison, en proie à une terreur de plus en plus grande, tourmenté par d'horribles visions.

Après avoir marché près d'une demi-heure, les deux femmes rencontrèrent un fiacre sur la route de Neuilly et s'y installèrent.

— Au Grand-Hôtel, dit M<sup>me</sup> Lafare.

L'air frais de la nuit avait ranimé Antonine. Une fois en voiture, elle put enfin parler.

— Mère, mère, que s'est-il passé ?

— Tu es veuve, mon enfant.

— Oh ! fit Antonine avec horreur en se cachant le visage.

Puis, au bout d'un moment, elle reprit :

— Mais que vais-je devenir ?

— Pour le moment, tu t'appelles mademoiselle Angélique de Sérignan. Tu arrives à l'instant même d'Avignon, et tu descends au Grand-Hôtel avec moi, qui suis ta marraine. Dans quelque temps, tu seras très probablement M<sup>me</sup> la comtesse de Mellegardes.

## XIII

### UNE GRANDE SOIRÉE CHEZ MADAME DE MOURMOIRON

Il était environ dix heures du soir.

Depuis longtemps déjà, de nombreuses voitures s'arrêtaient devant l'une des plus belles maisons du boulevard Haussmann.

De pauvres gens s'étaient groupés à droite et à gauche du vestibule afin de voir entrer les beaux messieurs en habit noir et surtout les belles jeunes filles dont les toilettes de bal étaient infiniment plus attrayantes.

Entre la double haie formée par les curieux, les heureux invités passaient majestueusement, tout fiers d'être regardés, et d'être pris pour des personnages importants.

Au haut de l'escalier, tout enguirlandé de fleurs, et splendidement éclairé, un domestique en grande livrée recevait les gens et les amenait jusqu'à l'huissier qui annonçait les noms les plus vulgaires avec autant de solennité que s'il eût introduit tous les descendants des croisés.

Vers dix heures et demie les salons de M<sup>me</sup> de Mourmoiron regorgeaient.

Pourtant, à première vue, on pouvait constater que le sexe féminin était, numériquement, de beaucoup supérieur au sexe fort à peine représenté par une vingtaine de jeunes gens.

D'ailleurs le coup d'œil ne faisait qu'y gagner. Les rares habits noirs disparaissaient presque complètement dans un déluge de robes claires, de rubans flottants, de chevelures de toutes nuances.

Çà et là se voyaient bien quelques robes sévères, d'une teinte foncée ; mais ce côté sombre, formé par des dames âgées, servait de repoussoir au tableau, et faisait ressortir davantage les rayonnantes épaules nues des jeunes filles qui glissaient sur le parquet en grappes tourbillonnantes, aux accords d'un orchestre discrètement placé derrière une rangée de plantes exotiques.

Malgré l'éblouissante lumière qui, projetée par le lustre, donnait tant d'éclat à toutes ces jeunes têtes, un observateur de goût eût difficilement trouvé, parmi tous ces petits minois chiffonnés, un visage digne d'être admiré.

Hélas ! nous sommes même forcé d'avouer que, pour la plupart, les demoiselles réunies ce soir-là chez M<sup>me</sup> de Mourmoiron étaient insignifiantes ou laides, malgré les toilettes plus ou moins extravagantes dont elles avaient rehaussé leurs charmes.

On aurait pu remarquer également que beaucoup de ces suaves personnes, ressemblant de loin, sous leurs costumes de gaze et de mousseline, à de petits nuages diaprés, avaient atteint un âge où les filles à marier piquent déjà des épingles à leur bonnet.

Du reste, à leur mine presque ennuyée, on devinait que les beaux messieurs en cravate blanche étaient eux-mêmes suffisamment édifiés à ce sujet.

Aussi, malgré toute l'aménité, la bonne grâce et l'entrain de la maîtresse de la maison, la soirée languissait et menaçait de s'assombrir encore.

On sentait vaguement que tous ces invités se rencontraient pour la première fois, et qu'aucune affinité de caractère, de goût et de position ne les unissait.

L'explication de cette froideur, qui subsistait en dépit

des efforts de M^me de Mourmoiron, un vieux monsieur la fournissait en ce moment à un jeune homme avec lequel il venait de pénétrer dans les salons.

— Oui, mon cher Gaston, je vous répète que vous me saurez gré de vous avoir amené ce soir, car cette maison est bien la plus curieuse qui soit à Paris.

— M'auriez-vous conduit ici dans le dessein de me marier, demanda le jeune homme avec un effroi comique.

— Non, mon ami, non. Je désire uniquement vous faire apprécier les qualités vraiment exceptionnelles de M^me de Mourmoiron, qui a poussé l'art de marier les gens à un degré que vous ne soupçonnez guère.

— D'après ce que vous m'avez dit, je sais que cette dame est douée d'un esprit supérieur.

— C'est tout simplement une femme de génie qui a su se faire vingt mille francs de rentes avec ce sacrement du mariage si décrié de nos jours.

— Vingt mille francs de rentes !

— Oui, mon cher.

— Mais alors il suffit donc de se mettre à la tête d'une agence matrimoniale pour... devenir millionnaire ?

— N'allez pas si vite. Cela ne réussit pas à tout le monde. On peut même affirmer que, pour la plupart, les personnes qui s'occupent de marier les gens font d'assez mauvaises affaires, et je crois qu'il faut tout l'esprit et toute l'ingéniosité de M^me de Mourmoiron pour réussir dans cet art difficile.

— Le fait est que cette besogne doit être fort délicate.

— Mais ce qui me paraît le plus incompréhensible, c'est que des jeunes filles riches, belles, honnêtes, ainsi qu'en font mention les annonces de toutes sortes, aillent se faire inscrire dans ces maisons-là, ayant plus de qualités qu'il n'en faut pour être demandées en mariage deux fois par mois.

— Aussi n'y vont-elles pas.

— Comment ?

— La plupart de ceux qui s'adressent à ces agences sont de pauvres diables ayant peu ou point d'argent, et qui, désespérant de conquérir une position par leurs propres efforts, pensent tout bêtement qu'on va leur procurer une femme, sinon ravissante, du moins pourvue d'une grosse dot.

— Et les héritières ?

— Elles sont imaginaires ou bien inscrites sans leur consentement.

— Alors, on ne se marie jamais ?

— Si, quelquefois, et voici comment cela se passe en général :

« Une amie, une employée, une voisine, ou même une simple entremetteuse, découvre une fille à marier, dans la famille de laquelle elle parvient souvent à se faire présenter, si elle n'y est déjà reçue. Grâce aux soins de cette intermédiaire, on est bien vite informé de la dot, de l'âge, des talents de la personne mariable, sans que celle-ci se doute même des investigations dont elle est l'objet. Dès que tous ces renseignements ont été recueillis, on s'arrange d'une façon quelconque pour introduire dans la maison le prétendant célibataire, avec une recommandation plus ou moins suffisante, et puis, à la grâce de Dieu. »

— En effet, cela doit rarement réussir.

— Aussi n'est-ce pas avec les commissions convenues en cas de succès que les agents gagnent leur vie, mais avec les petites sommes d'argent que donnent les badauds pour se faire inscrire et qui varient entre quinze et cinquante francs, parfois même cent francs. Cet argent-là, jamais on ne le revoit.

— Je comprends : cela équivaut à prendre un billet à la loterie.

— A peu près.

— Mais M<sup>me</sup> de Mourmoiron ?

— Oh ! quant à celle-ci, elle n'aspire pas du tout à

passer pour une marieuse. Elle ne fait pas d'annonces, et n'a pas de registre d'inscription, sinon pour elle toute seule. Nous ne sommes pas ici dans une agence matrimoniale, mais chez une dame du monde aimant la société, les fêtes, le bruit, et désireuse surtout de recevoir les jeunes filles pour les voir danser et s'amuser.

— Quel est donc son but ?

— Comme elle désire avant tout que ses salons soient bien garnis, elle est peu difficile dans le choix de ses invités et reçoit la société la plus hétéroclite.

— Mais où va-t-elle dénicher tout ce monde ?

— Voilà justement où éclate le génie de cette femme. Deux ou trois fois par semaine les diverses marieuses de la capitale amènent à ses soirées les jeunes filles et les jeunes gens dont la position ou la fortune offre le plus de chances de réussite, en sorte que le salon de M<sup>me</sup> de Mourmoiron se trouve être en réalité la maison centrale, et pour ainsi dire le marché principal où viennent se rencontrer pêle-mêle tous les célibataires des deux sexes.

— C'est admirable !

— Ce qu'il y a de plus curieux, c'est que les deux tiers des gens que vous voyez ici ignorent même dans quel but on les y a conduits.

— En vérité ?

— Et maintenant que vous savez où vous êtes, avant d'aller présenter nos respects à M<sup>me</sup> de Mourmoiron, que vous voyez là-bas en robe mauve, examinez donc le petit manège auquel elle se livre et réfléchissez à l'énorme travail qui s'accomplit dans cette tête. Voyez avec quelle simplicité elle va de l'un à l'autre, ébauchant une affaire ici, la dénouant là-bas. Tenez, voici qu'on lui présente une jeune fille ; que, d'un regard amical, elle la toise, elle la juge, elle l'estime. En somme, c'est un commissaire-priseur en marchandise humaine.

— Je suis abasourdi.

— Ma foi, mon cher, je ne pourrai pas vous présenter

avant quelques minutes, car je vois M^me de Mourmoiron se diriger vers un groupe de marieuses pour une affaire des plus importantes. Il s'agit de marier un certain comte de Mallegardes plusieurs fois millionnaire, qui arrive du fond de sa province avec une jeune sœur aveugle. Comme ces sortes d'occasions sont rares, toute la corporation s'est mise sous les armes. Voici que chacune de ces dames étale devant la maîtresse de la maison ce qu'elle avait de mieux dans le panier aux jeunes filles. C'est que la victoire à remporter sera féconde en bénéfices. Malheureusement, je ne vois guère de postulantes capables de fixer l'attention d'une si riche proie. Enfin on essaiera quand même et le combat sera curieux. Je vous recommande l'entrée du comte.

A peine venait-il de prononcer ces paroles que l'huissier annonça :

— M. le comte Paul de Mallegardes — M^lle Geneviève de Mallegardes.

A ce nom, un grand silence se fit. Toutes les têtes se tournèrent vers la porte et un long chuchotement s'éleva dans tous les coins du salon.

M^me de Mourmoiron alla aussitôt à la rencontre d'un beau jeune homme brun, qui donnait le bras à une ravissante jeune fille dont la toilette était exquise de simplicité.

Les deux nouveaux venus étaient accompagnés d'une vieille demoiselle qui les présenta à M^me de Mourmoiron.

Celle-ci se montra d'une extrême affabilité et entraîna le frère et la sœur dans le second salon, presque désert.

— C'est charmant à vous, monsieur le comte, dit-elle, d'avoir tenu votre promesse et de m'avoir amené mademoiselle votre sœur. Je ne saurais exprimer combien je suis heureuse de l'honneur que vous me faites.

— Croyez, madame, répondit le jeune homme, que

je vous serai toujours reconnaissant de la parfaite ama-
bilité de votre accueil. Je parle également au nom de
ma pauvre et chère Geneviève, car elle était bien
joyeuse ce soir de mettre une robe blanche, ainsi que
des fleurs dans ses cheveux.

— En effet, madame, murmura la belle enfant de sa
voix mélodieuse, je me sens très heureuse ce soir.

— Je ne saurais trop, dit Mᵐᵉ de Mourmoiron, remercier Mˡˡᵉ de Servières de m'avoir offert le bonheur
de vous connaître. J'espère que vous me permettrez
d'être votre guide amical dans le monde parisien, encore inconnu de vous, et que vous m'accorderez, puisque
le ciel vous a faite orpheline, d'être un peu votre
mère.

— Que vous êtes bonne, madame, dit le jeune
homme.

— Oh! merci! s'écria Geneviève. Soyez sûre que je
profiterai de vos conseils et de vos bontés.

— Allons, chère enfant, retournons dans le bal, car
je veux que vous vous amusiez ainsi que votre frère.

Le comte de Mallegardes était devenu l'objet de tous
les regards. Les jeunes filles passaient et repassaient
auprès de lui comme un essaim de papillons.

Le jeune homme les considérait toutes avec curiosité,
mais aucune d'elles ne parvint à fixer son attention.
Bien que peu à peu il se fût formé autour de lui comme
un rempart de belles demoiselles, la fatigue et l'ennui
commençaient à l'envahir, lorsque l'huissier annonça :

— Mˡˡᵉ de Sérignan — Mᵐᵉ Lachapelle.

Il se passa alors quelque chose d'extraordinaire.

Tous les yeux s'étant portés sur les nouvelles venues,
un frémissement courut dans la foule et, de tous côtés,
s'élevèrent des cris d'admiration.

La beauté de Mˡˡᵉ Angélique de Sérignan était si miraculeuse et sa toilette si exquise, que les femmes ne
songèrent point à être jalouses, et que les hommes se
prirent à manifester hautement leur enthousiasme

pour l'incomparable créature qui s'avançait, souriante et calme, soutenant cet hommage de l'admiration générale avec la simplicité d'une souveraine.

Près d'elle se tenait M<sup>me</sup> Lafare, qui se dirigea vers M<sup>me</sup> de Mourmoiron.

— Pardonnez, chère madame, à de pauvres provinciales d'arriver si tard.

— Comment pourrait-on avoir le courage de gronder une aussi ravissante personne que mademoiselle Angélique de Sérignan? Quand on est aussi belle, n'est-on pas reine partout!

Ce compliment, qui donnait à Antonine la supériorité sur toutes les femmes présentes, ne souleva pas le moindre murmure, et tous les hommes firent un mouvement d'approbation.

— Oh! madame, vous me remplissez de confusion, minauda la fausse Angélique; toutes mes vanités seront satisfaites si je parviens à ne point paraître trop gauche au milieu d'une aussi brillante compagnie.

M<sup>me</sup> de Mourmoiron surprit dans les yeux du comte de Mallegardes une sorte d'admiration mêlée de tant de tendresse qu'elle en fut presque émue. Aussi jeta-t-elle à M<sup>me</sup> Lafare un regard qui disait clairement: la victoire est à nous.

En une seconde, elle forma un plan d'une simplicité géniale.

Sans paraître faire attention au comte de Mallegardes, qui restait planté devant la nouvelle venue comme s'il eût été pétrifié, M<sup>me</sup> de Mourmoiron prit la main de la jeune aveugle et, la joignant à celle d'Antonine, elle dit:

— Que M<sup>lle</sup> de Sérignan me permette de lui présenter M<sup>lle</sup> de Mallegardes. Si les yeux de celle-ci, à jamais fermés à la lumière, ne peuvent vous contempler, ajouta-t-elle d'un ton plein de douceur, je suis sûre que son cœur vous devine et vous cherche, de même que je crois pouvoir affirmer que, de votre côté, vous êtes

prête à lui donner un peu de votre âme... C'est pourquoi je sais d'avance que vous me remercierez de vous
avoir, sans aucun préambule, données si franchement
l'une à l'autre.

Et prenant le bras de M<sup>me</sup> Lafare, M<sup>me</sup> de Mourmoiron conduisit dans son boudoir les deux jeunes filles,
à la fois interdites et charmées.

Quelques minutes après, Antonine et la belle aveugle
étaient les meilleures amies du monde. La douce Geneviève avait senti son cœur se fondre sous les caresses de cette compagne inattendue, et déjà, assises
l'une près de l'autre, sans avoir cessé de se tenir par la
main, les deux nobles demoiselles jasaient et babil-
laient comme si elles se fussent connues depuis leur
enfance. Quant à M<sup>me</sup> Lafare, pendant ce temps, elle
avait à subir un interrogatoire rapide de la part de
M<sup>me</sup> de Mourmoiron.

— Dites-moi donc, chère, qui est réellement cette
adorable jeune fille que vous m'avez amenée ?

— Vous l'avez entendu, c'est M<sup>lle</sup> Angélique de Sérignan.

— Sans doute... pour tout le monde ; mais pour moi?

— Pour vous aussi.

— Ah !

— S'il y a lieu, cette jeune fille montrera plus de
parchemins qu'il n'en faut pour convaincre les plus
incrédules.

— Ah ! répéta M<sup>me</sup> de Mourmoiron, et... a-t-elle de
l'argent.

— Très peu.

— Combien ?

— Presque rien : trente mille francs.

— Des espérances ?

— Non. Elle est orpheline.

— Parfait. Où diable avez-vous déniché ce phénix ?

— Elle est arrivée d'Avignon depuis trois jours à
peine.

— Mais dites-moi donc, ma chère, quel heureux hasard vous l'a fait connaître.

— Ce n'est pas un hasard, puisque je suis sa marraine.

— Voyons ; quel besoin avez-vous de dissimuler avec moi ?

— Je vous affirme que je suis sa marraine.

— Et pourquoi ce nom de Lachapelle ?

— C'est mon nom, affirma imperturbablement la mère d'Antonine, et je vous prie d'oublier que vous m'en avez connu un autre.

— Ah ! fit pour la troisième fois M<sup>me</sup> de Mourmoiron, en ce cas, tout est pour le mieux. Il ne me reste plus qu'à vous féliciter d'avoir une aussi ravissante filleule, car je crois qu'avant peu elle sera comtesse de Malle-gardes.

— Pensez-vous que nous puissions sérieusement l'espérer.

— Tenez, si je ne me trompe, la personne qui rôde depuis quelques minutes dans le salon voisin doit être précisément le jeune millionnaire dont toutes les marieuses de la capitale s'entretiennent en ce moment.

Et se levant tout à coup, M<sup>me</sup> de Mourmoiron alla entr'ouvrir les draperies de la porte en disant :

— Entrez donc, cher comte; c'est mal à vous d'abandonner ainsi votre chère sœur.

— Mais oui, Paul ; viens vite, s'écria Geneviève toute joyeuse ; viens donc que je te présente à ma nouvelle amie, M<sup>lle</sup> Angélique de Sérignan, qui voudra bien, je l'espère, t'accorder aussi un peu de son amitié, puisque tu es mon frère.

Tout rougissant, le jeune homme s'approcha des deux jeunes filles et commença à balbutier une sorte de timide compliment, qu'il n'eût guère su achever à son honneur si la charmante aveugle ne se fût écriée :

— Hâte-toi d'inviter M<sup>lle</sup> de Sérignan, car elle meurt d'envie de valser.

— Mademoiselle, je suis heureux vraiment...

Le jeune homme, étranglé par l'émotion, n'en put dire davantage.

Cependant une chose lui rendit un peu d'assurance : ce fut de voir que M$^{lle}$ de Sérignan était troublée elle-même au point de trembler sensiblement en s'appuyant sur le bras de son cavalier.

Comédienne incomparable, Antonine jouait l'embarras avec une perfection qui eût trompé les plus clairvoyants. S'adressant à M$^{me}$ Lafare, elle lui dit :

— Marraine, monsieur de Mallegardes me fait l'honneur de m'inviter à valser.

— Va, mon enfant, va.

Quelques instants après, le gracieux couple s'élançait en tourbillonnant dans le vaste salon.

Le comte avait oublié la terre. L'admiration infinie qu'il ressentait pour sa rayonnante danseuse centuplait son bonheur.

C'est qu'Antonine dépassait en beauté tout ce que ses rêves lui avaient laissé entrevoir.

Et voilà que, tout à coup, sans qu'il eût rien fait pour cela, la jeune femme était devenue son amie. En effet, il entourait sa taille flexible, il aspirait son haleine, il se sentait frôlé par ses boucles blondes, il buvait ses paroles et ses sourires.

Le comte était bon valseur ; Antonine était légère comme un oiseau. Au bout de quelques tours, les jeunes gens s'entendirent à merveille et bientôt ils purent se livrer à toutes les variétés de mouvement et de cadence qui sont comme la poésie de la valse.

Lorsque la musique eut cessé de se faire entendre, Paul de Mallegardes était ivre de joie et d'amour.

En reconduisant la belle Angélique auprès de sa marraine, il lui serra la main, à son insu, beaucoup plus que ne le permettaient les convenances.

— Mon cher comte, dit M$^{me}$ de Mourmoiron, vous êtes le plus charmant valseur que je connaisse, et vous êtes digne d'être le cavalier d'une sylphide telle que M^lle de Sérignan.

Angélique approuva de la tête avec un beau sourire.

Le comte de Mallegardes était rayonnant. Il se pencha vers sa sœur et lui dit à l'oreille :

— Ah ! Geneviève, comme elle est belle, ton amie.

La douce aveugle était ravie.

— Petit frère, il me semble que vous avez pris plus de plaisir à danser avec M^lle de Sérignan, que vous n'en avez jamais eu à valser avec votre sœur ! Savez-vous bien que je vais être jalouse, ajouta-t-elle en souriant divinement à Antonine qui venait de s'asseoir à côté d'elle.

— Chère Geneviève, dit celle-ci, mon bonheur serait parfait cette nuit, si je n'avais le chagrin de penser que vous ne pouvez goûter, aussi complètement que nous, les joies de cette fête.

— Rassurez-vous, ma bonne Angélique, vous vous exagérez mon infortune. Sans doute c'est une grande privation que de ne point voir comme vous toutes les choses de la vie. Et néanmoins, je les aperçois à ma manière. Songez que je suis aveugle depuis ma naissance et que la nature, qui pourvoit à tous nos besoins, m'a permis d'acquérir, pour suppléer au sens de la vue, une telle acuité dans les autres sens qu'aucune des impressions, saisies par vos yeux, ne m'est véritablement inconnue. Si je ne puis savourer les joies de certains spectacles, l'amertume de beaucoup d'autres m'est épargnée, de sorte qu'en général il y a compensation. Quoique je ne sois donc à plaindre qu'en apparence, j'ai pourtant le bonheur d'être plainte, ce qui flatte en moi une des faiblesses vaniteuses les plus chères de l'âme humaine. Quant aux activités ordinaires de l'existence, je suis l'égale de tout le monde, car, pareille à la plus alerte personne, je puis à ma fantaisie aller, venir, coudre, danser, jouer du piano, et même tirer au pistolet. Mon frère peut même vous dire que je suis d'une certaine force.

— C'est merveilleux.

Après la jeune aveugle, ce fut au tour d'Antonine d'expliquer l'histoire première de sa vie. Entre autres propos de circonstance, elle dut raconter comment, bien jeune encore, la mort lui avait enlevé tous ses parents. Bien qu'elle n'eût que deux jours pour se préparer, la fille de M$^{me}$ Lafare avait trouvé le temps d'étudier un peu le blason et beaucoup l'histoire de ses ancêtres. Aussi était-elle arrivée à savoir par cœur ses parchemins d'une manière si précise qu'après avoir parlé de son père défunt, ainsi que de ses oncles, elle put rendre un pieux hommage à la mémoire de ses aïeux, sans soulever chez ses auditeurs aucun autre sentiment que l'admiration pour l'enthousiasme chevaleresque et la rare érudition dont elle donnait d'éclatantes preuves. Madame de Mourmoiron elle-même ne conserva pas le moindre doute sur la noblesse de la haute demoiselle qui narrait avec tant de simplicité les hauts faits de ses ascendants et les malheurs qui avaient ruiné leurs rejetons.

Le ton était si vrai, si naturel, que le baron de Kadeça, intime de M$^{me}$ de Mourmoiron, celui qui, au commencement de ce chapitre, avait divulgué si clairement les secrets de la maison, frôlant de la bouche l'oreille de son jeune interlocuteur, lui dit :

— Mon cher, voici la première fois que je vois chose pareille : les deux partis sont de bonne foi et tout à fait ignorants de ce qui se trame à leur égard. Sur ma parole, je m'intéresse à eux, et j'ai la plus grande envie de devenir leur ami.

Quant à M$^{me}$ Lafare, son visage avait une sérénité parfaite, et celui qui eût pu lire au fond de sa pensée, y aurait vu l'inexprimable joie que lui causait l'habileté de sa fille.

Mais le temps marchait et, comme il était déjà plus

de minuit, les groupes s'éclaircissaient peu à peu.

A un certain moment les célèbres marieuses de la capitale, uniquement venues pour le comte de Mallegardes, jugeant qu'aucune de leurs protégées ne pouvaient le disputer à la belle Angélique de Sérignan, abandonnèrent la partie, se levèrent en masse et disparurent, non sans laisser matériellement un grand vide dans le salon.

Bientôt même on ne dansa plus, et Mme de Mourmoiron, qui voyait les choses en si bon train, résolut de donner à la fête un caractère plus intime.

Elle proposa de faire de la musique, et la jeune aveugle, sollicitée par tous, chanta quelques romances avec beaucoup de grâce. — Puis, Antonine, priée à son tour, se mit au piano, et bien que, depuis trois ans, elle n'eût guère promené ses doigts sur un clavier, elle interpréta bravement le grand air des Bijoux de *Faust* qu'elle avait étudié pendant deux jours avec une ardeur sans égale.

Ceux qui s'attendaient à entendre tout au plus une intelligente élève, répétant avec ingénuité une leçon apprise, se trouvèrent en présence d'une véritable artiste dont la voix chaude et vibrante remua toutes les âmes, dont le talent fin et délicat enthousiasma tous les connaisseurs.

Certes, son triomphe fut complet.

Transporté, pâle d'émotion, le regard humide et le cœur palpitant d'amour, le comte de Mallegardes faisait des efforts surhumains pour ne pas tomber aux genoux de la divine créature à laquelle il appartenait désormais tout entier.

Tandis que tous les assistants accablaient Antonine d'éloges chaleureux, le jeune homme ne trouva pas un mot à dire. Il s'approcha d'elle, cependant, lui prit la main et la baisa délicatement. Il ne put prononcer une seule parole, mais deux larmes charmantes brillèrent dans ses yeux.

Angélique de Sérignan soutint son triomphe avec une modestie qui grandit encore la considération dont elle était l'objet.

Elle revint se placer à côté de la mignonne Geneviève qui lui dit ingénument :

— Oh ! mademoiselle, si vous vouliez être mon amie, comme je vous aimerais.

Pour toute réponse, Angélique la prit par le cou, et l'embrassa fiévreusement.

— Nous nous verrons tous les jours, n'est-ce pas ? reprit la jeune aveugle.

— Je vous le promets.

— Ma chère Angélique, je sens que vous devez être belle... Est-ce que je me trompe ?

— Je ne crois pas, dit gracieusement Antonine, et pourtant je suis moins belle que vous.

— Vous me trouvez donc jolie ?

— Comme un archange.

— Quelle exagération !... Mais que voulez-vous ! de votre part cette flatterie me rend heureuse... Alors, vous m'aimerez ?

— Chère amie, n'est-ce pas déjà fait.

— Et mon frère ? il faudra l'aimer aussi... Si vous saviez comme il est bon. Vous ne répondez pas ?... Ah ! je comprends ; vous me trouvez un peu folle, et pourtant j'ai mon idée.

— Quelle idée ?

— Eh bien, à moins que pour la première fois mon cœur ne me trompe, je suis sûre que mon frère est amoureux de vous.

— Oh ! taisez-vous ! Geneviève, je vous en prie...

— Allons, ne vous fâchez pas ; je ne vous dirai plus rien. Mais il est bien entendu que demain nous irons vous chercher au Grand-Hôtel vers trois heures ?

— Oui, chère amie, c'est convenu, et vous serez impatiemment attendue.

L'heure du départ était arrivée, et chacun dut songer à se retirer.

— Mon cher Gaston, disait le baron de Kadeça en entraînant le jeune homme qu'il avait amené, permettez-moi de vous avouer que je me sens fort amoureux de la belle provinciale.

— Pardieu ! et moi donc ! s'écria Gaston.

— Petite sœur, disait le comte de Mallegardes à Geneviève d'une voix très douce, puisque tu t'es liée ce soir si franchement avec M<sup>lle</sup> de Sérignan, j'espère que tu auras su obtenir d'elle, au moins, la promesse de la revoir ?

— Impossible, Paul, impossible !... M<sup>lle</sup> Angélique part demain pour la Russie, répondit malicieusement Geneviève.

— Oh ! mon Dieu ! s'écria malgré lui le jeune homme.

— Allons, calmez-vous, monsieur mon frère, je plaisante. Si vous êtes bien sage, demain nous irons la chercher au Grand-Hôtel pour passer ensemble la soirée... Demain, et peut-être les jours suivants. Etes-vous satisfait ?

— Chère petite sœur, en vérité, tu es adorable.

A l'autre bout du salon :

— Eh bien ! belle marraine, j'ose dire que le succès a été prompt. Le comte me paraît follement épris, dit M<sup>me</sup> de Mourmoiron.

— En effet, ce jeune homme est très bien et je le crois digne de ma filleule, répondit M<sup>me</sup> Lafare avec son calme inaltérable.

— Il me semble que nous irons bientôt à la noce.

— C'est possible.

— Vous connaissez mes conditions ? le deux et demi.

— Je sais ; mais surtout pas un mot à personne.

— Soyez tranquille.

Une demi-heure après, Antonine, aidée par sa mère,

se déshabillait dans l'une des plus belles chambres du Grand-Hôtel.

— Madame la comtesse est-elle satisfaite de son futur époux, demanda M^me Lafare.

— J'en suis ravie.

— Oh! mon Antonine, comme tu as bien joué ton rôle! Par instant, je me demandais, ce soir, si tu n'étais pas vraiment la noble descendante des Sérignan.

— Tu me flattes.

— Avant deux mois, tu seras comtesse de Mallegardes.

— Oh! mère, tu as du génie! s'écria Antonine en embrassant M^me Lafare ; qui m'aurait dit, il y a huit jours?... Hélas! pourquoi faut-il que Jean Eyrolles...

— Allons, allons, pas de défaillances!... ce qui est fait est fait.

— Il me semble encore entendre son dernier cri.

— C'est bon. Ça se passera. Tu as sommeil, voilà tout. Dors et fais de beaux rêves.

— Vois-tu, c'est malgré moi...

— Eh bien, il faut oublier. D'ailleurs, le passé n'existe pas.... Souviens-toi qu'il n'y a plus d'Antonine et que M^lle de Sérignan n'a rien à voir dans cette vieille histoire. Allons, embrasse-moi et ne pense qu'à ton futur. Bonne nuit, comtesse de Mallegardes!

## XIV

### OU L'ON VOIT QUE C'EST L'OCCASION QUI FAIT LE PHILANTHROPE

Dès que le cadavre de Jean Eyrolles eut été couché au fond de la barque, le père Martin saisit les avirons et s'éloigna de la berge rapidement.

Parvenu au milieu du fleuve, le vieux bandit lâcha les rames, promena autour de lui un regard scrutateur et, rassuré par le calme et l'obscurité qui régnaient de toutes parts, il se mit en devoir d'exécuter sa sinistre besogne.

— Il n'y a pas de gêneurs, murmura-t-il, il faut en profiter.

Cependant, bien qu'il fût doué d'une certaine dose de sang-froid, ses mains étaient agitées d'un tremblement nerveux qui le rendait maladroit. Il mit certainement beaucoup plus de temps qu'il ne lui en eût fallu en tout autre moment, pour tirer une corde de sa poche et pour lier solidement le gros pavé déposé au fond du canot.

Puis, une fois la pierre attachée, il fut sur le point de la lancer à l'eau sans savoir ce qu'il faisait.

— Allons, voyons, je suis donc saoûl ! dit-il. Au fait, le sang, ça grise, quand on n'a pas l'habitude.

Il jeta encore un regard oblique autour de lui. Rien d'inquiétant ; le ciel était sombre, les rives mêmes étaient à peine visibles, là-bas.

— Bien malin celui qui pourrait me voir, reprit-il avec un petit rire forcé ; je suis rudement bête d'être ému comme cela... C'est vrai, tout à l'heure j'étais crâne, et maintenant...

Il se passa la main sur le front et secoua la tête.

— Haïe donc, *feignant*, haïe donc !

Et vivement, adroitement, cette fois, il s'accroupit sur sa victime, releva la tête lourdement inerte et passa la corde autour du cou.

Néanmoins, cédant à une délicatesse irraisonnée, le misérable n'osa pas serrer le nœud.

Il n'avait plus qu'à laisser couler le cadavre, qui s'enfoncerait dans les flots comme un boulet.

Certes, il n'y avait pas à craindre qu'on le repêchât de sitôt.

— Allons, hop ! du nerf !

Le père Martin saisit brusquement le corps de Jean Eyrolles et, l'ayant soulevé dans ses bras, il allait le précipiter lorsqu'un choc épouvantable le fit rouler avec sa victime au fond de la barque, qui se mit à tournoyer violemment dans une obscurité plus intense.

Un instant le vieux bandit se crut mort. Mais presque aussitôt, se remettant du coup qui l'avait étourdi, il grommela :

— Diable ! j'avais oublié le pont.

En effet, le bateau s'en allant à la dérive, était venu se heurter contre l'une des arches du pont de Neuilly. Maintenant, il glissait doucement et se rapprochait de la berge absolument déserte.

— Tudieu ! je l'ai échappé belle, pensa-t-il, tout en essayant de se dégager du cadavre sous lequel il était tombé.

Soudain, une cause d'épouvante plus grande encore vint glacer l'âme véreuse du vieux mendiant.

Jean Eyrolles, contre lequel il était serré au point que les deux corps semblaient unis dans une sorte d'embrassement, Jean Eyrolles, dont la pâle figure touchait presque la sienne, Jean Eyrolles fit entendre un râle étouffé, tandis qu'un flot d'écume sanglante, jaillissant de sa bouche, éclaboussait le visage de son assassin.

Le scélérat faillit s'évanouir de terreur... Enfin, d'un brusque mouvement, il se détacha de sa victime et s'en éloigna le plus possible.

A ce moment même, la barque échouait mollement sur la rive et s'arrêtait dans les herbes.

L'œil stupide et l'esprit bouleversé, le père Martin resta quelques instants immobile, et ne parvint que difficilement à remettre un peu d'ordre dans ses idées. Quand il eut à peu près retrouvé la parole :

— Ah! ça! bégaya-t-il, je n'en finirai donc pas aujourd'hui?... Tiens, mais?... mais oui, me voilà chez moi!... Pour le coup, c'est une drôle de chance... Je n'ose plus bouger, moi... Et cet autre qui n'est pas mort...

Jean Eyrolles hoquetait et respirait de temps en temps, à travers le râle qui déchirait sa gorge. Des bouillons de sang s'échappaient de sa bouche grande ouverte.

Le père Martin frissonna.

—- Quel joli métier je fais là, reprit-il. Mais cré nom! comment c'est-il arrivé tout ça?... Ah! oui... je me souviens... ma femme est venue... A-t-elle assez engraissé... Tiens! j'avais oublié l'argent, là dans cette poche... C'est pourtant vrai que j'ai de l'argent, beaucoup d'argent!

Cette dernière idée parut lui rendre un peu d'énergie.

— Voyons, voyons, plus de blagues... Est-ce que je vais rester là jusqu'à demain?... Il faut en finir, sàcrebleu!... Pas ici, par exemple, c'est trop près de chez moi... Allons, il s'agit de retourner au milieu de la rivière... c'est plus profond. — Mais qu'est-ce qu'il a donc à coasser comme une grenouille?... Je croyais bien pourtant qu'il était mort... Ça m'embête de le flanquer à l'eau, à présent... Il me semble que je vais le tuer deux fois... Double besogne!... Sale métier tout de même. Ah ça! quel intérêt peut avoir ma femme à la suppression de ce particulier?... hum!... C'est drôle, il me semble que, si j'étais malin, je saurais obtenir autre chose de cette chère amie!... Eh! eh! avec un peu de roublardise, il ne serait sans doute pas impossible de lui soutirer quelques petits cadeaux, par-ci, par-là... Après tout, pourquoi pas?

Les yeux du vieux mendiant brillèrent dans les ténèbres.

— Qu'est-ce que je risque?... Si on apprend qu'il est chez moi, eh bien! est-ce que je ne puis pas dire que je l'ai trouvé sur la route, que je l'ai soigné et sauvé?... C'est une bonne action, ça... Quant à lui, il ne m'a pas vu. Qui diable me soupçonnerait d'avoir assassiné un homme que je vais traiter avec tant de complaisance? Ce serait absurde... On ne sauve pas les gens qu'on assassine! D'ailleurs... quoi! c'est quand même une bonne action... Ça me rafraîchira la conscience... Et puis, cet homme n'a pas la tournure d'un ingrat... au contraire.

... Plus tard, qui sait? Il pourra me rendre service, me procurer quelque bonne place dans le commerce ou dans le gouvernement... Eh bien! après? Qu'est-ce qu'il y a donc d'impossible à ça? Voyons, ai-je une raison honnête pour le noyer, maintenant? Pas une. Quant au bateau, avant de le pousser dans le courant, je le retournerai; ça le lavera... La trace du crime sera effacée. Reste le crime lui-même... sans doute; mais comme je sauve le particulier, je souffle sur le crime. De sorte qu'il n'en reste pas plus que sur la main. Ni vu, ni connu, je t'embrouille.

Il poussa un grand soupir de satisfaction.

Sans hésiter davantage, il appliqua ses doigts sur le cœur du moribond. Il le sentit battre.

Alors, sautant légèrement sur la berge, il s'assura que la solitude était complète.

Une minute après, il frappait à la porte d'une petite masure, à l'aspect plus pittoresque que rassurant.

Presque aussitôt, une voix de vieille femme s'éleva :

— Est-ce que c'est toi ?

— Oui, ouvre.

Dès qu'il fut entré, il dit :

— Allons, Pétronille, ne lambine pas ; mets un jupon et viens m'aider.

Et comme la vieille allait répliquer :

– Pas de bavardage. Viens.

## XV

### LE DERNIER DES MAJORDOMES

A Neuilly, au bord de la Seine, non loin de la maison où mourut notre très illustre et très aimé poète Théophile Gautier, s'élevait la plus délicieuse villa qu'on pût imaginer.

A cause du prix considérable qu'en exigeait son propriétaire, — une vieille princesse russe fort avare, — la villa susdite était restée longtemps sans locataire.

Cependant, depuis trois jours, le bruit s'était tout à coup répandu qu'un jeune homme et une jeune fille s'y étaient installés. Les mieux informés savaient même le nom des nouveaux venus : le comte de Mallegardes et sa sœur, des nobles immensément riches et récemment arrivés de leur province.

Aussitôt une foule de petits industriels avaient assiégé la maison.

Bouchers ambulants, laitières, fruitières, blanchisseuses, frotteurs, domestiques, etc., tous étaient venus offrir leurs services avec empressement et ténacité.

Ils étaient reçus par un gros homme, d'une cinquantaine d'années, en habit noir et en cravate blanche, une espèce de majordome qui paraissait d'ailleurs s'entendre parfaitement à diriger l'économat d'une maison aristocratique.

Cet homme, dont nous aurons assez fréquemment l'occasion d'entretenir le lecteur, se nommait Dominique et n'appartenait que depuis une semaine au comte de Mallegardes.

Fils de laquais, tour à tour groom, postillon, et même *nègre* pendant quelques mois, alors qu'il était chez un original qui lui doublait ses gages pour qu'il se barbouillât la figure, enfin valet de chambre, homme de confiance et intendant, il avait passé par tous les grades de la domesticité et était parvenu vers quarante-neuf ans à posséder une réputation d'homme entendu dans les affaires, dans l'art de monter une maison et d'y établir le cérémonial convenable, quel que fût le titre du maître.

Souple de l'échine, et sachant accepter avec désinvolture un coup de pied dans le derrière, rompu à toute bassesse rapportant un profit, sans pitié pour les camarades qui lui faisaient ombrage, M. Dominique était vraiment le type le plus accompli du larbin moderne.

Avec de pareilles qualités, comment avait-il pu compromettre son avenir dans les maisons princières où il avait servi? C'est qu'il possédait malheureusement ce genre de génie qui pousse quelques hommes à faire tout avec grandeur.

Quoiqu'il soit tacitement convenu que les serviteurs de haute lignée ont droit à certains bénéfices, sinon à de légers détournements, dont un maître de bonne compagnie doit ne jamais s'apercevoir, Dominique avait cependant dans la multiplication indéfinie de ses profits une telle fécondité de conception, une largeur de vues telle, que presque toujours, sous peine d'arriver d'un pas sûr à l'irrémédiable ruine, ses patrons inconsidérés avaient dû le chasser outrageusement.

Malgré ces épreuves, son honneur n'avait point cessé d'être sauf, du moins sous le rapport de la légalité. Car on avait beau constater des gaspillages énormes, il était à peu près impossible d'en préciser le caractère délictueux, tant les combinaisons de Dominique étaient doctes et prudentes à la fois.

Un célèbre débauché, le marquis de G... — actuellement ruiné, — a dit à qui voulait l'entendre que, pendant deux ans, Dominique lui avait coûté plus cher que ses maîtresses.

Certes, un pareil gaillard devait être déjà millionnaire?

Eh bien, non.

Les grands hommes ont tous un côté faible.

Dominique en avait plusieurs.

La plus désastreuse de ses faiblesses, car la bonne chère et les femmes ne lui coûtaient guère, c'était le jeu.

Oui, le malheureux était joueur, et cette passion néfaste avait englouti jusqu'à ce jour tout ce qu'il avait volé si judicieusement.

L'année précédente, il avait réalisé un bénéfice de trois cent mille francs en agiotant sur les fonds étrangers ; puis, d'un seul coup de Bourse, il était redevenu Gros-Jean comme devant.

Maintenant, il s'agissait de se refaire une petite fortune.

La proie lui paraissait belle : le comte de Mallegardes était aussi riche qu'inexpérimenté. L'intendant avait déjà calculé qu'il lui fallait un an, au plus, pour se retrouver à l'abri de la misère.

Du reste, depuis qu'il était là, le comte n'avait qu'à se louer de son majordome.

En quelques heures, Dominique avait organisé les cuisines, les écuries, le service des appartements.

Déjà même, il avait été question de l'installation d'hiver pour le retour à Paris, car l'habitation de Neuilly n'était que provisoire.

Les serviteurs, peu nombreux encore, avaient été choisis par lui. Partout où il allait, Dominique tenait surtout à avoir des gens qui lui fussent dévoués personnellement.

Une personne, pourtant, lui avait donné de l'inquié-

tude. C'était la nourrice de M^{lle} de Mallegardes qui ne
quittait jamais la jeune aveugle, pour laquelle elle ma-
nifestait une sollicitude toute maternelle.

Dominique avait tout de suite compris que cette
femme serait un obstacle bien capable de l'entraver
dans ses projets, mais il comprenait aussi qu'il ne
pouvait l'attaquer de front, ni par des moyens ordinaires.

Il fallait attendre une occasion qui lui permît de l'éloigner sans bruit, naturellement.

Parmi les nouveaux serviteurs agréés par l'intendant, il y avait une vieille femme d'un extérieur assez
repoussant.

Lorsqu'elle s'était présentée à Dominique, celui-ci
s'était très vite laissé séduire par le ton pleurard de
cette vieille hypocrite en qui il avait deviné d'emblée
une de ces viles créatures toujours prêtes aux méchantes
besognes.

— Comment vous appelez-vous, ma bonne femme ?

— Martin, monsieur, on m'appelle la mère Martin.
Mon pauvre homme est vieux. Il ne gagne pas grand'-
chose. Il faut donc que je travaille. Ah ! on a bien du
mal à gagner sa pauvre vie, quand on est honnête.
Prenez-moi, monsieur. J'étais employée déjà ici du
temps des anciens maîtres. On a toujours été content
des services de la mère Martin.

— A quoi vous occupait-on ?

— Un peu à tout, mon bon monsieur, au grenier, à
la cuisine ; je lavais, je frottais, j'étais bien utile, allez.
Ensuite, on avait grande confiance en moi. Sainte
bonne vierge ! on peut laisser traîner des trésors là où
je marche, sans avoir à craindre que j'y touche.

— Où demeurez-vous ?

— J'habite cette petite maisonnette, qu'on peut voir
d'ici, tenez, là-bas, au bord de la Seine. Elle m'appartient, monsieur, et je n'ai pas au moins de loyer à
payer.

— Ah ! vous êtes propriétaire !

— Oh ! c'est une bicoque qui ne vaut pas cher et qui représente toute notre fortune.

— Eh bien, c'est dit, répondit Dominique, je vous place auprès de M^lle Geneviève de Mallegardes. Vous dépendez de M^me Marguerite, sa nourrice. Vous lui obéirez. Tâchez de lui plaire. Cependant, quand vous aurez des difficultés avec elle, vous viendrez m'en parler.

— Dieu vous bénisse, mon bon monsieur.

— Je ne réponds de rien. Je ne connais pas le caractère de cette... nourrice, car il n'y a que cinq jours que je dirige la maison. Aussi, je ne serais pas fâché, à son sujet, d'être un peu mis au courant. C'est donc sur vous que je compte pour cela.

— Compris, monsieur, compris. J'ai bon œil et bonne oreille... Vous serez content.

# XVI

## LES ROUERIES D'UNE MÉGÈRE

La mère Martin était immédiatement entrée en fonctions.

Tout d'abord, elle déplut beaucoup à Marguerite qui ne l'employa que le moins possible.

Mais la mère Martin était si polie, si courbée devant elle, si bassement complaisante; son ton était si humble et si larmoyant; de plus, elle accomplissait si habilement les gros travaux dont elle était chargée, que la sévère Marguerite fut bien forcée de l'admettre, pour une part, dans les soins à donner à M^{lle} de Mallegardes.

D'ailleurs la belle aveugle, pleine de tendresse et de générosité, n'avait pu écouter, sans en être touchée, les interminables bavardages de la vieille femme, fort habile à se lamenter de ce ton pleurard, si familier aux mendiants de profession.

Naïve et crédule, la bonne jeune fille s'était émue de la triste position où se trouvait, soi-disant, la pauvre laveuse; elle avait même supplié sa nourrice, quelle que fût l'antipathie de Marguerite pour la vieille servante, de ne jamais la rudoyer.

Il est bon de dire que la mère Martin, qui s'était aperçue de la candeur de Geneviève, avait immédiatement songé à en tirer tout le parti possible, ne négligeant aucune occasion de lui parler en particulier et de l'intéresser à son sort.

Elle alla même jusqu'à concevoir un plan qui ne manquait pas de hardiesse et qui devait, en cas de succès, lui rapporter beaucoup d'argent.

Un matin, cinq ou six jours après son arrivée dans la maison, la mère Martin était en train de frotter le piano, lorsque Geneviève entra dans le salon.

La jeune fille, vêtue d'un joli peignoir bleu clair, ses magnifiques cheveux blonds épars sur les épaules, était si radieusement belle, que la vieille, elle-même ne put se défendre d'une véritable admiration.

— Tiens ! Margot n'est pas ici... Savez-vous où elle est, madame Martin ?

— Elle est allée chercher des fruits ; elle tient à les choisir elle-même. Elle prétend que les fruits de Paris ne sont pas si beaux que ceux de votre pays.

La jeune fille s'était assise près de la fenêtre qui donnait sur le jardin. Un rayon de soleil dorait son front et ses épaules. Les yeux grands ouverts, elle essayait de rattacher un superbe collier de perles dont le fermoir était brisé.

— Je vous demande pardon de vous parler de ça, reprit la mère Martin après un assez long silence, mais à voir vos yeux bleus, si brillants, si beaux, on dirait que vous voyez les choses aussi bien que moi.

— On m'a déjà dit cela.

— Quand votre regard est arrêté sur moi comme à présent, est-ce que vraiment vous ne me voyez pas ?

— Non. Mais, d'après votre voix, je me figure exactement où vous êtes.

— Pourtant, tout à l'heure, mademoiselle, en entrant vous avez bien reconnu que j'étais là, et que votre nourrice n'y était pas. Comment cela peut-il se faire sans voir ?

Geneviève sourit.

— C'est l'habitude... c'est... je ne sais pas au juste... c'est difficile à expliquer.

— Hum ! C'est bien extraordinaire.

La vieille avait des doutes. C'était, en effet, si extraor
dinaire de voir une aveugle aller, venir, agir, avec une
sûreté de mouvements digne des plus clairvoyants, reconnaître les gens avant même de les entendre, que la
mère Martin, soupçonneuse par nature, gardait une
arrière-pensée.

Une particularité de son caractère était de n'être jamais entièrement rassurée. Elle paraissait toujours re-
douter quelque danger. Et, lors même qu'elle se trouvait
entourée de personnes amies, elle avait toujours cette
méfiance propre aux vieilles chattes qui, tout en ron-
ronnant, n'acceptent les caresses que d'un œil oblique,
la griffe en arrêt et la queue méditant la fuite.

Aussi ce ne fut pas sans une certaine appréhension
que la vieille laveuse tenta une épreuve, où se révélaient
tous les instincts d'un être dont le passé douteux avait
dû être plein de luttes étranges.

— Ainsi, mademoiselle, reprit-elle, vous pouvez vous
rendre compte de ce que je fais.

— A peu près.

— En ce moment, par exemple.

— Vous frottez le piano avec un linge.

— Et à présent?

Au lieu de continuer à regarder du côté de la vieille,
l'aveugle tourna la tête et tendit l'oreille.

— Vous agitez vos mains devant vous.

— C'est vrai, fit la mère Martin avec un vilain rire
de soulagement.

La vieille impudente venait d'adresser à la pauvre
enfant ce que les gamins appellent « un pied de nez ».

— Allons ! il y a du bon tout de même, pensa la
mégère, la petite n'y voit pas, mais il faudra se méfier.

— Eh bien, madame Martin, dit tout à coup Geneviève, êtes-vous plus tranquille depuis quelques jours?
Vous paraissiez ennuyée dernièrement.

— Oh! mademoiselle, que vous êtes bonne de vous

occuper de moi et combien je dois vous remercier, car, grâce à l'argent que vous m'avez donné, j'ai pu payer quelques dettes criardes... Malheureusement...

Ici elle poussa un profond soupir.

— Quoi encore?

— Hélas! mademoiselle... je n'ai pas pu tout vous dire...

— Parlez.

— C'est que... mon mari m'a défendu...

— Qu'est-ce? un nouveau malheur?

— Ah! mon homme a bien tort?... Mais que voulez-vous? Il est si bon... Il n'a pas réfléchi que nous étions pauvres... heureusement que je sais soigner les blessures...

— Les blessures?

— Pensez donc, s'il fallait payer des médecins..

— Des médecins? Expliquez-vous.

— C'est que... c'est un secret... Si on savait, nous aurions peut-être des désagréments avec la police.

— La police! Qu'y a-t-il donc! C'est une histoire effrayante.

— Tenez, mademoiselle, je vais tout vous dire... car ce n'est pas vous qui voudriez nous faire avoir des raisons. Figurez-vous que, il y a douze jours, la nuit, vers deux heures du matin, le père Martin, mon mari, frappe à la porte et me dit : Viens m'aider, il y a là un pauvre jeune homme, sur la route. Il est blessé, hâte-toi ; il faut le sauver.

— Un jeune homme ?

— Oui, un pauvre jeune homme, un beau garçon ; il était pâle comme s'il avait rendu l'âme , Pensez donc, il avait reçu un grand coup de poignard dans le dos.

— Oh! mon Dieu !

Très émue, M<sup>lle</sup> de Mallegardes avait laissé tomber le collier, dont quelques perles se répandirent sur le tapis.

La mère Martin, se mit aussitôt à les ramasser tout en continuant :

— Par bonheur, j'ai été employée longtemps à l'hospice Lariboisière ; de sorte que je sais un peu soigner ces choses-là. Mon mari le déshabilla, et je fis au blessé un premier pansement...

— Comment ! vous n'êtes pas allé chercher de médecin ?

— Martin l'a défendu, dit la vieille, qui glissa avec précaution deux perles dans sa bottine.

— Pourquoi l'a-t-il défendu ?

— Il paraît qu'il y a un mystère ; il ne faut pas qu'on sache qu'il a été blessé, parce que cela compromettrait une personne... une femme sans doute.

— Alors, ce jeune homme est toujours chez vous ?

— Oui, mademoiselle, dans mon propre lit. Quand on fait du bien aux gens, il ne faut pas y regarder.

Elle s'interrompit pour tendre une poignée de perles à Geneviève, et ajouta :

— Tenez, mademoiselle, voyez si ça fait le compte.

— Il en manque encore une ou deux, dit celle-ci.

— Ah ! c'est que mes yeux commencent à s'user, répondit la mère Martin, en faisant mine de chercher encore.

— Mais, reprit M<sup>lle</sup> de Mallegardes, ce jeune homme ne manque-t-il pas des soins nécessaires à son état ? Malgré toute votre bonne volonté, ce malheureux peut mourir faute de secours.

— Dame ! il n'a pas tout ce qu'il lui faut. Nous ne sommes pas riches, et déjà il nous coûte les yeux de la tête.

— Qui donc le veille pendant que vous êtes ici ?

— C'est Martin. Le pauvre vieux, il est obligé de perdre son temps. Voilà une bonne action qui nous aura coûté cher.

— C'est une bonne action, madame Martin ; cela suffit.

— Vous savez, nous avons le cœur sur la main, nous autres.

— Espérez-vous le sauver, au moins ?

— Ça, ce n'est pas sûr. D'abord, pendant deux jours, il a été comme mort ; ensuite il a attrapé une fièvre de cheval, et a raconté des choses tristes à faire pleurer. Pourtant ce matin, quand je suis partie, il dormait encore. S'il ne meurt pas d'ici à demain, il y aura de l'espoir.

— C'est un ami de votre mari ?

— Je ne sais pas au juste. Il faut vous dire que Martin s'est un peu défié de moi. Le jeune homme a l'air distingué ; je parie que c'est un noble. Il avait du linge fin, des traits délicats. Et puis il a l'air si bon, et de plus si désespéré, qu'il intéresse tout de suite.

— Pauvre jeune homme ! c'est quelque histoire d'amour.

— Pour sûr, il y a quelque chose de ce genre.

Soudain, changeant de ton :

— Ma foi, mademoiselle, je ne sais si vous avez votre compte, mais il n'y a plus de perles sur le tapis.

— On les retrouvera plus tard, dit Geneviève :

Puis, entendant un bruit de pas dans l'escalier :

— Ah ! Marguerite.

Elle courut au-devant de sa nourrice.

— Vite, vite, ma bonne Margot, habille-moi, nous allons visiter un malade.

— Qui donc ?

— Un pauvre jeune homme dangereusement blessé et recueilli par M<sup>me</sup> Martin.

— Où est-il ?

— Chez elle, là, tout près, n'est-ce pas, madame Martin.

— Oui, mademoiselle, c'est à deux pas.

— Eh bien ! allons, dit la nourrice.

— Tiens, prends mon collier ; je l'ai brisé, et les

perles se sont répandues sur le parquet, près de la fenêtre.

— Les a-t-on toutes retrouvées?

— Je ne sais; je crois qu'il en manque une ou deux. Tu verras.

— Il faut chercher, voilà tout.

— Allez! j'ai bien regardé, dit la mèr e Martin; je crois qu'il n'y en a plus.

— Il n'y en a plus!... c'est facile à dire. Des perles de cinq cents francs ne s'envolent pas toutes seules.

— Cinq cents francs! mon doux Jésus!

— Viens donc, Margot, viens, tu chercheras plus tard.

— Va, ma Gième, va, je te suis.

Dès que la jeune fille fut dans sa chambre, la nourrice alla droit à la mère Martin, et, dardant sur elle ses petits yeux marrons, elle lui dit :

— Vous savez, vous, il n'y a pas de trous dans le plancher. Je sais le compte des perles. Tâchez de me les retrouver toutes.

— Mais, madame Marguerite, à quoi pensez-vous donc? Je suis une honnête femme, moi. Bonne sainte Vierge! est-ce que vous vous figurez...

— Je ne me figure rien. Je vous dis de chercher et de trouver. Voilà, Gième, me voilà.

Quand M<sup>me</sup> Martin fut seule, elle fit un premier mouvement pour retirer une perle de sa bottine afin de la placer sous un meuble.

Puis elle s'arrêta.

— Ah! non, par exemple, ça serait trop bête... Cinq cents francs! Elle criera si elle veut. Elle ne me mangera pas...

Elle conclut par un petit mouvement d'épaules assez crâne.

Disons cependant qu'elle n'était guère rassurée. Au fond, la campagnarde lui inspirait une crainte insurmontable.

Il est vrai que M<sup>me</sup> Marguerite était d'un aspect peu propre à provoquer la familiarité.

Grande, sèche, maigre, pointue, lèvres minces, sourcils épais, teint jaune, la nourrice était au moral ce qu'annonçait le physique : une femme correcte, impeccable, intransigeante, ne connaissant que la ligne droite, le devoir.

Une parole brève, une grande brusquerie dans les mouvements, allant toujours droit au fait, telle était M<sup>me</sup> Marguerite.

On comprend facilement qu'une pareille femme dût inspirer une certaine frayeur à la vieille laveuse, dont les meilleures pensées n'étaient jamais exemptes de blâme.

Lorsque, dix minutes après, M<sup>lle</sup> de Mallegardes reparut au salon, dans un délicieux costume d'été, M<sup>me</sup> Martin s'appliquait de toutes ses forces à faire reluire les ornements de cuivre de la cheminée.

— Allons, madame Martin je suis prête, conduisez-nous.

— A vos ordres, mademoiselle. M<sup>me</sup> Marguerite ne viendra-t-elle pas aussi ?

— Si, si, me voilà. Donne-moi ton bras, Geneviève.

Roide, automatique, sévère, elle ne provoquait personne à rire de son châle orange et de son bonnet pointu. Sur son bras s'appuyait gentiment la gracieuse Geneviève.

La mère Martin, attentive, empressée, obséquieuse, suivait, fermant les portes, indiquant le chemin.

## XVII

### UN BIENFAIT N'EST JAMAIS PERDU

La maison de la mère Martin n'était à vrai dire qu'une mauvaise bicoque, en briques; de mince valeur.

Un simple rez-de-chaussée, surélevé de quelques marches, et surmonté d'un grenier très bas, inhabitable.

Une cloison en planches partageait la maisonnette en deux chambres qui auraient pu être fort charmantes, car les fenêtres, s'ouvrant sur la Seine, permettaient de voir un paysage toujours gai et animé.

Malheureusement, l'état de délabrement et de malpropreté dans lequel gisaient les choses étranges qui composaient l'ameublement donnait une déplorable opinion de la maîtresse du lieu.

Les objets les plus disparates étaient entassés là, pêle-mêle, s'unifiant dans une teinte grise générale, formée par une épaisse couche de poussière.

— C'est sale ici.

Tel fut le premier mot de Marguerite en pénétrant dans le taudis.

Un peu après, fronçant les sourcils, elle ajouta :

— Cela sent mauvais.

Dans la seconde pièce, sur un méchant lit en fer, Jean Eyrolles était étendu.

Près de lui, sur une table bancale, était un pot de tisane.

Le malheureux était d'une faiblesse et d'une pâleur extrêmes. Sa barbe et ses cheveux, qui avaient poussé, lui donnaient une vague ressemblance avec le Christ tel qu'on le représente dans les tableaux de sainteté.

Une étrange bonté était répandue sur tout son visage. Un doux sourire entr'ouvrait ses lèvres décolorées, sous l'influence d'un rêve qui animait son sommeil.

Sommeil bien léger, car à peine les trois femmes furent-elles entrées sur la pointe du pied, que le blessé commença à s'agiter.

Il ouvrit les yeux, regardant fixement devant lui, comme en extase.

— Il est gentil, le malade ; sa figure est douce, dit la nourrice à l'oreille de Geneviève ; mais il est mal soigné. Ce n'est pas propre ici.

Cela dit, Marguerite se tut et se mit à tout examiner autour d'elle.

— Il respire comme un enfant, et l'on dirait qu'il étouffe, murmura Geneviève attentive. Ne serait-il pas bon d'ouvrir la fenêtre ?

— Il n'y a pas d'inconvénients, ma bonne demoiselle, car il fait beau. Là, c'est fait. Ça changera l'air. Tenez, voilà qu'il regarde les arbres. Je crois décidément que ça lui fait plaisir à ce pauvre monsieur.

— Il ne vous entend donc pas ? demanda M<sup>lle</sup> de Mallegardes.

— Hélas ! non. Il a toujours le délire. Cependant, depuis ce matin, il me paraît bien plus calme. Il en réchappera peut-être.

— Mais, madame, il faut voir un médecin.

— Ah dame ! c'est que...

— Dans un danger aussi grave, vous ne pouvez lui être d'un bien grand secours...

— Oh ! mademoiselle, je le soigne bien, allez ; il a de la tisane...

— Qui donc était auprès de lui, quand nous sommes entrées ?

— Personne, dit Marguerite.

— Comment ! ce malheureux reste seul toute la journée ?

— Je vous demande pardon, répliqua la vieille, il y a toujours quelqu'un près de lui, soit Martin, soit mon neveu. Aujourd'hui Martin est sorti pour ses affaires ; mais mon neveu est resté.

— Où est-il donc ?

— Il est allé faire une course, probablement, et ne tardera pas à revenir.

— Madame Martin, dit Geneviève d'une voix grave, vous n'avez pas fait votre devoir en privant ce jeune homme des soins d'un médecin. J'entends qu'on en fasse prévenir un sur-le-champ.

— C'est que, mademoiselle, avec les médecins, il faut beaucoup d'argent.

— En voici, dit la jeune fille qui tendit quelques pièces d'or à la vieille.

— Oh ! merci pour le malade, mademoiselle... Je cours chercher le meilleur docteur du pays. Seulement, que dira Martin ? Il m'avait tant recommandé de ne parler à personne... à cause des affaires du jeune homme... vous comprenez. Ça fera peut-être des histoires...

— Il a donc fait quelque mauvais coup, votre homme ? demanda brusquement Marguerite.

— Oh ! sainte bonne Vierge ! si on peut dire...

— Alors, qu'avez-vous à craindre ? Faites ce qu'on vous dit.

— Je vous obéirai, ma bonne dame, je vous le jure.

— Tâchez aussi de soigner un peu votre ménage. Voilà un lit qui n'a pas été fait depuis quinze jours...

— C'est qu'on ne pouvait pas déranger le monsieur, à cause de la blessure.

— Tenez, vous n'êtes guère une femme ! s'écria la nourrice dont l'indignation allait toujours croissant ; je vais vous apprendre comment on s'y prend. Viens là, Gève, près de la fenêtre.

Alors, retroussant ses manches, elle souleva doucement le malade, tassa le matelas, retourna le traversin, battit l'oreiller, retendit les draps, replaça sans secousse Jean Eyrolles dans une position plus commode, et rajusta les couvertures.

L'opération avait été si habilement faite que le blessé n'avait pas proféré une seule plainte.

— Et maintenant, reprit la campagnarde, balayez-moi ce plancher, mettez-moi ces vieilles nippes dehors, époussetez tout ça, et faites brûler du sucre. Je vous donne congé aujourd'hui. Demain nous reviendrons, car il faut que ce soit propre ici, vous entendez.

— Parfaitement, ma bonne dame, parfaitement.

— Qu'est-ce qu'il y a là dedans ?

— C'est de la tisane.

— C'est la boisson du malade que vous mettez là-dedans ? Mais ce pot est répugnant de malpropreté ! Quel drôle de monde on voit dans ce pays ! Tenez, le voilà, votre pot.

Marguerite le lança par la fenêtre.

— Madame... hasarda la mère Martin.

— Taisez-vous. Vous devriez être honteuse. Vous viendrez à la maison dans une heure. Je vais la préparer moi-même, la tisane.

— Chut ! dit en ce moment Geneviève qui s'était rapprochée du lit ; voilà le malade qui parle.

En effet, Jean Eyrolles commençait à s'agiter. Il délirait. Torturé par une idée obsédante, son cerveau affaibli ne percevait plus rien de la vie réelle. Toujours plongé dans le même rêve, il répétait sans cesse les mêmes phrases.

Les yeux fixés sur Geneviève, il s'était mis à lui parler avec une douceur infinie. Le timbre de sa voix était irrésistiblement sympathique et les inflexions qu'il donnait à chacune de ses paroles étaient si harmonieuses, si suppliantes, que, malgré l'incohérence des propos, on se sentait ému malgré soi.

Peu à peu, cependant, son discours devint pl. s compréhensible.

Il s'adressait à Antonine, dont le nom était sans cesse sur ses lèvres. Il l'accusait d'être coquette, — mais avec tant de douceur! — il lui reprochait de s'éloigner de lui, de dédaigner son affection, et de le rendre bien malheureux. Puis il entamait une longue, une ardente déclaration d'amour, où toute sa pauvre âme obscurcie semblait s'exhaler.

A un moment, il s'empara de la main de M<sup>lle</sup> de Mallegardes et la lui baisa.

La jeune fille ne put s'empêcher de rougir un peu au contact de ces lèvres ardentes.

Marguerite appliqua longuement sa main sur le front brûlant du blessé et sur ses paupières, ce qui parut causer un bien-être ineffable à Jean Eyrolles.

Tout ensommeillé, le malade se tut et ferma les yeux.

— Viens, Gième, dit la nourrice, allons-nous-en.

Les trois femmes sortirent de la chambre.

Comme elles allaient quitter la maison, Marguerite s'arrêta tout à coup pour examiner une casserole en cuivre d'une forme particulière.

— Où avez-vous pris ceci, madame Martin? C'est à nous, cette casserole.

— Oui, oui, en effet... balbutia la vieille; je l'ai prise hier soir, parce que j'avais besoin d'eau chaude pour le malade; mais j'allais la reporter à l'office.

— Hum! gronda la nourrice en lançant des regards foudroyants; madame Martin, je vous surveillerai, moi, et j'y vois clair. Tenez-vous sur vos gardes.

— Oh! mademoiselle, j'espère bien que vous ne croyez pas..

— Ne parlons plus de cela, dit Geneviève; mais n'oubliez pas d'aller vite chercher un médecin.

— J'y cours, mademoiselle. Ah! voilà mon neveu!

En se retournant, Marguerite aperçut un petit jeune

homme, d'une physionomie équivoque, dont les vêtements, mal entretenus, d'ailleurs, affectaient dans leur
coupe une exagération ridicule.

De mauvais instincts se lisaient sur sa figure ; et,
malgré sa jeunesse, il était antipathique de prime
abord.

A la vue de M<sup>lle</sup> de Mallegardes, rayonnante de
beauté, il fit un grand salut à la façon de Mélingue,
et, se débarrassant de ses lignes et de ses filets, — car
il revenait de la pêche, — il mit la main sur son cœur
en prononçant emphatiquement cette phrase :

— Je suis le très humble serviteur de ces dames.

Par malheur, il avait une petite voix éraillée, assez
désagréable à entendre.

La nourrice le toisa des pieds à la tête d'un air
rogue et entraîna rapidement M<sup>lle</sup> de Mallegardes.

— Cristi, la belle fille ! dit enfin le nouveau venu en
regardant s'éloigner Geneviève ; pas familière, mais
bien belle fille ! Au fait, continua-t-il en frisant sa
petite moustache brune, un peu de hauteur ne messied
pas aux jolies femmes, ainsi que disait le duc de
Lauzun.

# XVIII

## ON NE DISCUTE PAS AVEC LES AMOUREUX

Une fois seule avec Geneviève, Marguerite s'exprima en termes fort vifs au sujet de M<sup>me</sup> Martin. Décidément cette femme ne lui allait pas. Elle formulait des doutes très violents sur sa probité. N'eût-été ce pauvre jeune homme à sauver, elle aurait vite débarrassé la maison de cette vieille chouette.

Pourtant elle était forcée de convenir que le blessé était très intéressant et méritait qu'on s'occupât de lui.

Quant à Geneviève, elle avait éprouvé beaucoup d'émotions diverses pendant cette visite.

La situation de ce jeune homme, dont le langage choisi indiquait une éducation peu ordinaire, lui avait fait une profonde impression.

La jeune fille s'attristait de le savoir au milieu de cette misère sordide, soigné par des êtres aussi vulgaires, et presque victime de leur indifférence.

Elle se rappelait aussi, — et son cœur en était ému sans qu'elle sût pourquoi, — elle se rappelait les tendres choses qu'avait proférées le malade avec cette voix si douce ; elle écoutait encore cette voix si différente de celles qu'elle avait entendues jusqu'alors.

D'après les quelques mots que lui avait dits Marguerite, elle se faisait mentalement un portrait idéal de ce mourant qui parlait si bien d'amour.

Elle se souvenait même de ce baiser sur la main.

Et, déjà toute rêveuse, la jeune fille sentait encore comme une rougeur sur son front virginal.

Il est vrai que le malheureux avait le délire, et ne savait ce qu'il faisait.

Néanmoins, si elle y retournait, — et certainement elle y retournerait le lendemain, — eh bien, elle éviterait de s'approcher trop du blessé.

Mais que pouvait être cette Antonine dont il avait prononcé le nom plusieurs fois ?

Sa femme, sans doute.

Grâce à l'impressionnabilité particulière à l'imagination de la plupart des jeunes filles, dont l'existence s'est écoulée uniforme et paisible, ces quelques minutes passées chez la mère Martin représentaient un gros événement dans la vie de Geneviève, et ce blessé mystérieux prenait déjà dans son esprit les proportions d'une sorte de héros.

Son frère vint heureusement la tirer de sa rêverie, en faisant irruption dans le salon.

— Eh bien, petite sœur, à quoi penses-tu ? As-tu donc oublié que nous dînons à l'hôtel du Louvre et que nous allons ensuite à l'Opéra avec M<sup>lle</sup> de Sérignan ?

— Mon cher Paul, je n'ai rien oublié. Mais il est encore trop tôt.

— Tu ne calcules sans doute pas le temps qu'il te faut pour t'habiller ?

— Il m'en faut si peu, tu le sais bien.

— C'est égal, va t'habiller, petite sœur ; je préfère arriver plus tôt que trop tard.

— Ah ! qu'un amoureux est un être étrange, s'écria Geneviève en riant.

— Que voulez-vous dire, mademoiselle ?

— Tu as beau prendre un ton d'indifférence, je suis sûre que tu rougis.

— Geneviève !...

— Et pourtant je parie que tu n'as pas encore tenté de lui faire une déclaration.

— Eh bien, c'est en quoi tu te trompes.

— Vrai ! Tu as osé.

— Oui, mademoiselle, hier soir.

— Bah !... Alors, répète-moi ce que tu lui as dit.

— Cela ne regarde pas les petites filles.

— Voyons, avoue que tu as poussé un gros soupir et qu'après avoir placé une main sur ta poitrine, tu as murmuré : M$^{lle}$ Angélique, je vous aime de tout mon cœur... N'est-ce pas cela ? Oh ! comme j'aurais voulu t'entendre !

— Geneviève, va t'habiller...

La jeune fille se mit à rire aux éclats, et, prenant un malicieux plaisir à exagérer la pantomime qu'elle prêtait aux amoureux, elle reprit :

— Quant à M$^{lle}$ de Sérignan, évidemment elle t'a répondu : — « N'étant connue de vous que depuis douze jours, monsieur, permettez-moi d'être étonnée d'une affection si prompte, et, pour que je puisse en être convaincue, attendez au moins quelques mois... »

— Tu ne devines rien du tout, attendu que M$^{lle}$ de Sérignan partage mon amour.

— Elle te l'a dit ?

— Pas précisément.

— Alors, comment le sais-tu ?

— Je ne puis te l'expliquer, et pourtant c'est très sûr.

— Vraiment ! vous allez vous marier, ainsi, tout d'un coup !

— Le plus tôt possible.

— Comme c'est vite.

— Vite !... pourquoi ? Cela te fâche-t-il que je me marie avant toi ; pourtant je suis l'aîné.

— Non, monsieur, cela ne me fâche pas. Je trouve que M$^{lle}$ Angélique de Sérignan est une très adorable personne, que j'aime beaucoup. Mais il me semblait qu'un engagement si grave exigeait plus de temps et de réflexion.

— A quoi bon, Geneviève ? Ne suffit-il pas de la voir une minute pour savoir que c'est un ange, qu'elle est aussi belle que bonne et spirituelle ? Comment ne pas l'adorer tout de suite ?... Attendre ! Pourquoi donc ? Pourrais-je l'aimer davantage dans un an ? Oh ! tu verras comme nous serons heureux !

— Sans doute, Paul ; mais les convenances...

— On voit bien que tu ne sais pas ce que c'est que d'aimer, toi. D'ailleurs, en quoi les bienséances seraient-elles enfreintes ? Tiens, raisonnons : nos familles se valent, nous sommes orphelins tous les deux, absolument libres par conséquent, les parents qui nous restent encore étant si éloignés que ce n'est pas la peine d'en parler ; de plus, nous nous aimons, car je t'assure qu'elle m'aime.

» Or, au nom de quelles convenances respectables devrions-nous être contraints longtemps à vivre séparés l'un de l'autre, au lieu de nous créer au plus tôt une charmante petite famille !... Ecoute. Ce matin, j'ai été voir, rue du Faubourg-Saint-Honoré, un magnifique hôtel qui est à vendre.

» Il y a un joli jardin, des écuries, des remises et des appartements pour tout le monde... Avant un mois nous pouvons y être installés... Enfin, c'est le bonheur qui nous y attend ! Voyons, petite sœur, qu'as-tu bien à me répondre ? »

— Je vais m'habiller.

— Ma douce Geneviève, toi aussi, tu es un ange !

Et il embrassa sa sœur comme un fou, car son cœur débordait de joie.

## XIX

### UNE VISITE DE MÉDECIN

Après le départ de M^lle de Mallegardes et de sa nourrice, la maisonnette de M^me Martin devint le théâtre de plusieurs petites scènes assez pittoresques.

D'abord, la mère Martin commença par admonester son neveu au sujet de son absence.

C'était, ma foi, bien le moment d'aller à la pêche, alors qu'elle entrevoyait le moyen d'arracher pas mal d'argent aux bonnes âmes qui s'étaient apitoyées sur le sort du pauvre blessé.

Pour le coup, elles avaient fait une drôle de tête, les patronnes, en voyant que personne ne soignait ce malheureux.

Enfin, elle avait arrangé l'affaire pour cette fois. Mais, dorénavant, il fallait renoncer à la pêche, et rester auprès du malade, afin d'avoir l'air au moins de le soigner.

Il en valait bien la peine, ce brave garçon, puisque M^lle Geneviève payait les soins si généreusement.

Disant cela, la mère Martin caressait avec amour les pièces d'or qui tintaient au fond de sa poche.

Le neveu baissa la tête en signe de complète soumission.

Au surplus, le moment semble venu de présenter plus chaleureusement au lecteur ce nouveau personnage, dont nous avons déjà dit quelques mots dans la première partie de ce récit.

On n'a sans doute pas oublié complètement cette chère M^me Lulu, la sinistre hôtesse de la rue Elisa-Borey, dont nous avons signalé déjà l'amoureuse faiblesse pour un cabotin nommé Larmignon.

Or ce Larmignon n'était autre que le neveu de la mère Martin.

Chose étrange ! parmi ce monde, — dont chaque membre ne possédait qu'un état-civil plus ou moins falsifié, car le père Martin, se nommant en réalité Lafare, était l'époux légitime de la marieuse, tandis que la mère Martin ne s'appelait ainsi qu'en qualité de concubine du porteur de ce faux nom, — une chose étrange, disons-nous, c'est que ce Larmignon était réellement le neveu de la vieille laveuse.

Un peu avant la révolution de 1848, deux jeunes filles de dix-huit à vingt ans avaient déserté la maison paternelle beaucoup trop hantée par la misère, pour se livrer à de riches marchands sur la munificence desquels elles comptaient pour se fournir à jamais de victuailles et de cachemires.

De ces deux jeunes filles, l'une mourut en donnant le jour à un garçon.

La sœur de la morte se chargea de l'enfant, aux besoins duquel elle pourvut autant que le lui permirent les vicissitudes d'une existence vouée à tous les désordres.

Ce fut, d'ailleurs, la seule action méritoire qu'eut à se reprocher la mère Martin, fort célèbre alors au quartier latin sous le nom de Virginie-Crampon.

Devenue vieille, fanée et rebutée par tous, elle avait fait un soir la connaissance du père Martin avec lequel elle vint s'installer dans sa bicoque de Neuilly, — dernier cadeau d'un huissier sentimental qui avait été sur le point de l'épouser.

Quant à Larmignon, dès l'âge de quinze ans, il se

prit d'une belle passion pour la comédie, et se plut à figurer longtemps sur les théâtres de la banlieue.

Peu à peu, on lui confia de tout petits rôles, moins petits toutefois que ses appointements.

En dernier lieu, il avait joué les premiers amoureux au théâtre de la rue Oberkampf, ce qui l'avait aussitôt rendu insupportable, grâce à son caractère vantard et à ses façons insolentes.

Malheureusement, sa distinction native laissait beaucoup à désirer, et sa petite voix grêle et enrouée le rendait peu propre à s'illustrer dans la tendre phalange des jeunes premiers.

A sa dernière pièce, le public l'avait hué de telle façon que le directeur s'était empressé de lui signifier la résiliation de son engagement.

Il était fièrement revenu chez M^me Lulu qu'il avait eu le tort de négliger pendant quelques jours.

Quelle est la fille d'Ève dont le cœur ne varie ?

Or, M^me Lulu, sans nul souci de ses serments, avait reporté son affection sur un garçon boucher qui parlait de régulariser leur clandestine liaison.

L'infidèle déclara donc, non sans quelque brutalité, à l'infortuné Larmignon, qu'elle avait résolu de rompre toutes relations scandaleuses, et, par un respect exagéré des bienséances, elle le somma outrageusement de ne plus égarer ses pas dans la petite gargote de la rue Elisa-Borey.

Le pauvre cabotin, repoussé de tous les côtés, fut obligé d'avoir recours à la seule ressource qui lui restât et dut se résigner à demander l'hospitalité à sa tante Martin jusqu'à l'époque d'un nouvel engagement.

Comme la saison était belle et qu'il pouvait flâner tout le jour, il subissait sans trop d'aigreur l'obscure existence que lui avait faite l'ingratitude des directeurs et l'inconstance des femmes.

Cependant, depuis que M^lle de Mallegardes lui était

apparue, il était devenu songeur. Ses nombreux rêves d'ambition le reprenaient, et de vagues, de ténébreuses combinaisons s'ébauchaient dans son esprit de déclassé.

— Certainement, se dit-il, en donnant un tour gracieux à sa chevelure brune, certainement, je soignerai le malade, je veux être là lorsqu'elle reviendra, cette demoiselle qui a de si beaux yeux, tout en étant privée de la vue. C'est ennuyeux, pourtant qu'elle soit aveugle : impossible, en effet, de jouer de la prunelle !... D'un autre côté, cette infirmité regrettable ne pourrait-elle me servir ?... Enfin, j'y réfléchirai.

— Sur ses entrefaites, la mère Martin ne perdait pas son temps.

Soit que les reproches de Marguerite l'eussent stimulée, soit qu'elle craignît de perdre sa place, la vieille s'était décidée à nettoyer la maisonnette et à remettre en ordre les mille bibelots épars dans tous les coins.

Avec l'aide du beau Larmignon qui s'y prêta de bonne grâce, les deux petites pièces eurent bientôt un aspect plus honnête et plus gai.

Le linge même du lit de Jean Eyrolles fut renouvelé, autant que possible. L'air et la lumière qui entraient à flots par les fenêtres ouvertes achevaient de donner un air de fête à la petite habitation.

Aussi, lorsque le père Martin entra, il ne put s'empêcher de s'écrier :

— Morbleu ! qu'est-ce qu'il y a donc de changé ici ? On se croirait chez un ambassadeur.

La mère Martin lui raconta alors comment elle était parvenue à intéresser M$^{lle}$ de Mallegardes au sort du blessé, comment la jeune fille était aussitôt venue, et lui avait laissé quatre louis — bien qu'en réalité elle en eût reçu huit — pour subvenir aux besoins du malade et lui procurer un médecin.

A mesure qu'elle parlait, le père Martin devenait

sombre et inquiet. Au mot de médecin, il pâlit visiblement et s'écria :

— Un médecin ici ! jamais. Je ne veux pas.

— Tu ne veux pas, tu ne veux pas... mais la demoiselle le veut absolument. C'est son idée, à cette enfant ; elle me l'a recommandé par-dessus tout.

— Jamais, te dis-je.

— Il le faut pourtant.

— Non, mille fois non, ou je décampe.

— En voilà une idée... mais, pourquoi ça ?...

— Parce que... la police viendra fourrer son nez là-dedans...

— Eh bien, qu'est-ce que ça peut te faire ?

— Beaucoup ; d'ailleurs le jeune homme me l'a défendu.

— Lui ?

— Oui, quand je l'ai ramassé.

— Ce n'est pas une raison.

— Enfin, ça ferait des histoires.

— Ca en fera bien davantage, s'il vient à mourir chez nous, faute de soins. C'est pour le coup, que nous ne serions pas blancs !

— C'est vrai... murmura le père Martin, dont l'esprit était envahi de mille craintes diverses.

— Du reste, reprit la vieille, la petite a déjà donné de l'argent pour qu'on aille chercher le médecin, si je n'y vais pas, il faudra le lui rendre, et perdre ma place, peut-être. Et puis, c'est pas fini ; la petite est généreuse et le malade en a pour longtemps. Il y a donc encore gros à gagner.

— Mais qu'est-ce que je lui dirai à ton médecin.

— Est-ce que tu as besoin d'être là, toi ? Sois tranquille, va, je lui parlerai bien toute seule.

— C'est vrai, je n'ai pas besoin d'être là, moi.

— Parbleu ! tu iras faire un tour, et quand il sera parti, je te raconterai ce qu'il aura dit.

— Comme ça, je ne dis pas non... C'est égal, tu n'aurais pas dû...

— Ne sois donc pas si bête ! Vraiment, on dirait que c'est toi qui as fait le coup.

Le vieux mendiant s'essuya le front où perlait une sueur froide, pendant que la mère Martin ordonnait à son neveu d'aller chercher un médecin et de le ramener sans retard.

Le père Martin jugea prudent d'aller flâner le long de la Seine. Il avait beau se raisonner, il n'était pas exempt d'inquiétude. Comment ça allait-il tourner ?

Le cœur lui battit violemment lorsque, de loin, il vit revenir le beau Larmignon, accompagné d'un homme vêtu de noir.

— Ces diables de médecins, dit-il, ont l'air de juges d'instruction.

Larmignon introduisit le docteur dans la maisonnette, et l'ayant laissé en tête-à-tête avec sa tante, il se retira discrètement.

Une fois installé près du lit, le médecin considéra Jean Eyrolles, dont l'extrême pâleur lui fit froncer les sourcils. Puis, se tournant vers la mère Martin :

— Qu'a donc ce jeune homme ? demanda-t-il.

— Il est blessé, monsieur le docteur.

— Blessé ?

— Oui, monsieur, un coup de couteau dans le dos.

— Un coup de couteau ?

— Il a même perdu beaucoup de sang.

— Mais cet homme a le délire, dit bientôt le médecin, en examinant Jean Eyrolles, qui ouvrait de grands yeux vagues et proférait çà et là des mots incohérents.

— Sans doute, il bavarde tout le temps, le pauvre cher homme.

— Quand a-t-il été blessé ?

— Il y a bien une douzaine de jours.

— Et vous n'avez appelé encore aucun médecin ?

— Non, monsieur ; le jeune homme l'avait défendu,

quand il a demandé l'aide de mon mari, une nuit, sur la route, là, tout près. Il disait qu'il avait été frappé et dévalisé par un rôdeur. Mais, pendant son délire, j'ai compris qu'il y avait là-dessous une histoire d'amour et que, pour ne pas compromettre une femme, il aimait mieux achever de se tuer que de faire connaître le secret de son aventure.

— Hum...! son état me paraît grave. Placez-le donc que je voie sa blessure.

La vieille femme mit le jeune homme sur le côté et lui découvrit le dos.

L'homme de l'art enleva adroitement le bandage grossier qu'on avait ajusté sur l'épaule de Jean Eyrolles, et examina longuement une assez large blessure qui commençait à se cicatriser, bien que les lèvres de la plaie fussent encore d'un rouge vif.

— C'est très grave, murmura le docteur; l'arme a dû glisser sous la pointe de l'omoplate et passer entre deux côtes. Évidemment, les parois thoraciques et les plèvres ont été perforées.

Ayant appliqué son oreille contre le dos du malade, il reprit :

— Le poumon est atteint profondément ; la pointe du couteau a dû frôler le cœur. C'est un miracle qu'il n'ait pas été tué sur le coup.

— Bonne sainte Vierge ! dit la mère Martin, ce que vous me dites là me donne la chair de poule.

— Replacez le malade comme il était.

— Voilà, monsieur.

Lorsque Jean Eyrolles fut recouché, le médecin tira de sa poche un plessimètre. Il appliqua l'étroite lame d'ivoire sur la poitrine du malade, frappant du doigt, et paraissant écouter attentivement, à la grande surprise de la mère Martin, qui le regardait faire sans comprendre.

Ensuite, au moyen d'un crayon bleu, le docteur traça

sur la chemise du blessé un cercle de la grandeur d'une
pièce de cinq francs.

— Il y a un reste de congestion au poumon gauche,
dit-il.

— Mon Dieu, monsieur, est-ce que vous n'espérez
pas le sauver.

— Je ne puis encore rien affirmer à cet égard. Ce délire, persistant après douze jours, n'annonce rien de bon.

— Le pauvre jeune homme!

— La fièvre est aussi violente qu'elle peut l'être chez
un sujet aussi affaibli. Que lui avez-vous donné depuis
que vous le soignez?

— Rien que de la tisane.

— C'est ce qui lui convenait le mieux. Cependant
vous lui en donnerez moins désormais. Par contre,
vous tâcherez de lui faire prendre deux bols de bouillon
par jour.

— Bien, monsieur.

— Je reviendrai demain matin.

— Oui, monsieur.

— Je vous recommande surtout de veiller à ce que le
blessé fasse le moins de mouvements possible.

— Vous pouvez y compter, monsieur.

Comme il allait sortir, la vieille lui demanda de son
ton larmoyant :

— Et combien faudra-t-il vous payer vos visites?

— Nous parlerons de cela plus tard. Au revoir.

Le docteur s'éloigna et, peu d'instants après, le père
Martin rentra à pas discrets.

— Eh bien ? demanda-t-il.

— J'avais raison de te dire qu'il n'y avait rien à
craindre, s'écria la vieille ; le médecin s'est contenté de
mes explications. Du reste, il n'a pas eu l'air de s'en
occuper beaucoup.

Le vieux mendiant respira longuement. Il lui semblait
qu'on venait de débarrasser ses épaules d'un poids
énorme.

## XX

### OU M. LARMIGNON CONTINUE A NE PAS AVOIR DE SUCCÈS

Depuis de nombreuses années, la mère Martin n'avait été aussi gaie que ce jour-là.

Quelques instants après le départ du médecin, on aurait pu la voir frottant avec ardeur le chaudron qu'elle avait escamoté à la villa.

— Ah! non, pensa-t-elle, on ne me repincera plus à chiper du cuivre ; c'est trop bête.

Lorsque la casserole fut bien reluisante, elle la mit sous son bras et se rendit auprès de Mme Marguerite.

Elle lui raconta en détail la visite du médecin, ce qu'il avait dit et ordonné. Elle n'oublia pas non plus de lui apprendre le nettoyage à fond qu'elle avait pratiqué dans son ménage.

En se retirant, elle eut la satisfaction de remarquer que Mme Marguerite s'était un peu radoucie à son égard.

Elle revint pourvue d'une forte provision de tisane et de bouillon pour le malade.

Cependant, un sujet d'épouvante l'attendait chez elle.

Elle trouva le père Martin, affolé de terreur.

— Arrive donc, Pétronille, dépêche-toi... on dirait que notre pauvre malade va mourir !... Oh ! quel guignon... moi qui espérais le sauver.

Depuis quelques minutes, Jean Eyrolles se débattait comme en proie à une sorte d'étouffement. Il portait

fréquemment les mains à sa gorge d'où sortait un râle
sinistre.

Tout à coup il vomit des flots de sang et retomba
inerte et livide au-milieu des draps empourprés.

— Il ne respire plus, dit le père Martin, haletant.

— Il me semble qu'il est mort, ajouta la vieille.

— Ce serait un malheur dont je ne me consolerais
jamais...

— Un jeune homme qui nous aurait rapporté tant
d'argent.

— Quel dommage ! dirent-ils ensemble.

L'évanouissement de Jean Eyrolles, — car il n'était
qu'évanoui, — dura près d'une heure.

Quand il ouvrit les yeux, il les promena lentement
autour de la chambre.

— Martin, Martin, appela la vieille, viens donc, voilà
qu'il ouvre les yeux !

Le père Martin qui causait avec Larmignon, dans la
chambre voisine, accourut aussitôt.

— Vrai ?

— Tiens, vois ?

Mais bientôt, l'horrible couple se tut sous le regard de
Jean Eyrolles qui les examinait tour à tour d'un air
étonné.

— Il n'a plus les mêmes yeux, murmura la vieille.

— Oui, il regarde mieux.

— Chut ! tais-toi...

Jean Eyrolles demanda enfin :

— Qui êtes-vous ?... pourquoi suis-je ici ?

— Il parle, s'écria le père Martin.

— Mon brave monsieur, vous êtes chez nous... à
Neuilly... Mon homme vous a sauvé.

— Sauvé ?...

— Oui, monsieur, dit le père Martin, sans nous vous
seriez mort... et, Dieu merci, vous vivez.

— Est-ce possible ! murmura Jean Eyrolles.

La mémoire lui revenant peu à peu, il se voila la

figure de ses mains et poussa une exclamation douloureuse.

— Pour sûr, vous étiez dans un triste état, quand
Martin vous a trouvé sur la route. Ah ! nous vous avons
bien soigné depuis douze jours.

— Il y a déjà douze jours ? demanda Jean Eyrolles
stupéfait.

— Eh ! oui. Le temps ne paraît pas long, quand on a
le délire.

— Sans mentir, ajouta la mère Martin, vous pouvez
vous vanter d'avoir reçu un fier coup de couteau dans
le dos ! Il n'y allait pas de main morte, celui qui vous
a fait ce cadeau. Ça doit être une terrible histoire tout
de même, pas vrai, monsieur ?

— Oui, oui, dit Jean Eyrolles ; je vous remercie de
vos bontés... Mais excusez-moi... je n'ai pas la force.

Il ne put achever ; il ferma les yeux et redevint immobile.

— Tais-toi donc, dit le père Martin, tu bavardes trop.
Tu vois bien qu'il est trop faible. Il faut le laisser un
peu tranquille.

— C'est juste... Mais, dès qu'il rouvrira les yeux, je
lui ferai boire du bouillon.

— Il en reviendra sans doute, dit le vieux mendiant,
tout réjoui par cette idée.

— J'y compte bien. Mourir ? lui ! ce ne serait pas à
faire ; avec ça qu'il a tout plein l'air d'un bon enfant.

— Allons ! ferme ton bec.

Toute la nuit, les deux vieux furent en éveil.

Aussitôt qu'ils entendaient remuer le malade, l'un
d'eux courait à son chevet et lui faisait avaler quelques
gorgées de bouillon, après quoi Jean Eyrolles retombait
dans un assoupissement assez paisible.

Sa respiration, quoique faible, était régulière.

Le médecin arriva d'assez bon matin.

Il écouta les explications de la vieille, et après avoir
examiné le blessé, il dit :

— Il est sauvé.

— Ah, tant mieux ! s'écria la vieille.

— Néanmoins, la convalescence sera longue.

— Tant mieux ! répéta-t-elle plus vite qu'elle n'aurait voulu.

Mais le docteur prêtait peu d'attention à ce qu'elle disait. Il reprit :

— La fièvre a beaucoup diminué et, comme sa faiblesse est extrême, il a besoin du plus grand repos. Ne le faites pas parler, continuez à lui administrer du bouillon et donnez-lui à sucer un peu de viande de poulet. Demain, nous lui permettrons un peu de vin.

Dès que le médecin fut parti, la mère Martin courut raconter à Geneviève et à la nourrice tout ce qui s'était passé depuis la veille, non sans enrichir son récit d'une foule de hors-d'œuvre que lui suggérait son imagination.

— Ah ! mademoiselle, dit-elle en achevant sa narration, c'est vous qui lui avez porté bonheur. Il vous bénira quand il saura...

— Chut ! ne parlez jamais de cela ; j'exige surtout qu'il ignore mon nom et, si vous commettiez à cet égard la moindre indiscrétion, vous me forceriez à suspendre mes visites.

— Ne craignez rien, mademoiselle, tout le monde se taira, s'empressa de promettre la vieille, inquiète déjà.

— En ce cas, nous allons nous rendre chez vous.

Vers dix heures, en effet, les trois femmes prirent le chemin de la petite maison.

La mère Martin, radieuse, portait cette fois un assez gros paquet de linge et un poulet.

Il est inutile de dire que, ce jour-là, le malade était bien gardé. Le père Martin se trouvait dans la première pièce, et le beau Larmignon, brossé, peigné, lustré, se tenait près du blessé, feignant de lire un vieux journal.

A l'arrivée de M^lle de Mallegardes, le jeune cabotin commença une série de roulements d'yeux, de petits saluts et de ronds de bras, qui n'excita chez Marguerite que le contraire de l'admiration.

— Votre présence nous est inutile, lui dit-elle.

— Si le malade avait besoin de moi, objecta Larmignon.

— En ce cas, on vous appellera.

Il fallut bien s'exécuter. Mais en se retirant, le petit bonhomme adressa un si vilain regard à la nourrice que celle-ci murmura :

— Il me déplaît, ce garçon-là ; il a mauvais air.

Jean Eyrolles avait essayé un salut qu'il n'avait pu achever. Son extrême faiblesse l'empêchait de lever la tête.

Alors il voulut parler, mais Marguerite le lui défendit.

Ce jour-là les deux femmes abrégèrent leur visite.

A présent que le malade avait repris toute sa connaissance, Geneviève se sentait moins à l'aise devant ce jeune homme dont elle sentait peser sur elle le regard à la fois reconnaissant et admiratif.

En voyant se lever ses deux bienfaitrices, Jean Eyrolles trouva cependant la force de dire :

— L'intérêt que vous paraissez porter à un malheureux comme moi est une joie qui me fait oublier mes souffrances... Ne reviendrez-vous pas, mademoiselle... afin que je vous remercie... Aujourd'hui... je ne puis...

Il n'acheva pas, il devint très pâle et ferma les yeux.

— Le bavard ! dit Marguerite, il veut parler quoiqu'on le lui défende, et voilà qu'il se trouve mal !

Jean Eyrolles fit de la tête un léger signe négatif.

— Je reviendrai, monsieur, dit Geneviève d'une voix émue.

Le malade, ayant vainement tenté d'articuler un

mot, Marguerite intervint et répondit pour lui à la jeune fille :

— S'il ne peut parler, il entend très bien, car il a ouvert les yeux et t'a souri doucement.

— Ah ! fit Geneviève presque charmée.

— Il ne lui faut que du repos. Viens, laissons-le.

Suivies par un long regard de Jean Eyrolles, les deux femmes sortirent de la chambre.

Le brillant Larmignon, qui les guettait, s'avança au-devant d'elles et, avec une désinvolture toute chevaleresque :

— Ces dames, roucoula-t-il, me permettront-elles de les accompagner jusqu'à leur porte ?

— Non, dit Geneviève sèchement.

— Mon garçon, ajouta Marguerite, avant d'offrir vos services, à l'avenir attendez qu'on vous les demande.

Un éclair de mauvais augure brilla dans les yeux du jeune cabotin.

Resté seul, il frappa du pied, et, rouge de colère, tendit le poing dans la direction où M<sup>lle</sup> de Mallegardes avait disparu.

— Ah ! c'est comme ça ?... grogna-t-il, eh bien ! à la première occasion, on verra... Je ne dis que ça.

## XXI

### OU LE PÈRE MARTIN APPREND DES CHOSES QUI L'ÉTONNENT

Pendant les premiers jours suivants, les visites de la jeune aveugle à Jean Eyrolles furent courtes. M^me Marguerite faisait presque tous les frais de la conversation, Geneviève n'osant encore parler, car le malade était trop faible pour tenir de longs discours.

Cependant il reprenait des forces.

En une semaine, grâce à l'excellente nourriture qu'on lui envoyait de la villa, il commença véritablement à renaître.

Un beau jour, au sujet d'une question fort intéressante où il avait été beaucoup parlé des amertumes et des espérances de l'âme humaine, des élévations et des héroïsmes dont l'amour personnel ou général rend capables même les êtres les plus obscurs, Jean Eyrolles s'exprima avec tant de charme et de délicatesse que les deux visiteuses, entraînées par la causerie, restèrent presque toute l'après-midi.

Bientôt, la jeune fille se fit une douce habitude de passer journellement une heure au moins auprès de ce pauvre convalescent dont la conversation avait pour elle un attrait qu'elle ne cherchait pas à s'expliquer.

Sans être un savant, Jean Eyrolles avait une instruction peu commune et surtout variée. En outre, la vivacité de son esprit, la noblesse de ses sentiments rendaient sa parole attachante et persuasive. Il devenait même éloquent pour peu qu'on excitât son enthousiasme pour une idée généreuse, une belle œuvre ou une grande action.

Le souffle de cette intelligence sincère, ardente et vigoureuse réchauffait la jeune aveugle dont l'âme affectueuse et pure était avide d'admiration.

Les natures d'élite se devinent et se recherchent.

La confiance de Geneviève en Jean Eyrolles devint bientôt pleine et entière.

Elle n'eut pas un instant le soupçon que ses longues visites pussent prêter à la critique.

Marguerite n'était-elle pas toujours là ?

Elle se fiait au jugement sévère et à la clairvoyance de sa nourrice.

Or, celle-ci n'avait jamais trouvé mauvais qu'elle continuât à voir le blessé convalescent.

D'autre part, la jeune fille était bien délaissée par son frère.

Entièrement absorbé par son amour, le jeune comte ne s'occupait que de son mariage prochain et de son installation en son hôtel du faubourg Saint-Honoré, dont les splendeurs avaient provoqué l'admiration de M<sup>lle</sup> de Sérignan.

On ne le voyait plus que très rarement à la villa de Neuilly. Plus rarement encore emmenait-il sa sœur dans les visites qu'il faisait à sa fiancée ; les amoureux aimant par-dessus tout le mystère, le tête-à-tête et le huis-clos.

Aussi Jean Eyrolles fut non seulement une distraction pour Geneviève, mais il devint peu à peu l'objet d'une véritable préoccupation.

Quant à Jean Eyrolles, suivant la remarque de la mère Martin, il ne cessait d'être triste et taciturne, que lorsque M<sup>lle</sup> Geneviève était auprès de lui.

Le malheureux, en effet, ne s'habituait guère à l'idée de vivre sans l'amour de son Antonine.

Hélas ! ce n'est pas en quelques jours qu'on s'arrache

du cœur et de l'âme l'image d'une femme qu'on a pu considérer comme une partie de soi-même.

Maintenant, à quoi bon la vie ?

Que lui restait-il dans le monde, désormais ? Quelles joies l'y attendaient ? Quel but aurait-il ?

Ni fortune ni affections, ni ambition, ni désir, rien ne le rattachait à l'existence.

Comment indemniserait-il même les braves gens qui l'avaient recueilli et pour lesquels d'ailleurs il se reprochait, sans se l'expliquer, de n'éprouver aucune sympathie.

Certes, les allures patelines et sournoises de ce vieux et de cette vieille, les propos cyniques du cabotin, l'absence totale de dignité qu'ils montraient dans l'étalage de leur misère, tout enfin contribuait à lui rendre la reconnaissance difficile et lui inspirait l'envie de s'éloigner au plus tôt de ce foyer hétéroclite.

Aussi fut-il soulagé d'un grand poids lorsqu'un jour, le père Martin lui avoua franchement qu'il était payé et au-delà, par M^lle Geneviève, des soins qu'on lui donnait.

Par une exquise délicatesse, le blessé n'insista pas pour savoir le nom de la jeune fille qui, d'après l'affirmation du père Martin, tenait absolument à rester inconnue.

Mais quand il la revit, il lui dit avec simplicité :

— Je sais tout ce que vous faites pour moi, merci. Envers vous la reconnaissance m'est douce. Il vous plaît de me laisser ignorer qui vous êtes, soit. Je me contenterai de vous nommer tout bas Geneviève.

Par contre, la discrétion n'était point chez le père Martin une vertu fondamentale, car il brûlait du désir de connaître l'histoire et la position sociale de celui qu'on l'avait requis d'assassiner.

Plusieurs fois déjà, il avait en vain tenté de faire parler le malade.

Enfin un matin, celui-ci consentit à parler de ses affaires. Il raconta comment, après avoir dissipé le reste de sa petite fortune avec sa femme, celle-ci, encouragée par sa mère, avait pris un amant et l'avait quitté.

— J'allais précisément surprendre les deux misérables, ajouta Jean Eyrolles, lorsqu'un assassin, payé sans doute par ma femme ou par ma belle-mère, me donna traîtreusement ce coup de couteau qui me cloue dans ce lit.

Cette dernière phrase jeta comme une lueur dans l'esprit du rusé mendiant.

— Elle s'appelait Antonine, votre femme ? demanda le père Martin.

— Oui.

— Et c'est la fille de M<sup>me</sup> Lafare.

— En effet. Comment savez-vous ?

— C'est bien simple, balbutia le vieux ; dans vos accès de délire, vous aviez toujours ces noms-là à la bouche.

Jean Eyrolles trouva l'explication fort naturelle, tandis que le père Martin ne pouvait revenir de sa surprise.

Quoi ! celui que sa femme l'avait conduit à frapper, était le mari d'Antonine ? Celui qu'il avait assassiné était son gendre ?

La stupéfaction du meurtrier était si grande qu'il craignit de se trahir.

Il quitta brusquement le blessé pour aller se recueillir à l'écart.

Quel intérêt pouvait donc avoir sa femme à la mort de cet homme ? Il devait être bien grand sans doute puisqu'elle lui avait donné trois mille francs pour payer ce coup de couteau.

Désormais, il était bien sûr qu'elle avait agi pour son compte. Elle était donc plus riche qu'elle ne le disait. Très riche, peut-être...

Comment savoir le mobile qui avait guidé son ancienne compagne ?

Il retourna près de Jean Eyrolles, lequel refusa d'en dire davantage.

Alors il se promit de chercher tout seul, persuadé qu'il se créerait une source inépuisable de profits dès qu'il aurait remis la main sur M$^{me}$ Lafare, son épouse.

Il ne souffla pas mot de cette révélation à la mère Martin, qui était, du reste, bien autrement occupée.

Cette dernière, en effet, était en train de monter son ménage.

Avec une adresse et des précautions incroyables, elle emportait chaque jour de la villa quelques nouvelles richesses.

Impunément, grâce à ce prétexte spécieux que le malade avait besoin de telle ou telle chose, elle dévalisait peu à peu la maison du comte de Mallegardes, malgré la surveillance de la soupçonneuse Marguerite.

## XXII

### LE PLAN DE M. LARMIGNON

Mais autant la mère Martin était radieuse autant son neveu Larmignon était devenu piteux et sombre.

Accroupi dans un coin de la première chambre, il était toujours présent quand M<sup>lle</sup> de Mallegardés venait voir Jean Eyrolles ; seulement il se tenait coi. Il avait même renoncé aux grandes révérences.

Muet, le regard tendu, il ne perdait pas un geste de la jeune fille, aussi longtemps qu'il pouvait la voir ; et avec sa figure plate d'où s'élançait un nez débordant entre deux yeux chargés de convoitise, il avait assez l'air d'un gros chien ratier guettant une souris.

Evidemment un sinistre projet fermentait au fond de cette âme flétrie.

Sans moyens d'existence, sans espoir dans l'avenir, blessé dans sa vanité, repoussé, dédaigné, obligé pour vivre d'accepter l'hospitalité grondeuse de sa tante, le misérable cabotin se sentait profondément humilié.

A tout prix il voulait s'arracher de cette situation honteuse, fût-ce à l'aide de n'importe quelle infamie.

Depuis quelques jours il faisait un rêve grandiose, un rêve possible après tout.

Que lui fallait-il ? une occasion, une heure propice. Cette occasion devait se présenter forcément.

Or, il saisirait le moment favorable et agirait avec audace.

La nourrice ne serait pas toujours là, que diable ! Il parviendrait bien un jour ou l'autre à l'éloigner au moins quelques minutes.

Quant au blessé, il était trop faible pour qu'on s'en inquiétât.

Oh ! s'il arrivait une fois à se trouver seul avec M<sup>lle</sup> de Mallegardes, seul à seul… il savait bien comment il s'y prendrait.

L'odieux de cette violence projetée n'échappait pas à sa conscience…

Mais quoi, il avait de l'amour pour elle, c'était son excuse. Car, il n'y avait pas à dire, il était vraiment toqué de cette petite aveugle, si charmante avec ses mines ingénues et son visage de chérubin.

Eh bien ! après… que risquerait-il ? La demoiselle était trop bien élevée pour faire du scandale. Elle se tairait, parbleu ! et par la suite, qui sait ? Elle l'aimerait peut-être !

Dans tous les cas, comme elle possédait des monceaux d'or et qu'elle avait de l'honnêteté, elle ne devait pas être fille à abandonner le père de son futur enfant.

Néanmoins, les jours passaient et nul hasard heureux n'était survenu.

Finalement, le jeune scélérat comprit que c'était à lui de provoquer l'occasion qui se faisait beaucoup trop attendre.

Près d'un mois s'était écoulé depuis la première visite de Geneviève.

Jean Eyrolles se rétablissait rapidement.

Déjà il se levait, quoique le docteur l'engageât à éviter le plus possible les mouvements violents.

Maintenant, une douce familiarité régnait entre le jeune homme et la belle aveugle.

Ils passaient les heures en longues causeries où la jeune fille, avec la curiosité impatiente de son âge, s'initiait aux choses de la vie, dont elle n'avait eu jusque là nulle idée.

Bien que le caractère de Jean Eyrolles fût confiant et bon, les dures et récentes épreuves de sa vie lui avaient appris à mieux connaître le cœur humain; aussi, malgré son excellente nature, il lui restait au fond de l'âme une amertume qui donnait à sa parole l'âcre saveur de l'expérience.

Ce stigmate des souffrances endurées était un stimulant de plus pour Geneviève, qui s'était imposé la tâche de cicatriser aussi les blessures morales de son ami.

Un matin, au reçu d'une lettre imprévue, Marguerite annonça qu'elle était obligée de sortir.

Elle prit une voiture, ce qui indiquait que son absence devait durer assez longtemps.

Peu après, un domestique vint dire à Geneviève que le neveu de Mme Martin demandait à lui parler.

Larmignon fut introduit.

— Mademoiselle, dit-il, notre malade vient de recevoir une nouvelle qui l'a gravement impressionné. Il m'a envoyé pour vous supplier de venir le voir sans retard pour la dernière fois, a-t-il ajouté.

Tout émue à l'idée d'un nouveau malheur la jeune fille jeta un châle sur ses épaules et dit simplement :

Allons.

— J'accompagnerai mademoiselle pour la guider.

— Oh ! je connais la route, répondit-elle.

En effet, Geneviève prit les devants et, sans tâtonnement aucun, elle se dirigea vers la maisonnette.

Larmignon suivait, pâle, nerveux, tremblant.

Il avait sur le visage ces marbrures luisantes et blêmes qui dénoncent la préméditation d'un crime.

L'habitation de la mère Martin était solitaire.

Seul, Jean Eyrolles sommeillait dans la seconde pièce.

Dès que Geneviève fut entrée, elle entendit le bruit d'une porte qu'on ferme à double tour.

Sans faire attention à ce détail, elle se dirigea tout droit vers la chambre du convalescent.

Là, devant la porte, elle se heurta contre un gros meuble qui en obstruait l'entrée.

Interdite et presque inquiète, M^lle de Mallegardes dit vivement à Larmignon :

— Que signifie cela ?

— Ma belle demoiselle, répondit aussitôt le jeune homme d'une voix étouffée, cela signifie que j'ai voulu causer avec vous, sans témoins, pour vous avouer que je vous aime follement, et que je suis décidé à tout pour vous prendre au moins un baiser.

Geneviève pâlit.

— Un guet-apens!... Mais vous êtes fou... je vais appeler.

— Oh ! vous pouvez appeler... toutes mes précautions sont prises.

— Monsieur, ouvrez-moi cette porte !...

— Allons ! pas de cris superflus... Ecoutez-moi, je suis aimable... et je vous adore !

— Sortez, monsieur.

— Ah ! voilà trop de manières... et le temps passe...

Le jeune bandit entoura la jeune fille de ses bras. Geneviève poussa un cri terrible.

— Jean Eyrolles ! au secours !

Puis avec une vigueur incroyable, elle repoussa Larmignon jusqu'à l'extrémité de la petite pièce.

En ce moment, la porte de Jean Eyrolles était ébranlée par des efforts prodigieux.

— Dieu soit loué, il va venir, lui !... Il m'a entendue.

Et ce disant, elle essayait d'écarter la lourde armoire qui barricadait la porte.

Mais Larmignon, l'œil en feu, semblable à une bête fauve, se précipita de nouveau sur la pauvre enfant, paralysant ses efforts et tâchant d'étouffer ses clameurs:

— Il a entendu, soit, mais il ne pourra pas venir...

Effectivement, tout bruit avait cessé du côté de la chambre du blessé.

— Voyez-vous, mignonne, il se sera évanoui comme une femmelette... Allons ! soyez douce... je vous aime...

Une lutte indigne s'ensuivit.

Avec des forces décuplées par le désespoir, Geneviève luttait vaillamment.

Dix fois la jeune aveugle affolée s'échappa des mains du misérable, fuyant et se heurtant affreusement çà et là, ainsi qu'un oiseau nouvellement captif, et dix fois le scélérat la ressaisit sans pitié.

— A moi ! à moi ! cria encore la jeune fille épuisée.

— Me voici, dit tout à coup Jean Eyrolles qui, étant sorti de sa chambre par la fenêtre, venait d'enfoncer la première porte d'entrée.

— Misérable ! cria-t-il en écartant le suborneur de bas étage.

Haletante, éperdue, Geneviève se laissa aller dans les bras de son vaillant ami, en disant :

— Ah ! vous êtes mon sauveur !

Mais Larmignon, ivre de colère, bondit sur Jean Eyrolles. Celui-ci, quoique doué d'une grande force musculaire, était profondément affaibli par la maladie. De plus il ne pouvait se défendre qu'avec un seul de ses bras, puisque de l'autre il entourait la taille de la jeune fille pour la préserver des violences possibles du mauvais drôle.

Néanmoins son poing vigoureux s'abattit sur la poitrine de son adversaire qui alla rouler sur le plancher. Mais ce dernier se releva aussitôt, car il était agile et nerveux, et se rua de nouveau avec impétuosité. Cette fois Jean Eyrolles le saisit à la gorge et serra fortement.

— Lâche-moi ou je te crève, hurla Larmignon.

— Demande pardon, coquin, à cette jeune fille, répliqua l'autre sans cesser son étreinte.

— Ah ! tu ne veux pas me lâcher, râla le cabotin écumant de rage ; eh bien ! voilà pour t'apprendre à te mêler de tes affaires.

D'une de ses mains libres, il tira un couteau de sa poche et frappa.

Jean Eyrolles chancela et de son cou déchiré un jet de sang rejaillit sur la pauvre aveugle.

— L'assassin ! cria-t-elle en retrouvant toute son énergie.

Larmignon, épouvanté de son action meurtrière, s'était enfui avec précipitation.

— Lâche ! gronda Jean Eyrolles.

— Ce n'est rien... une égratignure : j'ai pu parer un peu avec mon bras.

— Oh ! l'infâme !

— Rassurez-vous, mademoiselle, il est déjà loin.

— Comment panser votre blessure !

— C'est inutile ; je vous jure qu'elle est plus que légère. Le sang déjà est presque étanché.

Il prit un verre d'eau, y trempa son mouchoir et s'en enveloppa le cou.

— Baignez aussi vos belles mains, ajouta-t-il, et ne restez pas une minute de plus dans cette maison de bandits. Afin d'éviter les commentaires et le scandale, il vaut mieux que cette triste aventure reste ignorée, car ce scélérat de Larmignon serait trop heureux de vous avoir compromise. Il aurait eu moins d'audace s'il n'eût pressenti qu'il pouvait compter sur l'impunité. Partez ; je vous accompagnerai.

— Qu'allez-vous devenir, vous ?

— Oh ! moi, grâce à vous, j'ai la force à présent de retourner à Paris.

En ce moment un roulement de voiture se fit entendre sur la route.

— Voici sans doute M<sup>me</sup> Marguerite, dit-il.

Ils s'étaient avancés de quelques pas. Sur un signe le cocher s'arrêta, et la nourrice descendit.

— Comment ! s'exclama celle-ci, tu es sortie toute seule, Gièvre ?

— Emmenez vite mademoiselle, interrompit le jeune

homme ; elle vous expliquera tout en rentrant.

— Qu'est-il donc arrivé? poursuivit Marguerite ; vous avez l'air tout effaré !

— Je te raconterai... Viens, dit Geneviève.

Alors, tendant vers lui sa main mignonne :

— Merci, Jean Eyrolles ; je suis heureuse d'avoir été sauvée par vous, et jamais je n'oublierai que vous avez exposé votre vie pour moi.

Le jeune homme prit la main fine et délicate qu'on lui offrait, y appuya légèrement ses lèvres, et murmura :

— C'est moi qui dois vous remercier, vous et M<sup>me</sup> Marguerite. Croyez que le souvenir de vos bontés et de votre sympathie vivra éternellement dans mon esprit et dans mon cœur... Adieu !

Malgré tout son désir, la noble aveugle n'osa pas lui répondre qu'elle eût voulu ne pas se séparer de lui, et, guidée par sa nourrice, elle monta dans la voiture qui repartit rapidement.

Peu après, en se penchant à la portière, Marguerite, étonnée, remarqua que Jean Eyrolles, au lieu de rentrer dans la maisonnette, s'éloignait à grands pas sur la route de Paris.

— Tiens, s'écria-t-elle, est-ce que notre cher malade s'en va tout à fait ?

— Oui, il s'en va, répéta tristement la jeune fille.

Après être descendue de la voiture et au moment de pénétrer dans la villa, Geneviève s'arrêta, et d'une voix très douce, demanda :

— Nourrice, vois-tu toujours M. Jean Eyrolles?

— Je l'aperçois encore, répondit Marguerite ; ah! le chemin tourne, à présent... je ne le vois plus.

Alors, M<sup>lle</sup> de Mallegardes franchit le seuil de sa demeure et, silencieuse, elle essuya furtivement une lourde larme venue du cœur jusqu'à ses yeux.

# XXIII

## UN LUGUBRE MONOLOGUE

Il est près de minuit. Les piétons sont rares sur le Pont-Neuf.

La neige tombe lentement, en flocons mous, et couvre les rues d'un tapis gluant.

La température n'est pas très basse, l'eau coule dans les ruisseaux et les endroits fréquentés sont boueux.

Cependant un vent glacial souffle par instants, et l'humidité pénétrante de cette nuit sombre est plus pénible et plus malsaine que ne le seraient les rigueurs d'une forte gelée.

Un homme va et vient sur le pont.

Son costume est étrange par un temps pareil.

Il est tout vêtu de noir, et sa redingote en drap fin, dont le col est relevé, semble peu propre à le garantir du froid, surtout en cet endroit où la bise se fait plus vivement sentir.

Ce personnage, d'ailleurs, a l'air fort peu à son aise.

Tout son corps est agité de frissons très violents. La tête enfoncée dans les épaules, les bras nerveusement croisés, les mains sous les aisselles, il se courbe, se voûte et se ratatine, essayant de ne rien perdre de sa chaleur naturelle.

Parfois, il marche vivement ; puis bientôt, comme vaincu par la fatigue, il s'accoude sur le parapet, avec indifférence, livrant son mince vêtement aux infiltrations de la neige fondante.

Quelques passants s'étonnent de le voir ainsi.

— Morbleu ! dit l'un, si c'est sa belle qu'il attend en cet état, il faut qu'il soit fièrement amoureux !

— Oh ! oh ! dit un autre, voilà un particulier qui ne doit pas méditer quelque chose de bien gai !

Mais personne ne s'arrête ; chacun s'éloigne hâtivement.

Quant à notre homme, il regardait vaguement devant lui.

A sa droite, au dessus du Louvre, il apercevait une lueur ; c'était le Paris brillant, animé ; on y devinait le bruit, le mouvement, les mille cafés étincelants de dorures et de lumières.

La rive gauche était plus sombre.

En haut, le ciel était obstrué, opaque, lourd.

En bas, entre les arches du pont, le fleuve mugissait, noir, affreux, tacheté régulièrement par le reflet jaune des réverbères embrumés.

Le malheureux se prit à proférer quelques phrases entrecoupées de longs silences, avec lenteur, ainsi que s'élaboraient ses idées dans son cerveau paralysé.

— Qu'est-ce que je fais là ?... Quel besoin ai-je d'attendre ?... En une minute tout sera fini, je le sais bien.. Ce n'est pas difficile de sauter là-dedans... Et presque aussitôt, il n'y aura plus ni le froid, ni la fièvre, ni la faim : tous les désespoirs s'éteignent là. Pourquoi hésiter ?... Est-ce que je tiendrais à la vie, sans m'en douter ? Ce serait curieux...

Il eut un petit rire épouvantable.

— Il me paraît bizarre de penser qu'un tas de gens qui n'avaient nulle envie de mourir ont cessé de vivre aujourd'hui, que plusieurs meurent en ce moment même... tandis que moi je suis là, regardant l'eau couler... Où diable peut bien être Antonine ?... Tiens, je me souviens que j'étais dans la Seine quand je l'ai rencontrée pour la première fois... C'est ce jour là que j'aurais dû me noyer...

Il se tut un moment.

— Quelle sotte raison me retient donc? Physiquement, ce que j'endure est horrible... Quant à mes tortures morales, elles dépassent tout ce que j'aurais pu imaginer autrefois... L'homme est vraiment une admirable machine... Je ne l'aurais pas jugé capable de supporter de tels fardeaux... Mais je sens clairement que tout se désagrège en moi... corps et âme... Je suis au bout... Dans quelques minutes, mes jambes refuseront de me soutenir, et je tomberai là dans la boue... Oh ! je comprends à la fin la raison de mon inertie : le suicide est superflu... En effet, à quoi bon précipiter le dénouement, quand il est si proche ?... Souffrir une heure de plus ou de moins... Qu'importe ?...

Au moins je me verrai mourir... Je serai tout à la fois acteur et spectateur... Pourquoi se tuer quand on sent que la mort est inévitable?

Ses jambes fléchissaient.

Pour ne pas tomber il fut obligé de se cramponner au parapet.

Une idée enfantine traversa son cerveau enfiévré.

Avec son doigt, il traça ces mots sur la neige :

« Ci-gît Jean Eyrolles. »

Cependant il se prit à trembler avec une telle violence qu'il ne put rester debout.

Il s'affaissa et resta adossé contre la pierre glacée.

Ses dents s'entrechoquaient avec bruit.

Il ferma les yeux, engourdi, insensible, éprouvant presque une sensation meilleure à cause de cet anéantissement.

Tout à coup, un passant le secoua rudement par le bras.

— Eh ! l'homme, il ne faut pas dormir ici... Allons, rentrez chez vous... Vous n'avez pas honte de vous mettre dans un pareil état ?

Le charitable individu, ayant relevé Jean Eyrolles, eut l'air de chercher quelqu'un.

— Si seulement je pouvais vous confier à un agent.

— C'est inutile, dit Jean Eyrolles, je vous remercie de votre aide.

— Tiens, vous n'êtes pas gris ?

Après un rapide examen, l'inconnu, ayant cru comprendre l'horrible vérité, fouilla rapidement dans sa poche et en tira une pièce d'argent en disant :

— Vous avez peut-être besoin de quelque chose ?

— Oh ! non ! cria Jean Eyrolles, dont les yeux flamboyèrent, en même temps que tout son sang lui montait au visage. Merci, monsieur, je n'ai besoin de rien.

Il salua, et retrouvant tout à coup ses forces, il s'éloigna rapidement.

Maintenant il avait le regard en feu, son cœur battait avec force, il ne sentait plus le froid, et ses membres avaient repris leur élasticité.

On avait voulu lui faire l'aumône !

Cette honte l'avait fouetté. Comme un foyer ardent, l'orgueil subitement réveillé avait galvanisé le moribond.

Il marchait vite, au hasard, attiré cependant par la lumière.

Arrivé à la place du Théâtre-Français, il prit la rue de Richelieu.

Soudain, il se remit à parler :

— L'homme est un singulier animal, en vérité... Au moment où j'étais bien sincèrement résolu à mourir, voilà que l'idée de recevoir une aumône m'a fait bondir. Où diable l'amour-propre va-t-il se nicher ?... Je suis donc encore quelqu'un, puisque ma fierté veille toujours. Qui sait s'il n'en est pas ainsi pour tous mes autres sentiments... Au fait, que me manque-t-il pour être comme tous les gens que je coudoie ? Un dîner, un paletot, un emploi... Évidemment, je serais semblable à tous ces gens qui vivent et qui tiennent à la vie. J'ai été trahi par ma femme... Eh bien, et eux ! Quel est celui qui n'a pas été trompé par sa femme ou par sa maîtresse.

Il se grisait peu à peu, et, tout en gesticulant, il déboucha sur le boulevard.

— En somme, ce qui me faisait penser au suicide, ce n'était que le besoin immédiat d'un morceau de pain et d'un gîte... C'est absurde... A coup sûr, il y en a beaucoup comme moi dans Paris. Ils trouvent ceux-là... Je ne suis pas adroit, voilà tout... Certes, voler ou mendier... C'est plus que je ne puis faire... Mais il y a autre chose... parbleu. N'ai-je pas vu des gens qui ramassaient les bouts de cigares, qui balayaient les rues, qui faisaient des courses... et mille autres métiers que j'ignore... Quoique ce soit pénible, on vit, que diable !... Jusqu'à présent, j'ai été trop difficile. Il faut savoir se plier aux situations extrêmes. Dans l'état où je suis tombé, il ne saurait m'arriver rien de pire. Je trouverai bien une place, si humble soit-elle. J'oublierai le passé ; mes espérances envolées me reviendront dès que mon âme sera plus calme, et je reprendrai goût à la vie... Et déjà, n'est-ce pas une douce chose que la reconnaissance que j'éprouve pour cette simple, pour cette bonne jeune fille, pour cette belle Geneviève. Allons, c'est dit, je vivrai encore. Je le dois. A trente ans, il y aurait lâcheté à ne pas lutter contre la mort. Holà ! vous autres, les misérables, les souffreteux, les désespérés, les crève-la-faim, ô vous, les très nombreux, place à un nouveau venu ! je veux un gîte et un morceau de pain !

Hagard et fiévreux, délirant presque, Jean Eyrolles, résolu à vivre, gravissait péniblement la rue des Martyrs.

## XXIV

### COMMENT IL EST PARFOIS DIFFICILE DE TROUVER UN GITE ET UN MORCEAU DE PAIN

Cependant l'exaltation morbide qui soutenait Jean Eyrolles ne fut pas de longue durée.

Surexcité par un flux de pensées extrêmes, il avait pu fournir une assez longue course, mais bientôt il sentit ses forces l'abandonner.

Parvenu en haut de la rue des Martyrs, le malheureux comprit qu'il ne pourrait aller plus loin.

Il était sur le boulevard extérieur. Avec peine il se traîna jusqu'au premier banc, et s'y laissa tomber lourdement, insoucieux de l'épaisse couche de neige dont le bois était recouvert.

Dès qu'il fut assis, un nouvel engourdissement l'envahit tout d'un coup, le laissant immobile, insensible, incapable de faire le moindre effort pour se soustraire aux dangers dont il n'avait plus conscience.

Il se trouvait, du reste, dans un état d'épuisement facile à comprendre.

Depuis un mois qu'il avait quitté la maison de la mère Martin, son existence avait été un problème.

N'ayant que quelques sous sur lui, en arrivant à Paris, il avait dû vendre son pardessus, afin de pouvoir manger les premiers jours.

Retourner chez lui, il ne le voulait pas, et, d'ailleurs, les créanciers de sa femme avaient dû s'emparer de tout.

Il se rendit à son bureau. On l'avait remplacé depuis longtemps, et même on le reçut fort mal.

Pendant deux semaines il se présenta inutilement dans plusieurs maisons de commerce, sans obtenir d'être occupé.

Le quinzième jour, il accepta une place d'homme de peine chez un droguiste de la rue des Lombards.

Mais, encore convalescent, le malheureux était trop faible pour résister aux fatigues d'un travail très pénible.

Le seizième jour, il dut garder le lit.

La semaine suivante, n'ayant pas un sou pour s'acheter du pain et ne possédant que sa légère redingote pour affronter les premières bises d'un hiver déjà rigoureux, il fut mis à la porte de l'hôtel garni qu'il habitait.

Depuis quatre jours, il errait dans Paris, grelottant de froid et de fièvre, en proie aux crampes horribles d'une faim atroce, et de plus, honteux, timide et effrayé à l'idée d'être emprisonné pour vagabondage.

Le pauvre homme avait des hallucinations affreuses : une immense désespérance avait enfin vaincu cette nature d'élite, et c'était avec une intention de suicide bien arrêtée que nous l'avons vu, sur le Pont-Neuf, raisonnant une dernière fois avec lucidité avant de quitter la vie.

Affaissé sur le banc où nous l'avons laissé, Jean Eyrolles eût certainement été trouvé mort le lendemain si deux gardiens de la paix n'étaient venus le secouer assez rudement au bout d'une demi-heure.

— Ohé ! jeune homme, ce n'est pas un endroit pour dormir.

— Pardon, messieurs, balbutia le malheureux épouvanté à la vue des agents, j'étais un peu fatigué.

— Allons, allons ! rentrez chez vous ; vous attraperiez du mal là-dessus.

— Oui, messieurs, oui... je vous remercie.

L'horreur que lui inspirait la perspective d'aller au poste, lui fit faire un suprême effort.

Péniblement, il se leva, et, glacé, mourant, il se dirigea vers les hauteurs de Montmartre.

— Pourtant je m'étais promis de lutter... Eh bien ! je marcherai tant que je pourrai.

Il marcha longtemps, aveuglé par la neige qui lui fouettait le visage, et trébuchant comme un homme ivre, s'arrêtant parfois pour reprendre haleine, et continuant sa route dès qu'une ombre se dessinait devant lui.

Parfois les gens qui le rencontraient disaient en passant :

— Encore un soûlard !

Jean Eyrolles essayait de sourire.

Il parvint jusqu'au haut de la butte, dans une petite rue absolument déserte.

Là il se sentit à bout de forces.

— Ma foi, je crois que c'est fini, pensa-t-il ; impossible d'aller plus loin.

Depuis quelques instants il longeait un mur. Or, près de l'endroit où il s'était arrêté, il aperçut une petite porte.

Il alla s'y adosser afin de se mettre un peu à l'abri du vent.

Mais la porte céda sous son poids, et il tomba à la renverse.

— Tiens, se dit-il, me voilà dans un jardin... Tant mieux !... je serai tranquille au moins jusqu'à demain matin.

A quelques pas de lui, il avisa une chétive cabane en planches.

Poussé par un vague espoir d'échapper à la neige et au froid, il chercha la porte et, l'ayant trouvée, il l'ouvrit sans peine.

— Je suis sauvé ! pensa-t-il.

A peine fut-il entré, qu'une odeur âcre et nauséabonde le saisit à la gorge ; mais, en même temps, il ressentit une douce impression de chaleur qui le ravit.

Puis, sentant grouiller entre ses jambes tout un petit monde :

— Bon ! une cabane à lapins.

Il s'affaissa, prêt à s'évanouir, lorsque, soudain, une voix retentit à son oreille, tout près de lui, dans les ténèbres.

— Qui va là ?

— Pardon ? je croyais qu'il n'y avait personne.

— Brigand ! canaille ! que viens-tu chercher ici ? lui cria le premier locataire, en l'empoignant par les épaules.

— Excusez-moi, j'ignorais... murmura Jean Eyrolles.

— Va-t'en, misérable !

— Ma foi, non ; je n'en ai plus la force.

— Va-t'en, te dis-je, ou je te flanque mon couteau dans le ventre.

— Faites... ne vous gênez pas...

Etonné de cette réponse insolite, l'inconnu lâcha Jean Eyrolles, et alluma une moitié de chandelle fixée contre le mur.

Alors la cabane présenta un curieux spectacle.

Au milieu d'une vingtaine de lapins, qui ne paraissaient, d'ailleurs, nullement surpris d'une compagnie extraordinaire, Jean Eyrolles, vêtu de noir, était étendu sur le fumier, les yeux luisants, claquant ses mâchoires et grelottant convulsivement.

Il était d'une pâleur effrayante.

Cependant il paraissait plongé dans une sorte de béatitude à cause de la chaleur qui régnait en ce lieu.

Penché sur lui, un petit vieux sans barbe, avec des restes de rouge et de blanc sur le visage, et affublé d'un costume de pitre, le contemplait d'un air méfiant.

— Qui êtes-vous ? Qu'est-ce que vous voulez ? demanda-t-il enfin...

— Laissez-moi… un peu ici, bégaya Jean Eyrolles, je suis bien…

Le saltimbanque se tut.

Ses sourcils se détendirent et son regard n'exprima bientôt que de la compassion.

Tout à coup, Jean Eyrolles se souleva sur son coude et se mit à manger avec avidité une carotte qu'il avait rencontrée sous sa main.

Lorsqu'il eut fini, il essaya d'en trouver d'autres dans la paille, et comme il allait en porter une seconde à sa bouche, le bateleur l'arrêta en disant :

— Eh ! là-bas, ma pauvre vieille, pas de bêtises, hein ! Si vous ne voulez pas crever d'indigestion cette nuit, je vous conseillle de laisser les carottes aux lapins.

Alors, lui tendant une grande sébile de bois où se trouvait un mélange de son et de pommes de terre cuites :

— Tenez, prenez plutôt un peu de ça. Ce n'est pas succulent, mais la plus belle fille du monde…

— Merci, dit Jean Eyrolles qui se mit à dévorer ce qui restait de ce plat étrange.

En le regardant manger, le vieux devint tout guilleret.

— Tudieu ! dit-il, il paraît qu'il vous faut la nourriture et le logement ! Mazette ! vous avez un fier appétit… Vos cheveux ont dû avoir le temps de pousser depuis votre dernier repas, hein ?…

Et voyant que Jean Eyrolles râclait la sébile vide avec ses ongles, il reprit :

— Il faut avouer que vous n'êtes pas difficile à nourrir… Mais, si vous voulez m'écouter, vous vous en tiendrez là… Quand on est resté longtemps sans dîner, il n'est pas sans danger de céder, outre mesure, aux sollicitations gustatives de sa bouche… Je sais cela par expérience.

Jean Eyrolles lui prit la main et la serra dans la sienne :

— Merci, dit-il ; une heure plus tard, je serais mort.

— Parbleu ! il est permis heureusement de n'être pas millionnaire... On a tort, évidemment, mais on n'est pas parfait. Or, entre gueux de bonne compagnie, on peut bien, sans déchoir, se rendre parfois service. Vous avez l'air d'un bon garçon, et si je vous ai fait, tout à l'heure, un accueil peu cérémonieux, c'est que vous avez négligé, par distraction sans doute, de vous faire annoncer. Néanmoins, si vous vous trouvez ici passablement, restez-y.

— Oh ! oui, j'y suis bien, et vous êtes un brave cœur.

— Heu ! heu !... Je ne vaux pas cher, allez, et ma réputation laisse beaucoup à désirer...

Puis, saluant d'une façon comique :

— Mouche-à-Miel, pour vous servir : clown, prestidigitateur, éleveur et dresseur de chiens, pitre, paillasse, compère rusé, et recéleur incomparable de coups de pied au derrière. Pour le moment, escamoteur sur les places publiques, où je réussis assez bien les tours de gobelets. Voilà pour l'artiste. Quant à l'homme, je suis bon enfant, mais godailleur, riboteur, séducteur et contemplateur. A part ça, honnête et pas décoré.

Jean Eyrolles le regardait sans comprendre ; accablé de lassitude, il fermait les yeux par instants.

— Ah ! oui, je vous demande pardon ; vous êtes fatigué et je bavarde. Eh bien, dormons... Au fait, comment êtes-vous entré ?

— La porte était ouverte, et...

— Je devine. Je devais être un peu gris hier au soir, et j'ai oublié de fermer. C'est impardonnable. Heureusement que les *sergos* ne se sont aperçus de rien.

Et se levant aussitôt, le petit vieux sortit de la cabane et alla fermer la porte.

Lorsqu'il revint, Jean Eyrolles dormait.

— Il va bien ! mon copain, dit Mouche-à-Miel en le considérant ; il dort déjà... a-t-il l'air assez éreinté, tout de même... D'ailleurs, rien qu'à sa mine, on voit que c'est un délicat et qu'il n'a pas l'habitude...

Ayant soufflé la chandelle, il s'étendit dans son coin, en murmurant :

— Dieu vous garde, messire.

Au dehors, la neige continuait à tomber et la bise devenait plus glaciale.

## XXV

OÙ MOUCHE-À-MIEL COMMENCE L'ÉDUCATION D'UN NOUVEAU

Vers six heures du matin, le vieux saltimbanque réveilla Jean Eyrolles.

Un peu de lumière filtrait à travers les planches mal jointes de la cabane.

Jean Eyrolles se frotta les yeux et dut réfléchir quelque temps avant de pouvoir se rendre compte de l'endroit où il se trouvait.

— Mon cher camarade, dit le pitre en réparant un peu le désordre de son costume grotesque, le soleil va se lever. Or, à mon grand regret, je me vois forcé d'interrompre votre sommeil.

— J'étais si bien !

— Puisqu'il faut tout avouer, sachez que cette modeste cabane ne m'appartient aucunement. Une nuit j'ai trouvé un moyen pour ouvrir la petite porte du jardin, et, les jours où je suis complètement à sec, — ce qui m'arrive assez souvent, du reste, — je viens demander l'hospitalité à ces braves lapins, qui n'ont jamais porté plainte. Grâce à ma délicatesse naturelle, les maîtres du lieu ne se sont encore douté de rien. Or, ce refuge est trop précieux pour qu'on risque de le perdre en s'abandonnant aux douceurs d'une grasse matinée. C'est pourquoi la prudence...

— Je comprends, monsieur, partons.

— Vous ne m'en voudrez pas ?

— Je vous serai toujours reconnaissant... Ces quelques heures de repos m'ont presque retrempé.

— Alors, filons.

Suivi de Jean Eyrolles, le vieux sortit de la cabane avec précaution, ouvrit la porte du jardin, s'assura que la rue était déserte, et dit :

— Vite, vite, tout va bien. Là, fermons la porte. A présent, regardez bien : Voyez-vous? Avec ce simple clou tordu, là, dans ce trou..., vous appuyez, et la porte s'ouvre. Cela peut encore vous servir.

— Je vous remercie.

— Mais de grâce, soyez prudent; sinon, nous aurions vite notre congé.

— Soyez tranquille.

— Vous plaît-il que nous fassions un bout de route ensemble?

— Avec plaisir.

— Aujourd'hui, je travaille sur le boulevard Rochechouart... Et vous? Qu'allez-vous faire?

— Je ne sais pas.

— Êtes-vous sûr de n'avoir pas le moindre crédit à la Banque de France?

— Aucun.

— Je dois donc en conclure que vous n'avez pas plus de ressources qu'un hareng n'a de breloques.

— Parfaitement.

— Bien... A coup sûr, c'est une vilaine maladie que vous avez là... Des tas de gens, il est vrai, vous ressemblent, et n'en sont pas plus fiers pour cela. Mais à la mine que vous faites, je devine que vous n'en avez pas encore l'habitude.

— C'est exact, monsieur, je ne me suis jamais trouvé dans une situation pareille.

— Je parie même que vous ne connaissez aucun moyen de vivre sans argent?

— Je l'avoue.

— Il y a pourtant beaucoup de nos honorables contemporains que cela n'embarrasse guère.

— Vraiment?

— Enfin, il ne s'agit pas de cela. De quelle façon allez-vous employer votre journée.

— Je vais chercher de l'ouvrage...

— Vous avez un métier?

— Non, mais j'ai reçu une bonne éducation.

— Diable! vous avez tout ce qu'il faut pour crever de faim; car vous devez avoir un fier appétit ce matin, après le léger festin de cette nuit...

— Oui, je suis déjà épuisé...

— Hum! je regrette d'ignorer encore comment je déjeunerai moi-même... Sans quoi, je vous aurais dit : Venez avec moi.

— Oh! monsieur.

— Moi je trouverai toujours; seulement, c'est moins facile pour vous... Voyons...

— Vous êtes trop bon de vous occuper de moi...

— Eh! mais, attendez donc... pourquoi n'iriez-vous pas déjeuner chez Brébant?

— Chez Brébant?...

— Oui, parbleu.

Jean Eyrolles le regardait avec stupeur, ne trouvant pas la force de rire de ce qu'il prenait pour une plaisanterie.

— Vous raillez, dit-il.

— Comment, je raille!... Ah! ça, vraiment, vous ignorez?... Au fait, cela se peut. Ah! mon cher, votre éducation est à refaire.

Le paillasse prit familièrement le bras de Jean Eyrolles, et les passants, qui devenaient plus nombreux à mesure qu'on avançait vers les boulevards extérieurs, se retournaient, étonnés par l'aspect de ce couple bizarre composé d'un homme pâle et sévère, vêtu de noir, donnant le bras au pitre guilleret dont le costume traditionnel était composé des couleurs les plus criardes.

— Écoutez-moi donc. Vous savez où est Brébant?

— Oui.

— Eh bien, allez-y tout de suite. Vous verrez à la porte un groupe de gens, vous vous mettrez à la queue, et vous attendrez. Vers huit heures ou huit heures et demie, la porte s'ouvrira et les garçons distribueront la soupe.

— Vous savez bien que je n'ai pas d'argent.

— Il n'en faut pas ; c'est gratuit.

— Ah! fort bien... c'est une aumône... fit Jean Eyrolles avec effort, pendant que la rougeur lui montait au front.

— Que voulez-vous ? reprit Mouche-à-Miel, la première fois... dame ! c'est embêtant... Mais il ne faut pas crever. Quand le ventre est tout à fait vide, l'orgueil le plus légitime ne suffit pas à le remplir.

— J'irai, dit résolument Jean Eyrolles.

— A la bonne heure ! dépêchez-vous donc ; vous serez plus tôt servi.

— Merci de vos bons conseils.

— Me voilà arrivé, moi. Je vais tâcher de gagner quelques sous aujourd'hui. A propos, si vous n'avez rien de mieux à faire, trouvez-vous donc un peu, vers cinq heures, à la porte Saint-Denis. Je vais vous dire... vous m'intéressez et... je n'ai pas grande confiance dans votre entregent... tandis que moi, je pourrais toujours vous indiquer quelques moyens... Vous comprenez ?...

— Merci, merci, dit Jean Eyrolles, en pressant affectueusement la main du pitre, j'y serai, je vous le promets. Au revoir.

— Bonne chance !

Et, tout ému de la bonté de ce pauvre diable qui n'avait de plus que lui que la science de la misère, Jean Eyrolles prit la rue Rochechouart, et se hâta, afin d'être servi l'un des premiers.

## XXVI

### LE BANQUET DES AFFAMÉS

En arrivant au coin du boulevard, Jean Eyrolles se sentit pris d'un tremblement nerveux, et son cœur battit violemment.

Là, sur le trottoir, près de la porte du fameux restaurant, une dizaine d'individus se tenaient groupés.

Cependant, malgré tout, il alla se mettre à la queue.

Il était horriblement pâle et n'osait lever les yeux.

La tête basse, se faisant tout petit, il se colla contre la devanture, essayant de se dissimuler derrière les autres.

Il sentait peser sur lui les regards étonnés de ses voisins, ce qui augmentait sa torture.

Vingt fois, il fut sur le point de s'élancer et de courir jusqu'à ce qu'il eût trouvé un endroit solitaire pour cacher sa honte ; mais l'idée qu'il n'avait aucun autre moyen d'échapper à la faim, le cloua sur place.

En effet, cette soupe promise était son dernier espoir, c'était la vie, c'était l'avenir.

Certes, plus que tout autre, il avait droit à cette aumône. Depuis quatre jours, il n'avait mangé que ce qu'il avait trouvé, la veille, dans la sébile du saltimbanque. D'ailleurs, il n'était pas seul.

A chaque instant, d'autres affamés venaient se joindre à lui.

Il n'osa les regarder.

Pour la plupart, c'était de pauvres diables vêtus d'une blouse, ou de loques sordides ; quelques-uns pourtant étaient presque propres. Ceux-là aussi paraissaient honteux et cherchaient à éviter les regards.

D'autres, au contraire, — des habitués, sans doute, — causaient, plaisantaient et semblaient être à l'aise autant que s'ils eussent été chez eux.

Il y avait là des vieux, des jeunes, des femmes même ; mais les vieillards étaient en majorité.

Jean Eyrolles avait beau se roidir contre les sentiments pénibles dont il était accablé, il comprenait qu'il faisait tache dans ce groupe de dépenaillés.

Lui, en effet, avec son chapeau de soie et sa redingote dont la coupe était convenable, il avait plutôt l'air d'un « monsieur » que d'un malheureux agonisant d'inanition.

Cela n'avait pas échappé à ses compagnons d'indigence, qui ne se gênaient pas pour exprimer tout haut leur opinion à ce sujet.

— Mazette ! disait l'un, on reçoit du beau monde ici.

— Plus que ça de chic, répliquait un autre.

— C'est peut-être un sous-préfet en disponibilité.

— Tiens ! il n'a pas mis ses gants.

— Si c'était un mouchard ?

— Il n'en a pas la tête. Regarde donc cette bille. Il a l'air d'être à confesse.

— Dame, il n'a sans doute pas l'habitude.

— Pardine ! on n'en mène pas large quand on vient ici pour la première fois.

— Moi, je ne savais où me fourrer, et ça me coupa l'appétit.

— Voilà qui m'est égal, dit un gros homme en houppelande marron ; je ne trouve rien de plus chic que mon déjeuner du matin, là, en plein air. Il me semble que je suis à la campagne.

— Oh ! toi, on sait que tu es une vieille ficelle. Il y a au moins huit ans que tu vis de cette façon, et tu engraisses. Quand tu as fini ici, tu vas t'attabler à la porte des casernes.

— Comment ? On donne aussi quelque chose à la porte des casernes ?

— Oui, à l'heure de la soupe, on distribue des gamelles ; seulement, c'est moins huppé qu'ici.

— C'est toujours bon à savoir.

— Oh ! oh ! voilà huit heures qui sonnent. Ça ne va pas tarder.

— Enfin, ça va nous réchauffer.

— Brrou !... c'est qu'il fait froid ; cette neige qui fond m'agace la plante des pieds.

Il y eut un long silence.

Chacun soufflant dans ses doigts, battant de la semelle, jetant de fréquents regards vers la porte du restaurant, attendait avec impatience l'apparition de la grande marmite.

Seul, Jean Eyrolles voyait s'approcher le moment avec angoisse.

Oserait-il manger devant tout ce monde ? Et les passants qui le verraient ! Sa misère n'attirait-elle pas déjà l'attention de tous les badauds...

Pourtant il avait terriblement faim.

Le chœur des affamés recommença.

— Dis donc, il me semble que le cuisinier est en retard.

— Il faudra le changer.

— Jasmin ? Lafleur ? servez !

— Allons, maroufles ! plus vite que ça.

— Le dîner de M. le comte.

— Voilà, voilà, boum !

— Vous n'allez pas vous taire, vous autres ?

— Ce n'est pas la peine de faire du boucan ici. C'est déjà bien joli qu'on vous donne à becqueter.

— Le fait est que le patron est un bon diable. Voilà

déjà une dizaine d'années qu'il a eu cette excellente idée
de donner à manger aux malheureux. Eh bien, çà,
voyez-vous, je trouve que c'est très bien.

— J'en connais pas mal qui seraient morts de faim
sans lui.

— Dame, il est riche !

— Qu'est-ce que ça prouve ? Il y en a bien d'autres
qui sont bien riches et qui ne font rien du tout. Il ne
nous doit rien, cet homme.

— Silence ! Voilà le premier service.

— Chut ! chut !

Tout le monde se tut.

Un garçon venait d'apporter une table sur laquelle il
disposa une dizaine de bols et des cuillers. Presque
aussitôt un aide cuisinier parut, chargé d'une grande
casserolle remplie d'une soupe fumante.

Chacun écarquilla les narines pour aspirer la bonne
odeur.

Les yeux brillèrent.

Les mains se tendirent.

En moins d'une minute, sept ou huit convives se
trouvèrent munis d'un bol plein et d'une cuiller.

Deux seulement pouvaient manger sur la table, les
autres se tenaient à côté.

Jean Eyrolles fut de la deuxième fournée.

Quand le garçon lui présenta son bol et sa cuiller,
ses yeux se voilèrent et il se mit à trembler si violemment, qu'il renversa une partie du bouillon.

Le malheureux paraissait si embarrassé que le
garçon, ému de pitié, lui prit le bol des mains et lui fit
faire une place à la table.

— Tenez, mangez là, vous serez mieux.

Jean Eyrolles étouffait ; de grosses perles de sueur
perlaient sur son front. Hagard, affolé, il se décida
enfin... Vivement, maladroitement, il plongea la cuiller
dans le bol et la porta à sa bouche.

Alors, pour tous ceux qui le regardaient, ce fut un spectacle navrant.

Le pauvre homme ne put avaler cette première cuillerée.

Il porta la main à sa gorge comme si quelque chose l'étranglait...

Puis, tout à coup, un sanglot horrible, ou plutôt un rugissement de désespoir s'échappa de sa poitrine, pendant que deux ruisseaux de larmes coulaient le long de ses joues contractées !

Brusquement il jeta la cuiller, et, toujours sanglotant et hurlant, il bondit comme un fou et disparut bientôt dans la rue Montmartre.

## XXVII

### OU IL EST QUESTION D'UN MARIAGE RICHE

Une heure après, Jean Eyrolles errait dans la rue du Faubourg-Saint-Honoré.

Il allait, revenait, toujours marchant, avec des pesanteurs dans la tête, des éblouissements devant les yeux. Il tournait sur lui-même avec égarement, comme une bête fauve traquée de toutes parts.

Il s'étonnait seulement de la persistance de sa vitalité. Comment n'était-il pas déjà mort ?

Tout à l'heure, il était entré dans un corridor obscur où, pendant quelques minutes, il avait pleuré affreusement. Cela ne lui était guère arrivé depuis qu'il était un homme.

La souffrance avait été si intense que son âme lui avait paru s'échapper.

Maintenant, ses paupières étaient cuisantes, et ses yeux rougis lui faisaient mal.

Brusquement, il se trouva au milieu d'une foule.

Il était devant l'église Saint-Philippe du Roule. De nombreux équipages bordaient le trottoir. L'affluence des curieux était grande car il s'agissait d'un mariage superbe.

Ne pouvant passer, Jean Eyrolles s'arrêta machinalement.

Autour de lui, on parlait. Il entendait vaguement, sans comprendre.

Un gros homme blond, en livrée, interpella le cocher, qui trônait majestueusement sur le siège de la première voiture attelée de deux chevaux blancs.

— Tiens, le père Louis ! Tu es donc de la noce, toi ?

— Comme tu vois, mon gros ; je débute dans la maison par un mariage.

— Ça promet d'être gai. Comment s'appelle donc ton nouveau maître ?

— Le comte de Mallegardes.

— Le comte de Mallegardes ?... Connais pas.

— Parbleu, il n'y a que deux mois qu'il est à Paris. Mais, tu sais, une grande famille. D'ailleurs, ajouta-t-il en indiquant les voitures armoriées, tu vois que le noble faubourg s'est fait représenter.

— Oui, oui, en effet. Et la mariée ?

— Une demoiselle de Sérignan, excellente noblesse aussi, belle comme le jour, mais pauvre, je crois.

— Et le comte ?

— Oh ! le comte de Mallegardes est immensément riche.

— Y a-t-il des gens heureux, tout de même ?

Jean Eyrolles, agacé par ce bavardage, qui lui faisait sentir plus amèrement sa pénible situation, sortit de la foule et revint sur ses pas.

Arrivé à l'église de la Madeleine, il en fit le tour, et, s'adossant à la grille, il regarda devant lui avec hébétation.

A quelques pas, il vit des êtres dépenaillés. Quelques-uns déchargeaient un tombereau, où se trouvaient entassés des balais, des râteaux, des pelles.

Au bout d'un moment, tous ces individus, munis d'un instrument quelconque, s'éloignèrent sous la conduite d'un chef à la mine dure et refrognée.

— Je comprends, murmura-t-il ; ils vont enlever la neige...

Un peu après, il reprit :

— Ils gagnent de l'argent, ces gens-là...

Plusieurs fois il répéta cette phrase.

Tout à coup, il se dirigea vers un homme à casquette galonnée qui se tenait près de la voiture, et, saluant très bas, il lui dit d'une voix tremblante :

— Par grâce, monsieur, ne pourriez-vous m'employer aussi pour déblayer les rues ?

L'homme le toisa d'un regard, et bien qu'étonné de le voir ainsi vêtu, il lui répondit :

— Pourquoi pas ?

— Cela ne saurait être difficile, n'est-ce pas, monsieur ? d'ailleurs, je ferai tous mes efforts...

— Tant mieux, si vous y mettez de la bonne volonté, car, par ces temps de neige, nous sommes obligés de prendre n'importe qui.

— Alors, je peux commencer.

— Oui ; l'escouade est prête à partir. Nous allons faire la place de l'Opéra. Vous savez le prix ?

— Non, monsieur.

— C'est six sous l'heure. Ça vous va-t-il ?

— Parfaitement, monsieur.

— Un drôle de balayeur... murmura le chef d'escouade.

Puis, lui tendant un long balai de crin.

— Tenez, reprit-il, voilà votre pinceau. Allons ! en route, vous autres.

Jean Eyrolles suivit.

Quelques minutes après, il était à l'œuvre. La besogne était facile. Il devait pousser la boue, régulièrement, sur une ligne qu'on lui avait indiquée. Rien de plus simple.

Aucun de ses compagnons ne montrait plus de zèle.

Loin de se trouver humilié, il était presque joyeux, cette fois. Il travaillait, et on allait lui payer son travail. Il pourrait manger avec de l'argent gagné par lui.

Une seule chose l'inquiétait : sa faiblesse était encore grande. Il s'essoufflait bien vite et la sueur lui coulait par tout le corps.

Mais bah ! ne lui suffisait-il pas de persister pendant trois heures pour avoir droit à dix-huit sous ?

Certes, cela lui était bien égal qu'on le remarquât ! Que lui importait !

Du reste, il n'avait pas le temps de regarder autour de lui. Il travaillait, voilà tout.

Cependant, il était près de dix heures. La foule commençait à envahir les boulevards, et ce n'était pas sans surprise que les passants voyaient cet homme, vêtu de noir et coiffé d'un chapeau élégant, faire métier de balayeur.

Quelques flâneurs crurent devoir stationner, et, par la vertu contagieuse de la badauderie, bientôt il se forma un groupe qui ne cessa de s'augmenter.

Chacun faisait des conjectures et donnait son opinion.

— C'est un pari, certainement, disaient les uns.

— Ne serait-ce pas plutôt un simple farceur, répondaient d'autres.

— En ce cas il va nous faire rire.

— Tout à l'heure, il rira plus que nous en s'esquivant dans son carrosse armorié.

— Si c'était pourtant un malheureux talonné par la faim !...

— Qui sait ?

— Laissez donc ! c'est de la pose.

— Moi, je gage, conclut un loustic, que c'est un sénateur à qui son médecin a prescrit un peu d'exercice.

Trente personnes s'étant arrêtées, trois cents autres, selon la règle, ne purent se dispenser d'apporter aussi le tribut dérisoire de leur morne curiosité.

Les gardiens de la paix s'émurent.

De tous côtés, ils affluèrent pour s'enquérir de l'objet de ce rassemblement.

La conséquence rigoureuse de cette intervention fut de grossir encore l'attroupement.

On voulait voir et savoir la conclusion de l'incident.

Les représentants de l'autorité furent bien obligés de remonter jusqu'à la cause.

Aussitôt, le chef d'escouade fut appelé, et ordre lui fut donné de se priver du personnage vêtu si correctement ou de lui procurer l'ajustement de sa condition.

Le surveillant, à casquette galonnée, dut signifier cette décision à Jean Eyrolles, qui pataugeait dans la boue, travaillant toujours avec ardeur.

Il lui mit six sous dans la main, et l'invita à aller se nipper autrement s'il tenait à poursuivre sa nouvelle carrière.

Jean Eyrolles ne vit qu'alors la foule puérile et niaise qui le regardait. Il comprit et eut un geste de découragement.

Il serra les six sous dans sa main et partit.

— Badauds stupides! murmura-t-il... N'importe! j'ai du pain.

## XXVIII

### ENCORE UNE ÉTUDE PHILOSOPHIQUE PRATIQUE A L'USAGE DES PAUVRES.

Avec les six sous qu'il venait de gagner, Jean Eyrolles acheta pour deux sous de pain et but un demi-setier de vin.

Chose curieuse : il eut de la peine à manger son morceau de pain, et son demi-setier le grisa.

A peine eut-il vidé son verre, qu'un sommeil accablant s'empara de lui. De chauds effluves parcouraient son corps et alourdissaient sa tête.

Installé dans le coin le plus sombre de la boutique d'un marchand de vin, il laissa aller sa tête contre la muraille et s'endormit profondément.

Vu son costume, le garçon n'osa le réveiller qu'au bout d'une heure.

Jean Eyrolles donna ses gros sous, toute sa fortune, et sortit.

Il éprouvait cette sensation de bien-être qui résulte d'un bon dîner. Il se sentait plein de vigueur et de courage, et même, l'expression honteuse qu'il avait sur son visage depuis quelques jours, avait disparu.

Alerte, il arpentait la rue d'Aboukir, regardant les passants, marchant comme tout le monde, oubliant enfin qu'il était un être anormal dans la société.

Surexcitée par le mouvement qu'il se donnait, son imagination fut encore induite à raisonner sur son état, mais avec cette abstraction de soi, qui est le propre de tout raisonnement purement philosophique.

— Pardieu, me voilà tout autre ! Je lève gaillardement la tête et, sous mes pieds, cette boue me paraît moelleuse comme un tapis d'Aubusson.

Il est midi, il fait un soleil magnifique : les passants que je coudoie me semblent inoffensifs, et les Parisiennes sont, ma foi, fort gentilles aujourd'hui. Comment ne me suis-je pas aperçu de tout cela hier ? Ah ! voilà, j'ai mangé un morceau de pain, et cet empoisonneur m'a versé un liquide violâtre qui m'a grisé. Je sortirais de la Maison d'Or, que je ne serais pas plus exubérant. Eh quoi ! faut-il si peu de chose pour faire d'un cadavre un homme. En vérité, je suis très dispos, moralement et physiquement.

Il s'arrêta devant la boutique d'un miroitier, refit le nœud de sa cravate, passa la main dans ses cheveux, rajusta ses vêtements et lustra son chapeau.

— Bien que ma barbe n'ait pas été faite depuis si longtemps, je n'ai plus si mauvais air. Dieu me pardonne ! j'ai des couleurs, mes yeux sont pleins de feu, et mon nez n'est plus si rouge.

Il se remit à marcher.

— Il ne serait pas sans intérêt de déterminer à quel moment, un homme — qui jusque-là n'a commis aucune action honteuse, — peut raisonnablement désespérer de la vie... Tiens ! une jeune fille m'a regardé, assez tendrement, ma foi. Je suis donc encore quelqu'un ?... Ce monsieur qui m'a heurté, par mégarde, vient de me demander pardon, comme si j'avais des moyens d'existence. C'est la phrase consacrée. Un homme ne fait partie de la société qu'à la condition d'avoir de quoi vivre.

« Il paraît même qu'il y a des articles dans le code qui punissent les gens sans feu ni lieu. Conclusion : les gens qui souffrent sont dangereux. Au fait, c'est inévitable : dans l'intérêt de sa conservation, la société

égoïste et prévoyante, se méfiant de ceux qui ont faim,
qui ont froid et qui manquent de gîte, doit les enfer-
mer comme des chiens enragés. Quoique je ne sois pas
un utopiste, il me semble parfois qu'il y a mieux à
faire.

» Néanmoins, par suite de l'infériorité intellectuelle
et morale des classes dirigeantes, n'est-il pas naturel
qu'on se défie de l'honnête homme sans ressources,
et qu'on accueille fraternellement l'exploiteur enrichi ?
Ce mode de sensation est si constitutionnel, que je
me souviens parfaitement de l'avoir éprouvé moi-
même, à l'époque où j'étais à l'aise ; — vraiment, je
me le rappelle — les déguenillés m'inspiraient un
vague sentiment d'éloignement, mêlé d'effroi. »

A ce moment, son regard fut attiré par une grande
enseigne rouge où l'on voyait ces mots : Bureau de placement pour les deux sexes.

— Comment n'y ai-je point pensé plus tôt ? se dit
Jean Eyrolles.

Un instant après, il pénétrait dans une sombre pièce
absolument dépourvue de meubles, où se trouvaient
déjà une vingtaine de personnes, installées sur des
bancs.

Un jeune garçon lui demanda ce qu'il désirait.

— Je cherche un emploi, dit Jean Eyrolles.

— C'est bon ! attendez votre tour, fit le gamin en lui
tournant le dos avec impertinence.

Jean Eyrolles prit place sur un banc, et attendit.

Il attendit pendant une heure.

Enfin, le petit drôle l'introduisit dans une seconde
pièce où se trouvait un vieux bonhomme, coiffé d'une
toque en velours, qui feuilletait des registres placés sur
un bureau poudreux.

— Que voulez-vous ? demanda le vieux d'une voix
glapissante.

— Un emploi,

— De quel genre ?

— Peu importe, je ne suis pas exigeant.

— Ce n'est pas la question... voyons, on me demande
des domestiques, des valets de pieds, des...

— Oh! non, pas cela, monsieur.

— Comment! pas cela? Que savez-vous donc faire,
et d'où sortez-vous ?

— J'ai été employé aux écritures dans un bureau.

— Tant pis, monsieur, car les employés aux écritures
ne sont guère demandés.  Ces sortes de fonctions ne se
trouvent que par connaissance.

— Alors, monsieur, placez-moi comme homme de
peine, comme garçon de bureau, que sais-je ? Toute
espèce de travail me sera bon, excepté domestique.

— Enfin, on verra... Hum ! C'est cinq francs.

— Cinq francs ?

— Oui, pour nos premiers frais. Ils seront réduits
sur nos honoraires. Vous ne pensez pas que je travaille
pour rien ?

— Sans doute. Mais, c'est que... je n'ai pas d'argent.

La physionomie du vieux se rembrunit tout à fait.

— En ce cas, je ne vous promets rien... Passez de
temps en temps ; s'il se présente quelque chose, je
vous le dirai.

— Bien, monsieur.

— Votre nom ?

— Jean Eyrolles.

— Votre adresse ?

— Mon adresse ?

— Eh ! oui, dépêchez-vous.

A cette demande, le malheureux se troubla complètement. L'idée de donner une fausse adresse ne lui vint
même pas. Il bégaya quelques mots sans suite, salua
et sortit brusquement.

Ses pensées devenaient plus sombres.

— Dans la situation où je me trouve, les difficultés
s'enchaînent, l'une est la conséquence de l'autre : si

13

vous n'avez ceci, vous ne pouvez avoir cela, et *vice versa*.
C'est un cercle vicieux. Pour avoir une place il me faudrait cent sous et un domicile, et si je n'ai pas de place
comment puis-je avoir de l'argent et un gîte ?

Il me semble que je suis au fond d'un gouffre, le
gouffre-misère. Loin d'offrir leur aide, les heureux qui
sont en haut frappent du talon celui qui tente de sortir.

Jean Eyrolles se passa la main sur le front.

— En somme, pourquoi me découragerais-je ? Je me
débattrai, que diable ! Il y a encore de la neige à enlever. Seulement, il me faudrait une blouse. Comment me
la procurer ? Je puis vendre ma redingote, parbleu !
Sans doute ; mais après, obtiendrai-je une place, si je
me sépare de ce vêtement ? Malgré tout, ma mise est
décente encore. Voyons, je deviens fou, moi, avec ces
effrayants problèmes. Est-ce donc si difficile de vivre ?

Il marcha longtemps, au hasard, sans but, avec le
vague espoir de saisir ce hasard qui devait lui permettre de redevenir un homme.

Les forces factices que lui avait procurées son
maigre repas s'éteignirent peu à peu. Bientôt un
extrême abattement l'envahit.

Comme cinq heures allaient sonner, il se souvint
que le saltimbanque lui avait donné un rendez-vous à
la porte Saint-Denis.

Il y alla.

## XXIX

LE ROSSIGNOL-DE-TOULOUSE ENTRE UN HOMME ROUGE ET UN HOMME NOIR.

Un homme brun, gros, court, jovial et sans barbe, causait avec Mouche-à-Miel devant la station d'omnibus de la porte Saint-Denis, lorsque Jean Eyrolles arriva.

— Un ami, dit le saltimbanque, présentant Jean Eyrolles qui murmura :

— Monsieur...

— M. de Saint-Félix, continua le pitre, désignant l'homme brun, surnommé le Rossignol-de-Toulouse, ténor d'opéra, le tombeau des chanteurs.

— Actuellement sans engagement, acheva Saint-Félix, qui esquissa aussitôt une série de roulades avec des enchevêtrements de tons du goût le plus douteux.

Il termina sur un *la* dièze en voix mixte qui lui valut l'honneur d'être remarqué par toutes les dames qui attendaient l'omnibus.

Le Rossignol-de-Toulouse cligna de l'œil et sourit comme à un troisième rappel.

— C'est un artiste, dirent les gens qui passaient, avec cette variété d'intonations qui indique combien les opinions du monde sont diverses au sujet de cette profession.

— Allons, tais-toi, dit le pitre ; n'éraille pas sans profit ton diamant au milieu de cette foule inoffensive et non prévenue. L'heure des palmes n'a pas encore sonné, tandis que celle du dîner est proche.

— Tu as raison, mon cher, répondit le ténor de la Garonne en fouillant dans son gousset. Pensons au dîner. Tiens, j'ai oublié ma montre !

Cette dernière exclamation était une manie bizarre du chanteur qui la répétait de quinze à vingt fois par jour. Elle était devenue proverbiale, et ses camarades, — quand ils *cassaient du sucre*, — avaient coutume de dire : Oh ! la vertu de la petite chose... ou : le bien, le talent d'un tel, c'est comme la montre à Saint-Félix, on en parle toujours, on ne la voit jamais.

Le fait est que le malheureux ténor n'avait jamais eu la moindre montre, et que sa plus chère ambition avait toujours été d'en posséder une...

— Malheureusement ses succès au théâtre n'avaient jamais été confirmés par des preuves suffisamment matérielles pour lui permettre le luxe d'une montre.

Le pauvre ténor, toujours coiffé d'un chapeau pointu, tel qu'on en portait sous la Convention, vêtu d'une longue redingote marron avec col, revers et parements en velours, culotté d'un collant gris perle, terminé par des bottes à revers, n'attirait l'attention du public que par sa mise extraordinaire.

Une volumineuse cravate de femme, en mousseline, et des manchettes plissées lui tenaient lieu de chemise.

— Heureusement que nous ne sommes pas loin du Nègre, dit Mouche à miel, regardez : son ventre marque cinq heures et demie.

— Le mien marque au moins une heure de plus, dit le ténor. Allons dîner.

— Allons dîner, répéta le pitre.

— Allons ! dit machinalement Jean Eyrolles.

Alors, entre ces trois hommes d'aspect si différent, et presque inconnus l'un à l'autre, il se passa une scène muette et curieuse quoique insaisissable pour quiconque les eût observés.

Sans faire un mouvement, ces hommes s'examinèrent entre eux, s'interrogeant du regard sans se répondre, chacun ayant l'air de ne point comprendre.

Enfin, le Rossignol-de-Toulouse, plus autorisé ou plus audacieux, demanda :

— Où allons-nous?

— Peuh!... je ne sais pas, dit Mouche-à-Miel avec indifférence.

Jean Eyrolles se tint coi.

Le ténor eut une petite toux, suivie d'un silence, pendant lequel il donna de légers coups sur sa botte avec un petit jonc qu'il avait a la main.

Tout à coup il releva la tête.

— Si nous rendions visite à la mère Gambille ?

— C'est une idée ! s'écria Mouche-à-Miel, il y a long-temps que je ne l'ai vue, cette pauvre vieille !

— Hein, qu'en dites-vous ?

— En route !

Tout joyeux, l'exubérant chanteur poussa deux ou trois notes excessivement élevées, et prenant le bras de Mouche-à-Miel et de Jean Eyrolles, il les entraîna rapi-dement sur le boulevard Sébastopol.

Il riait, toussait, crachait, essayait un trille, parlait haut, s'interrompait et changeait de conversation à tout moment :

— En vérité, mes très chers, la vie est une chose drôle! Qu'est-ce, en réalité? une longue comédie. Le principal, c'est d'avoir un bon rôle. Tenez, en ce mo-ment, il me semble que je suis en scene, dans une pièce très comique.

S'adressant à Jean Eyrolles :

— Par exemple, mon cher monsieur, je dois vous prévenir que ce n'est pas très beau chez la mère Gam-bille. Cependant, quoique cela ne ressemble en rien au café Anglais, du moins, on y a toutes ses aises. N'est-ce pas, Mouche-à-Miel?

Tout en devisant de la sorte, les trois hommes avaient suivi le boulevard Sébastopol, la rue de Ram-buteau et la rue Saint-Martin. Finalement, ils s'étaient

engagés dans la rue Maubuée, la plus sale et la plus
puante de ce vieux quartier Saint-Merry, où les vilaines
rues abondent.

Les pavés semblent enchâssés dans la poix, les ruisseaux charrient des liquides visqueux; les maisons, iné-
gales, bossuées, lézardées, rapiécées, se joignent et
s'écrasent, ouvrant leurs mille fenêtres, comme des
trous de souris malpropres, les murs sont enfumés et
les boutiques si noires, si débraillées, qu'elles paraissent
ne contenir que du charbon et des guenilles.

La rue tout entière a l'air d'un immense tas d'im-
mondices, où l'on sent grouiller des êtres blafards,
ignorant l'espace, l'air et le soleil.

Trois fois maudit le misérable qui vit là.

La poitrine rétrécie, les poumons atrophiés, la peau
couleur de plâtre humide, et les yeux cernés de bistre,
le malheureux prend l'aspect du milieu où il se meut,
triste harmonie des choses et des êtres qui finissent
pas se ressembler.

S'il ouvre sa fenêtre, c'est sur un égout; s'il la ferme,
il est dans un cachot; s'il sort, il patauge dans la
boue.

Dans ce sombre cloaque, la jeunesse et la beauté
n'existent pas.

Les enfants qui jouent sur le trottoir ne sont ni
roses ni charmants; les jeunes filles qui travaillent dans
les ateliers ne sont ni fraîches ni gracieuses.

La misère couvre tout de sa grise uniformité.

## XXX

### UNE PARTIE DE PIQUET

Vers le milieu de cette horrible rue, les trois hommes s'arrêtèrent.

Là, en face d'un marchand de chiffons et de peaux de lapins, se trouvait la gargote de la mère Gambille, qui avait pour enseigne : *A la grande marmite.*

Au-dessus de l'allée sombre qui s'ouvrait à côté de la boutique, était un tambour vitré, éclairé par un bec de gaz, et où se lisaient ces mots :

« *Ici, on loge à la nuit.* »

Le ténor passa le premier, suivi de ses deux compagnons.

Ils s'installèrent à une table dressée précisément devant le comptoir.

Entrer dans une gargote et demander à dîner, quoi de plus simple !

Cependant, les trois convives sentirent leur cœur battre avec violence.

Un homme, en tablier bleu, les manches retroussées, une serviette à la main, s'avança, et, d'une très petite voix de tête, sussura :

— Que désirent ces messieurs ?

— A dîner, parbleu ! fit le Rossignol-de-Toulouse, esquissant une gamme.

— Voilà, messieurs : — potage au vermicelle ?

— Va pour le vermicelle.

— Trois vermicelles, trois ! cria le gargotier, en disposant les trois couverts.

— Quel vin ?

— Donnez-nous d'abord un litre... nous verrons tout à l'heure.

Un instant après, le potage fumait dans les assiettes, et le litre trônait au milieu de la table.

L'homme au tablier d'azur demanda :

— Mangerez-vous un ragoût de mouton ?...

— Du ragoût... hein ?... Qu'en dites-vous ?

— Pourquoi pas ?... Avec beaucoup de pommes de terre.

— Allez-y ; trois ragoûts.

— Trois ragoûts, trois ! scanda l'officieux tavernier, qui disparut encore par la petite porte du fond menant à la cuisine.

— Il est très poli, ce garçon, dit Saint-Félix, qui appréciait les égards.

— Ce potage est délicieux, nasilla Mouche-à-Miel, moins sensible aux séductions de l'étiquette.

— Comment se fait-il que la mère Gambille ne soit pas à son comptoir ?

— Elle ne tardera sans doute pas à nous honorer de sa présence.

— A vrai dire, reprit le ténor, j'aime mieux ne lui offrir mes hommages qu'après le dessert. J'ai même des raisons pour cela.

Seul, Jean Eyrolles n'avait rien dit.

Un point délicat l'embarrassait. Les choses s'étaient passées de telle façon, qu'il ne savait vraiment pas lequel de ses deux compagnons était l'amphitryon.

Quoiqu'il ne les connût guère plus l'un que l'autre, il aurait préféré être l'hôte du saltimbanque, pour lequel il se sentait déjà une véritable sympathie.

D'autre part, n'avait-il pas été indiscret, en acceptant ainsi sans façon, car — il fallait bien le reconnaître — il ne s'était pas du tout fait prier.

N'allait-il pas passer pour un vulgaire pique-assiette?

Plein d'irrésolution, il tournait et retournait sa cuillère, n'osant manger, avant de s'être informé du moins à qui il était redevable de cette invitation.

Mais comment aborder cette question délicate, alors que devant lui s'étalait son potage?

C'était absurde.

En vérité, lui était-il possible encore de refuser?

Néanmoins, il souffrait beaucoup et restait indécis.

Un mot cordial de Mouche-à-Miel vint le tirer de cette perplexité :

— Eh bien! ami, mangez donc.

— Qu'attendez-vous? ajouta Saint-Félix; c'est très bon, je vous assure.

— Oui, oui... balbutia Jean Eyrolles, je vais vous rattraper.

Il mangea.

Mouche-à-Miel emplit les verres, on trinqua et l'on but.

— Messieurs, voici le ragoût, déclama le gargotier en déposant un plat de pommes de terre où vagabondaient de rares morceaux de viande.

— Morbleu! le mets est engageant, s'écria le pitre... Permettez que je vous serve.

— Garçon, hasarda le ténor qui semblait soucieux, ne verrons-nous pas cette chère patronne?

— En ce moment, monsieur, elle surveille le rosbif, et ne sera là que dans quelques minutes.

— A la bonne heure, dit Saint-Félix, dont le visage enfin s'épanouit.

— Alors, reprit-il, donnez-nous une bouteille à cachet vert, et, de plus, veuillez nous apporter trois tranches de ce fameux rosbif.

— Bien, monsieur.

Le ragoût disparut en un clin d'œil.

Peu à peu, le front de Jean Eyrolles s'éclaircissait.

Son maigre déjeuner n'avait servi qu'à stimuler son appétit et qu'à préparer son estomac à de plus substantielles jouissances.

Un verre de bordeaux acheva de l'égayer.

Il oublia tout; il se prit à causer et à rire avec ses compagnons, qui avaient, en somme, d'excellentes natures.

L'homme au tablier bleu apporta le rosbif. Derrière lui entra une femme, que le lecteur connaît déjà.

C'était la Canorgue, la servante de cette pauvre demoiselle Angélique de Sérignan, morte si misérablement sur un banc du boulevard.

A la grande surprise de Mouche-à-Miel et du Rossignol toulousain, elle alla s'installer au comptoir, non sans darder étrangement ses larges yeux noirs sur Jean Eyrolles qui lui faisait face.

— Garçon! appela le ténor.

— Monsieur?

— Quelle est donc cette dame?

— C'est la patronne, mon épouse, dit l'homme au tablier, avec un ton de froide dignité.

— La patronne! exclama Mouche-à-Miel.

— Comment!... bégaya le Gascon; alors... M<sup>me</sup> Gambille n'est plus...

— Non, monsieur; il y a un mois qu'elle nous a vendu sa maison, et qu'elle est retournée dans son pays.

— Diable! diable! grommela Saint-Félix au comble de l'effarement.

— Je m'appelle Arsène, reprit le gargotier, et j'ose espérer que vous serez aussi satisfaits de mon service que de celui de M<sup>me</sup> Gambille.

Le Rossignol-de-Toulouse échangea un regard avec le pitre; puis il reporta les yeux sur Jean Eyrolles qui était en train de faire disparaître le rosbif avec une louable rapidité.

Enfin le ténor se passa la main sur le front comme

pour en chasser une pensée pénible, et, faisant un geste d'insouciance, il dit presque gaiement :

— Monsieur Arsène, nous sommes déjà très contents, et, si vous tenez à vous concilier tout à fait notre bienveillance, veuillez nous apporter deux autres bouteilles de vieux vin, que nous dégusterons pendant que vous nous préparerez la salade et le dessert.

— Ventre-saint-gris ! murmura Mouche-à-Miel avec un soupir de satisfaction, il faut que mon Gascon ait fait un héritage.

Le dîner s'acheva avec beaucoup plus d'entrain qu'il n'avait commencé.

Chacun racontait son histoire.

Saint-Félix ne tarissait pas. En véritable enfant des bords de la Garonne, il noyait ses propos sous un déluge d'amplifications, dont l'invraisemblance touchait à la folie.

Le pitre, lui, joignait à sa faconde professionnelle une jovialité de bon goût et une honnêteté de sentiments qui faisaient de lui le plus charmant convive.

Quant à Jean Eyrolles, qu'une longue abstinence rendait incapable de supporter les vins capiteux de la gargote, il se trouva au dessert complètement grisé, de sorte que bientôt, oubliant les douleurs récentes, les difficultés actuelles et les dangers prochains, insoucieux du lieu et des auditeurs, il se livra, lui aussi, à toute la fougue de son tempérament enthousiaste, et remplit d'admiration le public assez vulgaire qui peuplait le cabaret.

La Canorgue, non plus, n'était point indifférente.

Immobile, attentive, subjuguée, elle ne perdait pas une parole des improvisations de Jean Eyrolles.

Malgré son ignorance et la sauvagerie de ses mœurs, la Provençale était naturellement sensible à la distinction des manières, à l'éloquence du langage, à la délicatesse des pensées.

D'ailleurs, la tenue et la conversation des êtres,

qu'elle avait coutume de voir, étaient d'une trivialité telle que Jean Eyrolles lui apparut, sans peine, comme l'idéal de la perfection.

Ces messieurs prirent du café, et demandèrent des cigares.

Après quoi, ils s'offrirent un bol de punch, et le savourèrent.

L'horloge sonna neuf heures.

A ce moment, une sombre idée vint rembrunir la physionomie du ténor.

Après quelques secondes d'indécision, il saisit résolument le bras de Mouche-à-Miel, qui pérorait, debout, d'une façon burlesque, prodiguant les plus brillantes saillies de son répertoire, et le fit rasseoir.

Sur un signe, les trois têtes se rapprochèrent, et, d'une voix très basse, le Rossignol-de-Toulouse murmura :

— Avez-vous de l'argent, vous autres ?

— Non, dit Jean Eyrolles.

— J'ai huit sous, fit le pitre.

— Moi, je n'ai rien, signifia le chanteur.

— Diable ! marmotta Mouche-à-Miel.

— Que **faire** ? interrogea Jean Eyrolles, très anxieux.

Le ténor haussa les épaules, et laissa retomber ses bras en signe d'ignorance et de découragement.

— Pourquoi nous as-tu invités ? commença à gronder le saltimbanque.

— Premièrement, je ne vous ai fait aucune invitation formelle. Nous avons dit : « Allons dîner. » Ensuite, toi et moi, nous comptions sur la mère Gambille, qui, tout en rechignant un peu, nous aurait fait crédit. Comment prévoir qu'elle avait vendu son établissement ? Lorsque nous l'avons appris, il était trop tard, car nous en étions au rosbif. Or, n'avions-nous pas le devoir d'achever le festin, puisque notre situation n'en pouvait devenir ni plus, ni moins grave ?

— C'est juste, dit Mouche-à-Miel.

— Mais alors, qu'arrivera-t-il ? redemanda Jean Eyrolles.

— Le cas relève de la police correctionnelle, déclara le pitre avec consternation.

Jean Eyrolles pâlit.

Les trois hommes se turent, envoyant au plafond la fumée de leurs cigares.

Tout à coup, Mouche-à-Miel frappa sur la table.

— Patron, des cartes ! cria-t-il.

— Des cartes, en ce moment ?... Tu es fou ! dit le ténor.

M. Arsène apporta un jeu de cartes et des ardoises.

— Ecoutez-moi, dit le pitre. Nous sommes embourbés au point que nul moyen d'en sortir ne semble possible. Notre dépense se monte assurément à plus de douze francs. A moins de piquer une tête dans la rue et de fuir comme des lièvres, nous irons tous les trois au poste. Vous entendez ? tous les trois... Or, la fuite répugne à ma conscience. D'indignes coquins pourraient seuls y songer.

— Parbleu !

— Donc, il faut payer en argent ou en personne.

— Eh bien ?

— Voici mon idée : confier trois hommes à la police pour une douzaine de francs, c'est bête. Un seul suffit. Etant à peu près coupables tous les trois, jouons à qui demeurera pour servir de nantissement.

Pendant une minute, Jean Eyrolles et le Rossignol-de-Toulouse restèrent abasourdis, tant la proposition leur parut saugrenue.

Jean Eyrolles, le premier, releva la tête.

— C'est très juste, dit-il, jouons.

— Soit, fit le ténor.

— Quel jeu choisissons-nous ?

— Le piquet, si vous voulez.

— Accepté.

— En combien de points ?

— Cent cinquante.

— Partie liée ?

— Non. Cent cinquante, tout sec.

— Commençons.

Une horrible partie s'engagea.

L'enjeu, c'était la liberté, c'était l'honneur.

En conséquence, ces hommes, si gais, tout à l'heure, si expansifs, étaient moroses à présent, soupçonneux et tremblants.

Une sorte de fièvre mauvaise étourdissait leur âme. Tandis que leur cœur bondissait dans leur poitrine, leur gorge se serrait.

La mine hagarde, les sourcils froncés, la lèvre sèche, la voix rauque, ils jouaient.

Instinctivement, les doigts se crispaient sur les cartes qui se croisaient et se succédaient sur le tapis crasseux, pareilles à de lourdes volées de papillons engourdis et multicolores.

Non, jamais la passion du jeu ne provoqua plus d'illusions et plus d'angoisses, n'alluma plus d'impatiences et plus de convoitises.

Tout à coup, la voix du pitre jeta ces mots fatidiques :

— J'ai gagné, moi !

— Je ne joue plus que pour deux points, proféra Jean Eyrolles.

— Et moi pour trente, fit le ténor.

— C'est à moi la donne.

Les cartes recommencèrent à voleter.

Au bout d'un instant, le Rossignol de Toulouse, palpitant et fou de joie, abattit son jeu sur la table en criant :

— Moi aussi, j'ai gagné ! Voyez : deux quatorze et une quinte !

Accablé par l'horreur stupide de son sort, Jean Eyrolles bégaya :

— La prison, le déshonneur : j'ai presque volé... Oh !

Mouche-à-Miel lui prit la main avec douceur, et, considérant le malheureux avec des yeux attendris, il lui dit :

— Je vous jure que je vais tenter l'impossible pour trouver la somme nécessaire. Comptez sur moi.

— Merci, dit Jean Eyrolles ; je vous crois.

Alors, se tournant vers le comptoir où M. Arsène causait avec la Canorgue :

— Monsieur, l'addition, s'il vous plaît. — Quant à vous, mes amis, reprit-il, en serrant les mains de ses deux compagnons tout confus, ne vous attardez pas ici. Je sais que vous êtes pressés. Allez.

Et, non sans une certaine violence, il les poussa vers la porte, facilitant leur départ.

— A bientôt, dirent à la fois Mouche-à-Miel et Saint-Félix, d'un ton mal assuré.

Ils sortirent. La porte se referma.

Jean Eyrolles se laissa retomber sur sa chaise. Toute la salle se mit à tournoyer devant lui, et, dans ce tourbillonnement vertigineux, il vit s'approcher M. Arsène, une longue feuille de papier entre les doigts.

En voyant se dresser devant lui M. Arsène, le malheureux avait été pris d'une sorte de vertige.

Il ferma les yeux et, en moins d'une seconde, il se vit traîné au poste entre deux agents, jeté au cachot avec des filous, enfermé dans une de ces épouvantables voitures escortées de gendarmes, qu'il n'avait jamais pu regarder sans un frisson, puis jugé, condamné et flétri pour toujours.

Mais il fallait s'enfuir, ou crier grâce !

Il devenait fou.

Le traiteur, qui mettait le trouble et la pâleur de son client sur le compte de l'ivresse, plaça la note devant lui, en bégayant avec un blême sourire :

— Ça nous fait treize francs cinquante.

— Treize francs cinquante ? répéta Jean Eyrolles avec égarement.

— J'ose espérer que monsieur a été content ?

Tout à coup Jean Eyrolles se leva et, à la grande stupéfaction de M. Arsène, quitta sa redingote et son gilet, qu'il tendit au gargotier en lui disant d'une voix sourde et rapide :

— Je n'ai pas un sou, mais je suis un honnête homme, je vous le jure. Ne me faites pas arrêter. J'en mourrais. Tenez, voici mes vêtements qui suffiront peut-être pour vous payer. Dans tous les cas, je vous rapporterai le premier argent que j'aurai gagné. Monsieur, je vous en supplie, ne me faites pas arrêter !

— Comment ! vous n'avez pas d'argent ?... articula Arsène menaçant.

— Je n'ai rien.

— Et vous venez faire de pareils dîners ?

— J'ai eu tort, je le reconnais. Mais acceptez mes habits pour le moment.

— Eh ! que voulez-vous que je fasse de cela ? reprit le gargotier qui s'en empara néanmoins.

— Je vous jure sur mon honneur que je vous paierai.

— Il est joli votre honneur. Allons ! fichez-moi le camp.

Jean Eyrolles honteux, désespéré, la tête basse, se dirigea lentement vers la porte et l'ouvrit.

Un coup de vent glacial pénétra jusqu'au comptoir.

Vêtu seulement de son pantalon et de sa chemise, le malheureux allait sortir, lorsque la Canorgue, très émue, s'avança vers lui, le rappela et le fit rentrer dans l'allée, en disant :

— Vous ne pouvez sortir en cet état, monsieur; il fait trop froid. Avez-vous un domicile ?

— Non, madame.

— Reprenez vos vêtements et rhabillez-vous.

Ensuite, élevant un bougeoir et détachant une clef, pendue au milieu d'une foule d'autres à une large planchette, elle se retourna et ajouta simplement :

— J'ai confiance en vous, monsieur : je suis sûre que vous nous paierez. Venez, j'ai un cabinet à votre disposition.

Et comme Jean Eyrolles voulait répliquer ;

— Vous n'êtes pas le seul à qui nous ayons fait crédit.

M. Arsène fronçait les sourcils, quoiqu'il n'osât souffler mot.

Suivie de Jean Eyrolles, la Canorgue traversa la cuisine, parcourut un profond corridor et se mit à gravir un étroit escalier en spirale, humide, empesté, dont la rampe était remplacée par une longue corde maculée de crasse et collée à la muraille.

L'hôtesse s'arrêta au sixième étage et ouvrit une petite porte sur laquelle on lisait le chiffre 27.

C'était une misérable mansarde, meublée d'un mauvais lit sans matelas, d'une table boiteuse et d'un tabouret dépaillé.

Une terrine ébréchée et une cruche d'eau complétaient le mobilier.

La Canorgue posa le bougeoir sur la table et sortit.

Le lendemain, Jean Eyrolles, qui n'osait descendre, reçut la visite de la Canorgue.

Elle avait l'air aussi bienveillant que sa rude physionomie pouvait le lui permettre.

Simplement, Jean Eyrolles lui exposa sa situation.

D'une voix presque douce, la Provençale lui dit :

— Vous allez rester ici. J'ai toute confiance en vous. Je vous loue cette chambre quinze francs par mois ; de plus, je vous ouvre un compte en bas ; vous prendrez vos repas chez nous. Vous êtes peu habitué à vivre si mal, — je l'ai bien deviné, — mais ça ne durera pas. Vous trouverez de l'ouvrage, et vous me paierez quand cela vous sera possible. Voici l'heure de déjeuner. Descendez avec moi.

Jean Eyrolles avait les larmes aux yeux.

Il déjeuna, et partit, plein de courage, à la recherche d'un travail quelconque.

Deux heures après, il revint avec du papier et des manuscrits à transcrire. Dans une agence de copies dramatiques, on consentait à l'employer les jours où, par un surcroît de travail, les employés attitrés ne pouvaient suffire.

Tout joyeux, il se mit à la besogne.

Bien que très mal payé, il calcula qu'il pouvait gagner trois francs par jour.

Le soir, à l'heure du dîner, la figure inquiète de Mouche-à-Miel se montra.

Fidèle à sa parole, l'honnête pitre avait remué ciel et terre; il apportait dix francs.

Le brave homme fut tout heureux de voir quelle tournure les choses avaient prise.

Dès qu'il eut dîné, Jean Eyrolles remonta dans sa chambre pour achever son ouvrage.

Il trouva un grand feu de coke qui répandait une douce chaleur dans la petite pièce.

Le lendemain, le lit avait des matelas et une belle couverture neuve. Peu à peu une petite toilette, du savon, des brosses, une chaise, des serviettes, des rideaux blancs à la fenêtre complétèrent l'ameublement.

Bientôt enfin l'affreux taudis devint une chambrette très habitable.

Confus, attendri de tant de soins, l'infortuné ne savait comment témoigner sa reconnaissance à la Canorgue, qui détournait toujours la conversation et paraissait prendre une sorte de plaisir à le faire causer.

Malheureusement, Jean Eyrolles n'avait pas toujours des manuscrits à copier. Il restait parfois deux ou trois jours sans travailler et se demandait alors avec terreur comment il parviendrait à s'acquitter.

Aussi était-il sans relâche à la recherche d'un labeur plus lucratif.

## XXXI

### UNE VISITE DE M<sup>lle</sup> ANNETTE AU PETIT LOUVRE DE LA RUE MAUBUÉE

Deux semaines après cette fameuse partie de piquet, où Jean Eyrolles ayant perdu avait dû rester pour répondre du dîner, les boutiquiers de la rue Maubuée virent un fiacre, chose rare, s'arrêter devant l'établissement de la Canorgue.

Une jeune femme, vive et pimpante, descendit lestement de la voiture, pénétra sans hésitation dans la gargote, et alla droit au comptoir où était installée l'hôtesse.

— Tiens, madame Annette ! exclama la Provençale en reconnaissant la petite brune ; prenez donc la peine de monter chez moi.

C'était, en effet, M<sup>lle</sup> Annette, l'adroite soubrette de M<sup>me</sup> Lafare, qui venait d'entrer.

Seulement qu'elle était transformée !

C'était bien toujours la jolie fille aux frisons voltigeants, au sourire malicieux, que nous avons vue dans la première partie de ce récit, tenant si courageusement tête à la meute des créanciers de la marieuse. Toutefois, le petit bonnet avait fait place à un frais chapeau de satin *caroubier*, — la couleur à la mode, — la petite robe d'indienne et le tablier blanc étaient remplacés par un délicieux costume, — chef-d'œuvre d'un grand couturier, — et de véritables bijoux, des bijoux de prix, s'il vous plaît, enjolivaient les mignonnes oreilles, le cou et les mains de la belle Annette, qui se faisait appeler maintenant M^me Annette.

A vrai dire la position de la servante s'était singulièrement améliorée depuis le départ de la marieuse, car, à son tour, elle avait une femme de chambre.

Le lendemain de la mystérieuse histoire de l'île de la Grande-Jatte, M^me Lafare était venue prendre ses malles, et lui avait dit :

— Ecoute, petite, tu es intelligente et adroite, je te cède ma maison. Moi, je suis obligée — et je ne m'en plains pas — d'accompagner ma fille en Amérique. Je t'abandonne ma clientèle et mes dettes. Tu es assez jolie pour trouver des fonds, et assez rusée pour faire prospérer l'affaire. Voici un papier en règle. Si tu réussis, tu me tiendras compte du mobilier. Adieu.

M^lle Annette se trouva d'abord fort embarrassée de sa nouvelle position sociale, bien qu'elle n'eût pas hésité un seul instant à l'accepter. Mais les difficultés premières ne laissaient pas que d'être fort inquiétantes. Elle n'avait pas un sou, et les dettes étaient pressantes et nombreuses.

Néanmoins, elle entreprit bravement la lutte.

Elle assembla les créanciers et obtint d'eux quelque répit.

Ensuite, elle s'occupa de la clientèle. En quelques jours, elle fut si bien au courant de sa profession bizarre, qu'elle recula encore les bornes de cet art qui consiste à arracher de l'argent aux naïves et présomptueuses personnes avides de grosses dots.

Son début fut des plus heureux, et le fondement de sa fortune lui fut apporté par une de nos anciennes connaissances, la Canorgue.

Celle-ci, en effet, une fois en possession des trente mille francs qu'elle avait eus pour sa part sur la fortune d'Angélique de Sérignan, n'avait plus eu qu'une ambition : se marier.

Dans ce but, sa maîtresse s'étant adressée à une

agence matrimoniale, pourquoi elle-même, devenue presque rentière, n'en aurait-elle pas fait autant?

Elle revint chez M^me Lafare où elle eut affaire à M^me Annette.

Celle-ci lui trouva tout de suite un prétendant.

Le lecteur n'a sans doute pas oublié ce grave M. Dominique qui remplissait si dignement les importantes fonctions de majordome dans la maison du comte de Mallegardes.

Or, M. Dominique avait un frère également domestique, également fripon.

Mais là s'arrêtait toute la ressemblance, car Arsène ne possédait aucune des brillantes qualités intellectuelles qui permettaient à Dominique de violer si vite la fortune.

Par contre, il n'avait pas non plus les impérieuses passions qui poussaient le majordome à se ruiner plus rapidement encore.

Inévitable conséquence d'un tel tempérament.

Non, inférieur à son frère sous tous les rapports, Arsène n'avait que des talents et des vices vulgaires : il était paresseux, gourmand, voleur, avare.

Toute sa vie il avait été valet de chambre et, à l'âge de trente-huit ans, il était parvenu à amasser une somme d'environ quarante mille francs.

Depuis longtemps déjà, il convoitait l'établissement de la mère Gambille qui, après avoir gagné une honnête fortune, désirait beaucoup céder sa maison, contre espèces sonnantes toutefois.

Comme toujours, Dominique avait eu une idée :

— Que ne te maries-tu? avait-il dit à Arsène.

Sans répondre, ce dernier avait fait une singulière grimace.

Sans lui demander la raison de ses répugnances nuptiales, Dominique ayant parcouru un journal, à l'article : « Mariages riches », avait trouvé l'annonce de

M^me Annette, chez qui, séance tenante, il avait conduit son frère.

Trois semaines après, M. Arsène épousait la Canorgue, et devenait propriétaire de l'établissement de la mère Gambille, que les habitués appelaient, par dérision, le petit Louvre de la rue Maubuée.

Le début de M^me Annette était donc superbe, puisqu'elle s'était arrangée de façon à toucher le cinq pour cent à la fois sur les trente mille francs de la Canorgue et sur les quarante mille de M. Arsène.

Comme une partie seulement de ses honoraires lui avait été payée, elle venait réclamer le reste.

Une seconde aubaine mit le comble à la prospérité naissante d'Annette.

Un matin, un monsieur cossu, déclarant se nommer Georges Ruffin était venu lui demander un renseignements sur la fille de M^me Lafare.

La belle Annette fit preuve de tant de complaisance et de gentillesse en cette circonstance, que le gros capitaliste oublia très vite une femme ingrate — et d'ailleurs envolée — pour ne s'occuper que de la piquante brunette dont les faveurs n'avaient à subir le contrôle ni d'un mari jaloux, ni d'importuns parents.

Néanmoins, le genre d'affection qu'elle éprouvait pour Georges Ruffin, n'empêchait nullement la nouvelle marieuse de penser à ses autres affaires, car à peine fut-elle installée dans le fauteuil offert par la Canorgue, que, tirant des papiers timbrés et paraphés de ses poches, elle lui dit :

— Ma chère dame, pardonnez-moi de venir vous importuner. Mais les grosses échéances auxquelles je dois faire face ce mois-ci, m'obligent à vous réclamer le règlement déjà tardif de notre compte.

— Je vous attendais, dit la Canorgue.

— Voyons, ma commission de cinq pour cent sur soixante-dix mille francs, s'élevant à trois mille cinq cents francs, dont deux mille m'ont été versés, il me reste à toucher la somme de quinze cents francs. Est-ce bien cela ?

— Sans aucun doute. Seulement, je ne pourrais vous donner tout...

— Quel à-compte m'offrez-vous ?

— Cinq cents francs.

— Soit. C'est donc mille francs que vous aurez encore à me solder.

La Canorgue ouvrit une armoire et se mit à empiler de l'argent.

— Eh bien, chère dame, reprit Annette d'un petit ton enjoué, êtes-vous satisfaite de vous être adressée à moi ?

La Provençale lui jeta un regard sournois et répondit péniblement :

— Oui.

— Mon Dieu, comme vous dites cela. Ne seriez-vous pas heureuse ?

— Je ne me plains pas.

— Auriez-vous à vous plaindre du caractère de votre mari ?

— Non.

— Il faut du temps. Dès que vous serez plus habitués l'un à l'autre...

— Il est très doux, et j'en fais ce que je veux.

— Peut-être vous manque-t-il un peu de distraction ?

— En ce cas vous serez vite guérie, dès que vous aurez quelque bel enfant...

— Hélas ! jamais... interrompit la Canorgue, comme malgré elle, pendant que ses yeux se remplissaient de larmes.

— Comment ! s'écria Annette intriguée. Est-ce que monsieur votre mari ?...

La Canorgue devint pourpre.

— Ah ! je maudis le jour où j'ai eu la malechance d'aller chez vous ! dit-elle d'un ton farouche. Enfin !... prenez votre argent, et n'en parlons plus.

Stupéfaite de l'aveu que venait de lui faire cette énergique paysanne, Annette ne savait plus que dire. Elle hésitait même à s'emparer de cet argent qu'elle sentait ne pas avoir gagné complètement.

Le désespoir contenu de cette femme l'impressionnait réellement.

La Canorgue fut obligée de lui réitérer l'invitation de prendre les cinq cents francs pour qu'elle s'y décidât.

Heureusement deux coups frappés à la porte vinrent faire diversion.

Un homme entra disant :

— Madame, j'ai touché un peu d'argent, et je vous l'apporte.

Mais, au même instant, deux exclamations retentirent :

— Monsieur Jean Eyrolles !

— Mademoiselle Annette !

— Vous ici ?

— Oui ; j'habite cet hôtel, dit Jean Eyrolles, tout bouleversé à la vue de l'ancienne femme de chambre de sa belle-mère.

— De grâce, reprit-il vivement, apprenez-moi ce que vous savez... Oh ! parlez. Dites-moi la vérité.

— Hélas ! monsieur, je ne sais rien.

— Ma femme ?

— Elle doit être en Amérique.

— En Amérique ! Dans quelle ville ?

— Je l'ignore.

— Avec qui est-elle partie ?

— Avec M$^{me}$ Lafare.

— L'amant de ma... de sa fille est-il avec elles ? Un nommé Georges Ruffin ?

— Georges Ruffin ? Oh ! pour cela, non. Je suis sûre qu'il n'a jamais quitté Paris.

— Comment le savez-vous ?

— Je... je le vois quelquefois.

— Ah ! fit Jean Eyrolles avec une sorte de soulagement. Il ajouta : y a-t-il longtemps qu'elles sont parties ?

— Il y a un mois et demi environ.

— Et vous ne pouvez me donner nul indice, nul renseignement pour les retrouver ?

— Aucun.

Jean Eyrolles resta pensif un moment. Enfin, relevant la tête, il dit :

— A quoi bon, d'ailleurs ? Elle n'est pas plus digne de ma colère que de mon pardon. Il vaut mieux que je ne la revoie jamais.

Puis, s'adressant à la Canorgue qui avait écouté avec saisissement ce rapide dialogue :

— Pardon, madame, dit-elle ; j'abuse de vos instants. Tenez ; voici les dix francs qu'on vient de me donner pour mes copies...

— Nous causerons de cela ce soir ; rien ne presse, répondit la Canorgue, qui repoussa doucement l'argent.

Jean Eyrolles sortit, et Annette se retira.

Avant de retourner à son comptoir, l'hôtesse du petit Louvre, en proie à une exaltation farouche, se mit à marcher fiévreusement dans sa chambre.

Les bras croisés sur sa robuste poitrine et les yeux pleins d'étranges lueurs, elle murmurait entre ses dents des phrases incohérentes entrecoupées d'exclamations et de profonds soupirs, où le nom d'Arsène et l'épithète de mari fourbu étaient prononcés avec autant de haine et de mépris qu'elle mettait de douceur et de tendresse à répéter le nom de Jean Eyrolles.

# XXXII

## OU JEAN EYROLLES APPREND UNE BONNE NOUVELLE ET ENTEND DE CURIEUSES CHOSES

Ce jour-là, Jean Eyrolles avait reçu dix francs, lesquels représentaient sept jours de travail ! Quelle que fût l'économie de ses dépenses, il s'endettait de plus en plus.

Tout en dînant du bout des dents, car ses amères réflexions lui coupaient l'appétit, il prenait la résolution de s'expliquer avec la Canorgue ; ne voulant pas abuser plus longtemps de ses bontés.

Mais le frère de M. Arsène venait d'arriver, et la Canorgue et son mari s'étaient enfermés avec M. Dominique.

Jean Eyrolles remit donc l'explication au lendemain, et remonta tristement dans sa chambre.

Un nouvel étonnement l'y attendait.

Un tapis couvrait maintenant les vilains carreaux.

— Décidément, cette situation ne peut se prolonger. Qu'a donc cette femme pour me combler ainsi de prévenances ?... Comment admettre qu'elle éprouve pour moi plus que de la sollicitude, alors qu'elle est à peine mariée depuis six semaines ?...

Il s'étendit sur son lit, tout habillé.

Inquiet, mécontent, il laissa son esprit s'abîmer dans une sombre rêverie.

Soudain, il tressaillit.

On venait de frapper à sa porte.

La Canorgue entra.

Elle était montée très vite. Son teint avait plus d'animation que de coutume, et ses yeux ardents jetaient un vif éclat.

Depuis quelques jours d'ailleurs, une sorte de transformation s'était opérée en elle. Bien qu'elle n'eût rien changé à sa coiffure, qui consistait en un foulard d'un rouge éclatant, le reste de son costume était beaucoup plus élégant.

Evidemment, elle avait rendu visite à d'habiles couturières.

Un savant corset avait amolli les rudes contours de sa taille, et une robe bien taillée rendait quelque grâce à son corps assez anguleux. En outre, quelques dentelles autour du cou et de fines manchettes, adoucissaient l'aspect trop énergique de sa nature.

Mais c'était surtout dans les manières et dans la voix qu'un changement remarquable s'était manifesté.

La démarche était plus souple, le geste plus moelleux, le regard plus noyé. Elle savait enfin sourire.

Soudainement, elle avait acquis une sorte d'attrait inespéré, et désormais elle était une femme.

Elle se laissa aller sur la chaise, en jetant autour de la chambre un regard satisfait; après quoi, elle se mit à contempler Jean Eyrolles d'un air presque joyeux.

— Madame, dit celui-ci, je suis bien aise de vous voir. Je me proposais de vous demander un instant d'entretien, lorsqu'est arrivé monsieur votre beau-frère, de sorte que je n'ai pas osé vous déranger.

— Je vous écoute, monsieur Jean Eyrolles.

— Voici d'abord les dix francs que j'ai reçus ce soir. Ensuite...

Il parut fort embarrassé pour continuer.

— Ensuite ? interrogea la Canorgue.

— Eh bien, je ne peux... je n'ose plus rester ici. Malgré ma bonne volonté pour trouver du travail, je n'ai réussi qu'à gagner quatorze francs en quinze jours. Ma dette envers vous s'augmente sans cesse, car vous avez pour moi des bontés dont je ne peux, hélas! m'acquitter que par la reconnaissance... Un mauvais sort semble s'acharner après moi; or, désespérant de la vie et de moi-même, j'ai pensé qu'il était de mon devoir de vous débarrasser d'un hôte incommode qui vous fera sûrement banqueroute.

Toujours souriante, la Canorgue l'avait laissé dire, le regardant avec des yeux pleins de tendresse et d'admiration.

Quand il eut fini de parler, elle joignit les mains avec une joie toute naïve.

— Vous êtes un enfant, lui dit-elle.

— Comment?

— Vous ne partirez pas d'ici.

— Cependant...

— Et vous m'aurez bientôt payé mes légers services...

— Je ne comprends pas.

— Je viens vous annoncer une bonne nouvelle.

— En vérité!

— Vous avez une place.

— Une place! où donc?

— Chez le comte de Mallegardes. C'est chez lui que M. Dominique est intendant, et c'est lui-même qui vous présentera au comte.

— Mais... quelle sorte de place? demanda Jean Eyrolles, dont le front se rembrunit tout à coup.

— Là, là, ne vous fâchez pas. Faites-moi l'honneur de me croire assez d'esprit pour ne pas vous offrir une fonction qui ne serait pas digne de vous. Il s'agit simplement de s'occuper de la gestion d'une grande fortune, d'être quelque chose comme secrétaire ou comptable, je ne sais pas au juste.

Enfin, c'est un emploi de bureau, pour les écritures. Ça vous va-t-il?

— Ah! je crois bien!

— Les appointements : trois cents francs par mois.

— Est-ce possible ?

— Parfaitement, c'est une affaire convenue.

— Enfin, je pourrai donc vivre ? s'écria Jean Eyrolles au comble de la joie. Et c'est à vous que je dois ce bonheur... Oh ! merci !

Il prit les deux mains de la Canorgue dans les siennes et les serra longuement.

Alors il se passa une chose extraordinaire.

Au contact des mains de Jean Eyrolles, la Provençale sembla recevoir une commotion électrique ; son sein se souleva avec violence, et son visage pâlit extrêmement, tandis que ses yeux se voilaient comme si elle allait s'évanouir.

Dans son ravissement, Jean Eyrolles ne voyait rien et son enthousiasme éclatait déjà en confuses exclamations, quand soudain la Canorgue lui saisit la tête, et lui embrassa les cheveux à plusieurs reprises.

A son tour, il fut comme brûlé par ces lèvres de feu. Stupéfait, il recula d'un pas, regardant, n'osant croire.

Hagarde, éperdue, la Canorgue était tombée à genoux devant lui, frémissante d'amour et de honte.

— Oh ! pardon, pardon ! dit-elle, je suis folle...

Puis, voilant de ses deux mains ses joues empourprées, elle sanglota douloureusement.

Jean Eyrolles se trouvait dans la situation la plus ridicule du monde. Il ne savait que faire ni que dire.

Cependant il ne pouvait laisser la Canorgue dans cet état. Il la releva, et l'aida à s'asseoir.

— Madame, madame... calmez-vous !...

— Que je suis malheureuse ! dit-elle, en mordant son mouchoir pour étouffer ses cris.

Enfin, devenue plus maîtresse de son émotion, elle s'essuya les yeux, et se leva.

— Je vous demande pardon, dit-elle ; oubliez...

j'étais insensée... Je ne sais comment cela s'est fait... Oh ! je souffre !...

— Vous n'aimez donc pas votre mari, hasarda Jean Eyrolles.

— Lui ! cria-t-elle avec une vigueur sauvage, je le hais... c'est un fourbe et un lâche !... Il m'a volé ma jeunesse, il m'a fermé la porte à toute espérance, à toute joie, et m'a retranchée de la vie.

— Il y a bien peu de temps que vous êtes mariés...

— Mariés, mariés ! Allons donc ! Pour que je fusse sa femme, il faudrait qu'il fût un homme !... Hélas ! certes, je ne suis pas belle : mais je suis jeune et je sentais en moi de telles ardeurs, que je l'eusse rendu heureux à force d'amour et de dévouement. A son insu, je serais parvenue à lui communiquer un peu de cette énergie que j'ai en moi. Que de fois je l'ai pressé dans mes bras essayant de le réchauffer au feu dont j'étais dévorée. Il serait plus facile de ranimer un cadavre. Quand j'ai eu bien compris que tous mes désirs d'affection étaient inutiles, je n'ai plus ressenti pour lui que du mépris.

« Alors vous êtes venu, vous, et je vous ai admiré. Vous m'avez fait concevoir une autre existence. Depuis quinze jours, je suis presque heureuse. Tout le temps que vous n'êtes pas là, je le passe dans votre chambre. Il me semble que je suis une autre femme, depuis que je vous connais. Oh ! si j'avais été belle, si j'avais pu vous plaire, je vous aurais dit : « Prenez-moi, emmenez-moi... Et j'en ai le droit, car, bien que mariée, je suis veuve, ou plutôt je ne suis pas devenue femme... »

Elle s'interrompit brusquement, comme effrayée de ce qu'elle venait de dire.

— Vous m'excuserez, dit-elle, vous aurez pitié de moi. Supposez que j'ai eu le délire. J'ai honte de vous avoir dit tout cela, et pourtant je me suis un peu soulagée. Tenez, je suis tout à fait calme et raisonnable. Vous m'avez souvent parlé de votre reconnaissance, eh bien! vous pouvez vous acquitter : oubliez ce qui s'est passé ce soir, faites comme si cela n'était jamais arrivé, ne quittez pas cette maison à cause de moi ! Si vous l'exigez, je m'arrangerai de façon que vous ne me voyiez plus. Me promettez-vous d'oublier ?

— Je vous le promets, dit Jean Eyrolles profondément ému.

La pauvre femme fit un violent effort sur elle-même, se dirigea vers la porte et, près de sortir, dit d'un ton presque gai :

— Ne pensez plus qu'à vous, à votre nouvelle position. Dans deux ou trois jours, Dominique vous apportera de l'ouvrage très pressé, paraît-il, et, dans une semaine, il vous présentera au comte de Mallegardes.

— Quel est ce comte de Mallegardes ? dit Jean Eyrolles ; est-ce un homme vieux, jeune ?

— C'est un tout jeune homme ; un grand seigneur, immensément riche, très bon, très affable. Il vient de se marier récemment ; il est heureux, et il tient à ce que tout le monde le soit autour de lui.

— Ah ! madame, vous m'aurez sauvé plus que la vie.

— Allons ! il est temps que je vous laisse reposer... Bonne nuit, monsieur Jean Eyrolles.

La Canorgue sortit.

Jean Eyrolles resta longtemps dans son lit sans trouver le sommeil, tant il était agité par la perspective de sa nouvelle position et par le souvenir de la Canorgue, dont la tendresse éveillait en lui un double sentiment de crainte et d'intérêt.

D'un autre côté, les aveux de cette redoutable vierge rendaient sa situation plus délicate encore. Heureusement que l'espoir de s'acquitter sous peu de jours vint apaiser ses scrupules. Alors il serait libre, et pourrait agir selon son devoir. Il finit par s'endormir en se disant :

— Grâce soit donc rendue à mon nouveau patron, le comte de Mallegardes.

# XXXIII

## DEUXIÈME LUNE DE MIEL

L'hôtel du comte de Mallegardes était certainement l'un des plus beaux du faubourg Saint-Honoré.

Vaste, déjà ancien, quoique bien conservé, il contenait à la fois les adorables superfluités modernes et le confortable somptueux dont nos pères avaient le secret. Derrière s'étendait un magnifique jardin auquel de grands arbres séculaires donnaient les mystérieuses profondeurs d'un parc véritable.

Une longue série de serres chaudes formant jardin d'hiver, permettaient aux hôtes de ce lieu de croire au miracle d'un éternel printemps, malgré les rigueurs d'un froid prématuré.

En vérité, le comte de Mallegardes était absolument heureux.

Il aimait pour la première fois, et pleinement il possédait la femme de son choix. En effet, cette Angélique, qu'il divinisait, était bien pour lui la créature attrayante, idéale et pure qu'il avait entrevue dans ses rêves d'adolescent.

Noble et droit de nature, le jeune homme avait au fond de l'âme de tels trésors d'infinie tendresse et de croyance naïve, qu'il se plaisait à doter sa femme de toutes les élévations, de tous les dévouements qu'il était capable de concevoir.

Aussi Antonine eût-elle été cent fois moins habile que le pauvre comte n'aurait jamais pu soupçonner les expédients subtils, les roueries secrètes dont elle avait dû se servir avant et pendant la consommation du mariage.

D'ailleurs, la science diabolique de M<sup>me</sup> Lafare avait tout prévu, tout préparé, de sorte que le comte, ravi de l'exquise candeur de sa femme, était tout fier de son rôle d'initiateur.

A vrai dire, cette mère et cette fille étaient douées supérieurement et, pourvu que leur intérêt n'en souffrît pas, il leur était facile de s'approprier les qualités et de pratiquer en apparence les vertus qui sont l'apanage des femmes d'honneur.

La fausse Angélique avait même retrouvé ses premières sensations d'épouse nouvelle.

Par une grâce toute spéciale, quoique non exempte d'artifices, elle pouvait confondre cette seconde lune de miel avec le lever de la première, car elle était vraiment redevenue neuve de corps, sinon vierge d'esprit.

Quant à Geneviève, elle était toujours l'ange de la maison et répandait autour d'elle le charme de sa mélancolique et suave beauté.

Puisque son frère était heureux, elle approuvait son mariage et considérait sa belle-sœur comme sa meilleure amie.

Cependant, lorsqu'elle était seule, elle restait de longues heures, accoudée et muette, rêvant comme rêvent les jeunes filles.

Une sorte de tristesse alanguissait alors son pur visage, et parfois une larme brillait entre ses cils baissés. Un nom effleurait ses lèvres, le nom de Jean Eyrolles, et tout bas elle murmurait :

— Qui sait ce qu'il est devenu ?

Mais les plaisirs succédaient aux plaisirs, les fêtes aux fêtes et la mignonne aveugle retrouvait quelque gaieté.

Pour M<sup>me</sup> Lafare, elle avait rendu sa situation bien naturelle, en se faisant veuve d'un magistrat, de province nommé La Chapelle et mort à la fleur de l'âge. Unique descendante d'une famille noble d'Avignon, elle s'était mésalliée par amour, et n'aimait pas qu'on lui rappelât le passé.

Personne, d'ailleurs, ne songeait à lui en demander plus long.

Malgré sa bonhomie apparente, elle n'avait pas tardé à acquérir une réputation de femme d'esprit, et déjà les rares habitués de l'hôtel de Mallegardes prisaient fort sa conversation. L'un d'eux surtout, le sculpteur Pierre Rimeuil, penseur assez profond, quoique railleur et paradoxal, avait été charmé de découvrir en cette matrone provinciale un adversaire digne de lui.

Fils d'un fermier du feu comte de Mallegardes, il devait tout au vieux gentilhomme, qui l'avait fait élever et l'avait envoyé à l'Ecole des beaux-arts, où le jeune sculpteur avait jadis remporté le grand prix de Rome.

Le vieux comte, ravi des succès de son protégé, lui avait continué sa protection et l'avait comblé de gracieusetés lorsque Pierre Rimeuil était parti pour l'Italie.

Quand le sculpteur revint en France, son bienfaiteur était mort.

Avec sa nature affectueuse et reconnaissante, l'artiste reporta tout son attachement sur Paul et sur Geneviève qui, pleins de foi dans sa haute raison, son expérience et son amitié, l'écoutaient et le chérissaient comme un frère aîné.

Touriste passionné, le sculpteur venait de visiter la Grèce, lorsqu'il apprit le mariage du comte Paul de Mallegardes.

Lorsqu'il arriva, le mariage était à la veille de se conclure, de sorte qu'il n'était plus temps de se livrer à la moindre investigation sur la famille d'Angélique de Sérignan.

D'un autre côté, celle-ci le séduisit bien vite par ses ingénuités et ses manières attrayantes, et Pierre ne tarda pas à donner à la jeune femme une bonne part de l'affection qu'il avait pour les enfants de son bienfaiteur.

Il était trois heures. Une belle gelée brodait sur les vitres de blanches floraisons.

La trop séduisante Angélique prenait sa leçon de sculpture avec Pierre Rimeuil dans une grande salle transformée en atelier et située au deuxième étage de l'hôtel de Mallegardes.

On y avait réuni une ample collection de statues, d'académies, d'études, de reproductions ou de réductions des chefs-d'œuvre les plus remarquables. On y voyait, en outre, tous les instruments nécessaires à la statuaire et au moulage, ainsi qu'une assez grande quantité de sacs de plâtre et de terre glaise.

Une sorte de fièvre artistique régnait depuis quelque temps chez les Mallegardes.

La comtesse travaillait au moins trois heures par jour.

Pierre Rimeuil avait commencé le buste de Geneviève qu'il destinait au prochain Salon.

Chaque fois que la baronne de Ravinot venait à l'hôtel, elle s'amusait à modeler un ou deux petits chiens, qui ressemblaient invariablement à de jeunes veaux, selon la remarque encourageante du maître sculpteur.

Le comte de Mallegardes lui-même s'était appliqué à reproduire un bas-relief.

Enfin, le marquis de Valbure avait achevé toute une collection de fleurs et de papillons en cire rouge.

— Ce beau feu est trop vif pour être durable, disait parfois Pierre Rimeuil, toujours souriant, toujours moqueur, toujours prêt à donner les notions et les secrets de son art.

A vrai dire, Angélique seule lui donnait quelque espoir, car elle avait acquis très vite une certaine habileté. Déjà elle maniait crânement la terre glaise et faisait chaque jour de véritables progrès.

Quelques artistes célèbres n'avaient pas tardé de fréquenter l'atelier où ils venaient en camarades, sans façon. On fumait, et l'on buvait de la bière.

On se serait cru à Montmartre. C'était charmant.

Vive, alerte, pimpante, grande dame toujours, la baronne, exagérant un peu l'aimable laisser-aller qui caractérise la mondaine parisienne, était néanmoins la plus précieuse personne qu'on pût rencontrer dans un salon, grâce à son esprit endiablé sans cesse crépitant comme un feu d'artifice.

Elle savait tout, connaissait tout, racontait tout et inventait au besoin avec une verve intarissable.

Exubérante, insatiable de plaisirs, organisant toutes les fêtes, coquette, hardie, côtoyant toutes les folies sans jamais se compromettre, elle répandait l'activité et la vie autour d'elle. Elle eût fait danser de vieux paralytiques et fait sourire, dans leurs cadres vieillis, les plus graves portraits d'ancêtres.

On chuchotait bien un peu sur son compte, et beaucoup pensaient que le baron caduc de Ravinot, son mari, n'avait pas tout à fait tort d'être jaloux ; mais personne n'aurait pu préciser un fait capable de porter une atteinte sérieuse à la réputation de la sémillante baronne.

De plus, malgré son bavardage, elle n'était pas méchante, et généralement elle était partout aimée et recherchée.

— Eh bien, chère comtesse, demanda tout à coup la baronne, n'ai-je pas eu raison de vous engager à goûter nos plaisirs parisiens ?

— Je m'amuse énormément, fit la belle Angélique qui était en effet ravie de son début dans cette existence qu'elle rêvait depuis si longtemps.

— En ce cas, j'aime à croire que vous n'oserez plus vous barricader dans votre nid comme deux égoïstes tourtereaux.

— Au contraire, chère baronne, dit le comte de

Mallegardes, et la preuve c'est que dans huit jours à l'occasion de l'anniversaire de ma naissance, la comtesse désire donner une fête, où l'on dansera, ma foi !

— Bravo ! voilà une honnête résolution.

Le cercle des intimes s'était augmenté de deux personnages amenés par la baronne : l'un était M. de Brunoires, magistrat d'un grand avenir qui, bien que jeune, était déjà juge d'instruction ; l'autre, héritier d'une des plus grandes familles de France, était le duc de Pentalis, presque illustre à vingt-cinq ans, parmi les dandys de l'époque, vulgairement appelés « gommeux. »

Ces deux nouveaux amis avaient chacun un côté remarquable :

M. de Brunoires était passionnément amoureux de toutes les femmes, tandis que le duc de Pentalis était d'une niaiserie colossale.

Nathalie de Ravinot ne pouvait se passer de ces deux êtres qui, malgré la différence de leur caractère et de leur valeur, étaient cependant aussi soumis l'un que l'autre aux caprices de la rieuse petite femme.

Comme il n'y a de conversations amusantes que celles où l'on a sujet de se moquer de quelqu'un, Isidore de Pentalis fut accueilli avec enthousiasme. Le sculpteur eut beau lui faire des charges d'une raideur stupéfiante, le pauvre duc ne se douta jamais qu'il servait de risée.

Ce jour-là, l'atelier était presque au complet.

Chacun avait fait son petit « bonhomme » comme disait Pierre Rimeuil ; on s'était lavé les mains et on flânait.

Seules, la comtesse et la baronne travaillaient encore.

Les hommes faisaient cercle autour d'elles.

La belle Angélique, enveloppée dans un grand peignoir, les bras nus, les cheveux coquettement relevés, était ravissante à voir. Elle ébauchait en ce moment une tête de vieillard aux traits énergiques, et la manière hardie dont elle s'y prenait, lui avait valu l'approbation du sculpteur.

La baronne faisait encore un chien.

— En vérité, madame la comtesse, dit soudain M. de Brunoires, j'admire votre calme.

— Et pourquoi donc, monsieur ?

— N'est-ce pas dans quelques jours que vous allez présider à cette fête, dont tout Paris s'entretient en ce moment ? Une première réception...

— C'est presque une bataille, interrompit le duc de Pentalis.

— Il est vrai que, pour madame, toute bataille ne saurait être qu'une victoire.

— C'est ce que j'allais dire, bégaya le gommeux, si M. de Brunoires ne m'eût devancé.

— Consolez-vous, dit Pierre Rimeuil, si le madrigal vous a été ravi, vous avez du moins le mérite de l'avoir suggéré.

— Au fait, c'est juste.

— Mon cher duc, minauda la baronne, vous avez énormément d'esprit.

— Vous me flattez, baronne.

— Voyons, puisque vous êtes en verve, dites-moi ce que vous pensez de mon chien ?

— Ce que j'en pense !... Ma foi, il est très joli... Je trouve même qu'il ressemble à d'Artagnan.

— Qui est-ce d'Artagnan ?

— C'est le plus beau de mes chiens de chasse, parbleu !

— Comment ! monsieur le duc, s'écria gravement le sculpteur, vous chassez donc avec des veaux ?

— Quelle plaisanterie...

— Vous êtes un méchant, dit la baronne presque furieuse... Venez le voir de plus près, au moins, avant de nier que ce soit un chien. Messieurs, je vous fais juges.

— Que mon ami de Brunoirès préside le tribunal, fit le gommeux en riant.

— Il se peut qu'il y ait des chiens comme celui-ci, dit le comte de Mallegardes, toujours conciliant.

— J'en ai même vu, ajouta le jeune magistrat. C'est un molosse suédois.

— Ne se rapproche-t-il pas plutôt du dogue anglais ?

— Moi je pencherais pour le grand lévrier d'Ecosse.

— En somme, résuma la baronne, c'est réellement un chien. Ces messieurs ne sont pas d'accord quant à la race, voilà tout.

— Tenez, madame, pour vous prouver que c'est bien un veau, voyez comme il me reste peu de chose à faire.

En une seconde, le sculpteur déplaça un peu et renfla les oreilles; ensuite, il fit retomber modestement la queue sur les jambes de derrière et s'écria :

— Il est clair que vous avez fait un veau, un veau dodu, un veau frappant. Sans doute, il n'est guère sur ses pattes, il est même à peu près estropié, mais c'est un veau.

La ressemblance était si juste, en effet, que la mignonne Nathalie partit d'un immense éclat de rire qui se communiqua à tous les assistants.

— Allons, je dois l'avouer, c'est bien un veau.

— Voulez-vous me permettre de vous donner un conseil?

— Certainement, cher maître.

— Eh bien, renoncez à la race canine, et consacrez désormais tous vos efforts à la représentation du seul animal qui favorise votre vocation. Le succès vous est assuré.

— J'y réfléchirai, répondit la baronne, qui n'hésitait jamais à se prêter à tous les badinages.

En ce moment, Dominique entra et, saluant avec autant de respect que de dignité, il attendit.

— Qu'y a-t-il? demanda le comte.

— Monsieur le comte est-il disposé à recevoir le jeune homme dont j'ai eu l'honneur de lui parler?

— Parfaitement. Priez-le d'entrer dans mon cabinet.

— Oui, monsieur le comte.

— A propos, les préparatifs de la fête s'accélèrent-ils?

— Tout sera prêt dans deux heures. On s'occupe en ce moment de l'illumination de la serre.

— Très bien. Allez m'attendre dans mon cabinet avec votre protégé.

Dominique s'inclina et sortit.

— De quel jeune homme s'agit-il? demanda la comtesse qui cessait enfin de travailler.

— C'est un pauvre diable très comme il faut, à ce que m'a dit Dominique. Je me propose de l'engager comme secrétaire-comptable, car notre pauvre intendant ne peut plus suffire à la besogne.

— On vient d'apporter la toilette de M<sup>me</sup> la comtesse, annonça un domestique.

— Je descends, dit Angélique. Veuillez m'excuser, messieurs. Quoi qu'en pense M. de Brunoires, je ne suis pas sans souci au sujet de notre soirée.

— Vous serez incomparable!

— Comme toujours, miraculeuse!

— Ne tenez-vous pas à jeter un regard sur ma robe, ma chère Nathalie?

— J'en meurs d'envie! s'écria la petite baronne, qui passait son existence à désirer toutes sortes de choses.

## XXXIV

### UNE GRANDE FÊTE A L'HOTEL DE MALLEGARDES

L'hôtel de Mallegardes est resplendissant.

Les portes sont ouvertes à deux battants ; à travers la cour, un magnifique tapis se déroule jusqu'au perron sous l'éclat rayonnant des lumières ; des profusions de plantes exotiques ornent le vestibule et le large escalier de marbre, au haut duquel se tiennent de nombreux laquais pour recevoir les manteaux et les fourrures.

Jamais noms plus aristocratiques ou plus illustres dans l'art, dans les lettres, dans la politique n'ont été annoncés par les huissiers.

On danse dans le grand salon, ici l'on joue, plus loin sont les buffets.

Là-bas, au bout de cette galerie, quelques marches très douces, couvertes de riches nattes, conduisent à la serré, splendidement éclairée.

C'est là qu'est la féerie.

Mêlés aux fleurs, des globes aux couleurs diverses brillent, pareils à d'énormes joyaux embrasés. De chaque plante s'élève un jet de flammes ; dans chaque massif de verdure étincellent mille feux éblouissants. C'est le jardin des enchantements où les merveilles succèdent aux merveilles, arrachant à chaque pas des cris de surprise et d'admiration.

Certes, les invités, sincèrement ravis, garderont longtemps le souvenir de cette fête.

Le comte de Mallegardes est radieux, quant à la

comtesse, plus attrayante que tous ces enchantements, elle est entourée d'une cour aussi nombreuse que choisie. Sans relâche, on se presse pour la voir, lui parler ou l'entendre; tout est applaudi en elle : son sourire, sa voix, son geste, si l'étiquette ne paralysait l'enthousiasme, on s'agenouillerait devant la charmeuse ou sur son passage, et l'on baiserait le bas de sa robe, de sa somptueuse robe, qu'enrichissent des flots harmonieux d'anciennes dentelles.

La plus haute souveraine se fût enorgueillie de régner sur de tels courtisans et de recevoir le tribut d'aussi profondes adorations.

En effet, la victoire est décisive, le triomphe est complet.

Par instants, l'ex-couturière de la rue Saint-Denis est tentée de porter les mains à sa tête, croyant y sentir le poids d'une couronne.

De loin, Mme Lafare contemple sa fille. Parfois la marieuse ne peut réprimer de longs frissons, tant elle est enivrée de cette volupté que donne l'orgueil satisfait. Après tout, n'est-ce pas son œuvre, à elle !

Dès que la comtesse se lève, on l'épie, dès qu'elle marche, on la suit.

Voilà qu'elle entraîne sa cour dans le grand salon. Les danses cessent. Quelques artistes célèbres vont chanter.

Dans une petite chambre, située au-dessus de l'office, un homme assis devant une table, où sont étalés de nombreux registres, aligne des chiffres.

Il se passe fréquemment la main sur le front, car, depuis quatre heures déjà, il se livre à un travail opiniâtre.

Tout à coup, la porte s'ouvre, et Dominique paraît.

Il est essoufflé; son visage ruisselle de sueur.

— Monsieur Jean Eyrolles, dit-il, vous seriez bien aimable de m'aider un peu. Je n'en puis plus, moi.

— De quoi s'agit-il, monsieur ?

— Voici. Il faudrait surveiller un peu l'embrasement du jardin, les lumières électriques, les feux de Bengale, que sais-je encore. M. le comte désire que vers la fin de la soirée tout le fond du jardin soit soudainement illuminé. Ce sera magnifique, vu de la serre. Mais je n'ai pas le temps de m'en occuper. Auriez-vous la bonté de diriger les travaux de l'artificier?

— Je vous suis, monsieur.

— Du reste, cela vous distraira, et ce sera pour vous un repos bien mérité, après l'énorme besogne que vous venez d'abattre.

— M. le comte m'ayant dit que ce travail était pressé, j'en ai fait le plus possible.

— Il ne faut pas trop vous fatiguer, non plus. Mais le temps presse, et je compte absolument sur vous.

Jean Eyrolles, vêtu de noir, traversa la foule des invités à la suite de Dominique.

Ils s'arrêtèrent tout au fond de la serre, où l'artificier les attendait, un plan à la main.

— Tenez, dit Dominique, voici le plan du jardin ainsi que la note des feux et des lumières qui sont à votre disposition. Vous pourrez surveiller les travaux d'ici. Entendez-vous avec monsieur. Moi, je cours aux buffets.

Ce soir-là, M<sup>lle</sup> Geneviève de Mallegardes était jolie comme un archange. Elle avait une robe de mousseline de soie blanche, une ceinture azurée et des bluets dans les cheveux.

Au commencement de la fête, elle s'était tenue auprès de son frère; puis, après avoir reçu les compliments des dames et les hommages des messieurs, elle s'était un peu mêlée au bal.

Mais le tourbillon des plaisirs mondains la laissait assez indifférente et les délicatesses de sa nature ne la rendaient guère sensible qu'aux joies paisibles de l'intimité.

Déjà lasse vers le milieu de la soirée et presque effarouchée par cette foule d'invités inconnus à elle pour la plupart, elle finit par éprouver un grand désir de solitude.

Elle se glissa avec précaution jusqu'à la serre, dans le recoin le plus caché, près du vitrage au-delà duquel s'étendait le vaste jardin.

Elle s'y installa, et, loin des bruits de la fête qui ne lui parvenaient plus que confusément, elle s'abandonna bientôt à une longue rêverie.

Elle revécut sa vie, bien courte encore, et, de souvenir en souvenir, elle revint par la pensée aux deux mois passés dans sa villa de Neuilly.

Elle revit en son esprit le pauvre malade qu'elle avait aidé à sauver, se rappela leurs longues causeries et retrouva toutes les impressions charmantes qu'elle avait ressenties auprès de son protégé.

Puis, elle eut un amer regret de n'avoir pu cultiver la douce amitié que lui avait vouée ce Jean Eyrolles et qu'elle partageait si complètement.

Depuis lors, qu'était-il devenu?... Où vivait-il?

Bien loin sans doute.

Parfois, elle se rappelait si vivement les intonations de sa voix, qu'elle croyait à la présence évidente de son ami perdu.

Or, en ce moment même, cette impression se renouvelait avec une intensité plus extraordinaire que jamais... En effet, quelqu'un avait parlé de ce côté, tout près d'elle, et, dans son illusion, elle était convaincue qu'elle entendait en réalité cette voix qui la charmait tant...

D'instinct, elle avait prêté l'oreille. Bientôt la voix éclate de nouveau, plus rapprochée, cette fois... Devient-elle folle?... Pourtant elle est bien sûre de ne pas dormir!... Mais, positivement, quelqu'un parle, donne des ordres, là, sous ce berceau de hautes plantes!

## XXXV

### L'EMBRASEMENT DU JARDIN

Elle ne se trompe pas, elle ne peut se tromper : c'est véritablement Jean Eyrolles qu'elle entend !

Elle se lève, émue et souriante, contourne la charmille, et s'arrête près de l'inconnu. Elle est derrière lui.

Son cœur bat très fort dans sa poitrine, car l'ami inespéré vient de parler encore. Le doute n'est plus possible... C'est bien lui.

Tremblante, elle lui touche le bras :

— Monsieur Jean Eyrolles, dit-elle.

— Mademoiselle Geneviève ! s'exclama-t-il.

— Ah ! c'est bien vous ! Je ne pouvais me tromper.

— Est-il possible ? Je vous revois, mademoiselle !

— Oh, je suis bien heureuse ! Venez vous asseoir un instant près de moi.

Elle l'entraîna sous le berceau, le fit asseoir à côté d'elle et lui serrant les mains avec une joie enfantine :

— Racontez-moi bien vite ce que vous êtes devenu et comment je vous retrouve ici.

— J'ai beaucoup souffert depuis que je ne vous ai vue.

— Vraiment !

— Je ne suis pas riche, et j'ai dû accepter une place de secrétaire chez le comte de Mallegardes.

— Tant mieux.

— Oui, mademoiselle. Mais ne nous occupons plus de moi, tout est si sombre dans ma vie... Dites-moi plutôt comment j'ai le bonheur de vous rencontrer ici ?

— C'est bien naturel, puisque je suis la sœur du comte de Mallegardes.

— Comment ! Vous êtes... Pardonnez ma surprise... Je savais qu'on vous appelait Geneviève : cela me suffisait.

— Et qu'importe ?... je n'en suis pas moins la simple Geneviève... la modeste garde-malade.

— Que vous avez été bonne !

— Ne parlons plus de cela.

— Oh ! si, parlons-en. Car c'est à vous que je dois la vie, ou du moins que je dois d'avoir consenti à vivre. Tout en moi n'était que ruine et désastre. Je ne croyais plus à rien de bon ici-bas ; je n'espérais plus aucune félicité ; mon âme avait renoncé, elle était comme morte. Mais après vous avoir connue, de nouveau, j'ai cru, j'ai espéré, j'ai senti que je pouvais renaître. Cent fois, je serais mort, sans votre souvenir. Votre nom murmuré m'a donné le courage de supporter d'atroces choses. Quoique je sois encore bien déshérité, j'ai eu la force, grâce à vous, de redevenir un homme... Merci.

Geneviève essuya une larme.

— Oubliez tout cela..

— C'est oublié.

— Ainsi, vous allez rester avec nous ?...

— Je l'espère.

— De sorte que nous nous verrons tous les jours, comme là-bas...

Jean Eyrolles garda le silence.

— Vous ne répondez pas ?

— Je pense, dit le jeune homme avec effort, qu'il est impossible à M$^{lle}$ de Mallegardes d'accepter une intimité quelconque avec un employé de son frère.

— Un employé ?... Dites un ami, un sauveur ! car je

n'oublierai jamais que vous avez exposé votre vie pour me défendre.

— Le monde n'a point votre indulgence...

— Le monde? De quel droit s'occuperait-il de ce qui se passe à l'hôtel de Mallegardes ? Et, d'ailleurs, suis-je du monde, moi, pauvre aveugle ! Tenez, ce soir, la maison est pleine, n'est-ce pas ? Eh bien, est-ce que je fais partie de cette fête ?

— Monsieur votre frère, lui-même, ne verrait certainement qu'avec déplaisir la respectueuse intimité de nos rapports.

— Mon frère ne saurait blâmer la franche sympathie qui me fait désirer la compagnie d'un homme de votre mérite. Monsieur Jean Eyrolles, ajouta-t-elle en lui tendant la main, lorsque je vous offre mon amitié, me refuserez-vous la vôtre ?

— Mademoiselle, vous pouvez disposer de ma vie, dit Jean Eyrolles en pressant délicatement la petite main qu'on lui abandonnait.

— Geneviève, quel est ce malentendu? demanda soudain, d'un ton assez froid le comte de Mallegardes, qui s'était arrêté depuis une minute devant les deux jeunes gens.

Dominique, l'air fort étonné, se tenait auprès de lui. Jean Eyrolles, confus, se leva.

— Mon cher Paul, s'écria Geneviève, laisse-moi te présenter M. Jean Eyrolles.

— Il m'a déjà été présenté par M. Dominique.

— Ce n'est pas la même chose, répondit gravement la jeune fille que l'accent sévère du comte avait un peu froissée ; M. Dominique t'a présenté un secrétaire, moi, je te présente un ami pour qui j'ai l'estime la plus profonde.

— Comment se fait-il que je ne connaisse monsieur que depuis quelques heures ?

— M. Jean Eyrolles m'a sauvé plus que la vie dans une circonstance que je n'ai pas cru devoir te raconter jusqu'à ce jour. Mais dès que le moment opportun sera venu, je t'apprendrai à quel point il a droit à ma reconnaissance et à ta considération.

— Monsieur, dit le comte un peu surpris du ton ferme de Geneviève, quoique j'ignore encore le service que vous avez pu nous rendre, j'ai pleine foi dans la parole de ma sœur, et je suis heureux de vous connaître. En outre, comme je désire également devenir votre ami, il est inadmissible que vous conserviez une situation au-dessous de votre mérite dans une maison où vous viendrez désormais à un tout autre titre.

— Je vous sais gré, monsieur, de cette pensée délicate, répondit Jean Eyrolles; j'ignorais, en effet, que M^lle Geneviève fût votre sœur, lorsque j'acceptai la position qui m'était offerte chez vous.

Et le mari d'Antonine serra la main que lui tendait cordialement le mari d'Angélique.

— Voici vos invités qui envahissent la serre, fit observer le majordome; ne faut-il pas hâter l'illumination du jardin!

— Faites, dit le comte.

Sur un signal de Dominique, l'embrasement eut lieu instantanément.

Des feux de mille couleurs éclatèrent derrière les grands arbres qui parurent enveloppés par les flammes d'un immense incendie.

Ravis par ce spectacle vraiment éblouissant, dames et cavaliers applaudirent.

Non loin, presqu'au bas du grand escalier, en face du petit groupe formé par Jean Eyrolles et Geneviève, la comtesse de Mallegardes, dressant sa taille harmonieuse, le visage inondé de lumière, frappait dans ses petites mains.

Soudain, une sorte de rugissement se fit entendre, et Jean Eyrolles, épouvantable à voir, saisit rudement le bras du comte, en s'écriant :

— Quelle est cette femme?

— Devenez-vous fou?

— Quelle est cette femme, là, là, en blanc, au pied de cet escalier?

— C'est la comtesse de Mallegardes, monsieur.

Le comte n'eut pas le temps d'exprimer autrement sa colère. Jean Eyrolles venait de s'élancer vers la comtesse, placée en avant d'un groupe d'invités.

En deux bonds, il fut devant elle, balbutiant d'une voix étranglée :

— Antonine!

Alors la jeune femme, terrifiée, reconnut son premier mari, tandis qu'elle sentait la foule derrière elle, et qu'elle apercevait le comte à quelques pas.

Un mot, un seul, elle était perdue.

Désespérément, elle prit le bras de ce fantôme, disant très vite et très bas :

— Viens, tais-toi !

Déjà M<sup>me</sup> Lafare se trouvait auprès d'eux.

En une seconde, Jean Eyrolles se trouva emporté loin des regards.

— Chez moi, dit brièvement M<sup>me</sup> Lafare.

En effet, l'appartement qu'elle habitait était tout près et donnait sur la serre.

Jean Eyrolles y fut poussé.

Cette étrange scène s'était passée avec tant de rapidité que presque personne ne s'en était aperçu.

Geneviève avait perdu la parole, Dominique était plongé dans une indicible stupéfaction.

Quant au comte, il avait reçu comme un coup de couteau dans le cœur.

Un doute affreux torturait son esprit.

— Que se passe-t-il donc? Quel est cet homme que ma femme entraîne si inconsidérément? Est-ce qu'un malheur, une honte, menaceraient la maison des Mallegardes! A tout prix, il faut que je le sache.

Il fit un effort surhumain pour se contenir encore une minute.

Presque souriant, il alla au-devant de ses invités.

— Un messager, dit-il très haut, nous apporte de graves nouvelles. J'espère que M^me la baronne de Ravinot voudra bien remplacer un instant la comtesse de Mallegardes?

— Certainement, cher monsieur.

Le scandale était évité, le comte de Mallegardes disparut.

A la suite de l'aimable baronne, la foule se répandit dans la serre, pendant que l'orchestre, qui s'y était transporté, attaquait une brillante ouverture.

# XXXVI

## LES DEUX MARIS

A peine eut-on pénétré chez M<sup>me</sup> Lafare que, pour éviter toute surprise, celle-ci ferma la porte à clef.

Jean Eyrolles avait recouvré un peu d'empire sur lui-même; mais Antonine contemplait toujours d'un œil hagard cet homme, cet époux qu'elle croyait mort.

Était-ce bien lui qu'elle voyait devant elle, vivant, terrible, menaçant? L'émotion était trop forte, ses jambes ne pouvaient la soutenir, elle se laissa tomber sur un divan.

Quant à madame Lafare, sans s'arrêter à ce qu'il y avait de surprenant dans cette apparition, elle se bornait à prévoir une catastrophe et songeait déjà aux moyens d'en atténuer les effets le plus possible.

— Jean! Jean! répétait Antonine, mon Dieu, est-ce possible?

— Je comprends que vous soyez surprise de me voir, madame. A coup sûr il est fâcheux de retrouver soudain devant soi un homme qu'on a fait assassiner, et qu'on croyait à jamais enseveli.

— Oh! ce n'est pas moi... Je ne voulais pas!

— Si ce n'est vous, c'est votre digne mère, qu'elle reçoive mes compliments.

— J'ai défendu ma fille, voilà tout. Vous vouliez bien la tuer, vous.

— Certes, j'étais peu d'humeur à la ménager, et sa mort eût sans doute épargné bien des larmes.

— Causons donc sérieusement. Que voulez-vous? Parlez... Nous sommes prêtes à vous accorder tous les dédommagements que vous exigerez.

Jean Eyrolles haussa les épaules et regarda la grosse femme avec dégoût.

Puis, se tournant vers Antonine.

— Ah ça! madame, dit-il, qu'êtes-vous ici: la maîtresse ou l'épouse du comte de Mallegardes?

— Je suis sa femme.

— Vous êtes mariée?

— Hélas! oui.

— C'est parfait. Non contente d'être adultère, il vous a plu de devenir bigame.

— Puisqu'on vous croyait mort, objecta M<sup>me</sup> Lafare.

— Vous méritez vraiment des félicitations. Il est beau, ma foi! d'apporter dans le crime une telle absence de préjugés.

— Eh bien, monsieur, dites vite ce que vous voulez.

— Je ne veux rien.

— Pourtant, vous aviez un but en vous introduisant dans cette maison?

— Forcé de gagner mon pain, j'avais accepté d'être le secrétaire du comte de Mallegardes, sans me douter assurément qu'il eût l'avantage d'être l'époux de ma femme.

— Eh! quoi, c'était vous..., murmura naïvement l'ex-marieuse. Enfin, le mal est irréparable. Faites vos conditions, puisque notre destinée est entre vos mains, et ne torturez pas davantage ma pauvre enfant... Voyez comme elle souffre, ajouta-t-elle, en montrant Antonine qui se tordait les bras avec désespoir.

— Je vais faire mon devoir, madame.

— Votre devoir!... quel devoir?

— Avertir le comte de Mallegardes, et vous livrer à la justice.

— Vous ne ferez pas cela, hurla M<sup>me</sup> Lafare, en promenant un sombre regard autour de la chambre.

Elle pensait sans contredit aux moyens de se défaire de Jean Eyrolles.

Tout à coup Antonine se jeta à genoux.

— Grâce ! cria-t-elle. Ayez pitié de moi, vous que j'ai tant aimé, que j'aime encore... Oui, Jean, je le jure, je n'ai pas cessé de t'aimer... Tiens, je t'en supplie, tue-moi, je l'ai mérité ; mais pas la honte, pas la prison... Oh ! ne sois pas inexorable !

— Arrière ! madame, dit Jean Eyrolles, la repoussant avec rudesse.

— Il est impossible que vous me haïssiez à ce point, Jean !

— Non, je ne vous hais plus. Je vous méprise, et je vous redoute, et je pense qu'il est juste de mettre un terme à vos forfaits.

— Vous êtes donc sans pitié ?

— Avez-vous eu pitié de moi, quand vous avez souillé ma maison par vos débordements ? Avez-vous eu pitié de moi, quand vous m'avez fait assassiner pour vivre en paix avec vos amants ? Avez-vous eu pitié du comte de Mallegardes, quand, par je ne sais quelle ruse infernale, vous déjà mariée, déjà vendue, vous avez osé entrer dans cette famille abusée, traînant après vous le crime, l'opprobre et le déshonneur ?

— Jean, mon époux, mon maître, pardonnez-moi. Voyez, je suis à vos pieds ; faites-moi grâce. C'est vrai, j'ai été bien coupable, je vous ai fait bien du mal, à vous, le meilleur des hommes. Que voulez-vous ! je n'ai pu supporter la misère ; j'ai été lâche. D'ailleurs, est-ce tout à fait notre faute si nous sommes si faibles, nous autres femmes !... Puis, une occasion s'est offerte ; j'ai été éblouie, fascinée... Ah ! j'étais indigne de votre amour, Jean, je le reconnais ; mais vous êtes trop noble, trop généreux pour vouloir vous venger de moi. Du reste, je ne suis plus à craindre pour personne à présent. Tenez, je vous le jure, j'emploierai désormais ma vie à faire du bien pour expier le passé. Jean, ayez pitié de moi, ne me perdez pas irrémédiablement !

— Vous et votre mère, vous êtes deux monstres. Malheur à ceux qui vous approchent. Il n'existe aucun forfait dont vous ne soyez capables, pour peu que votre intérêt soit en jeu. Et même en ce moment, est-ce que votre odieuse mère ne médite pas encore ma mort ?... Qu'importe que ses lèvres nient, puisque son regard la dévoile.

La sombre matrone baissa les yeux.

— Vous croyez que je veux me venger ? Détrompez-vous, misérables ! Ce que je veux c'est empêcher qu'une noble famille ne soit plus longtemps abusée par des prostituées de votre espèce... Votre présence seule est un fléau, car vous sentez la trahison, et de l'air que vous expirez, ô créatures maudites ! s'exhale une odeur certaine de meurtre. Qu'importent vos hypocrites protestations ! Les crimes passés sont les précurseurs des crimes futurs. C'est pourquoi, en vous démasquant, je ne sers pas mà vengeance, je préviens seulement de nouveaux malheurs, de prochaines infamies et je délivre la société de deux êtres monstrueux. C'est en vain que vous gémissez... Vos pleurs et vos airs de repentir ne sont qu'une plus honteuse imposture. Vous êtes condamnées, et je ferai mon devoir.

Il se dirigea vers la porte.

Mme Lafare lui barra le passage.

— Ainsi vous allez nous livrer ?

— Oui.

— Prenez garde !... gronda la terrible femme dont les yeux noirs jetèrent des flammes.

— Je sais que vos menaces sont redoutables, mais je suis prêt à braver tout danger.

— Jean ! cria Antonine, venant se placer à côté de sa mère, tu ne sortiras pas !

— A la bonne heure ! je vous reconnais enfin... Sur deux maris, il en est un de trop, n'est-ce pas ? Périsse donc celui qui gêne ! Ah ! je comprends : c'est un com-

bat que vous voulez, et votre mère compte pour me
dompter, sur ses muscles de sorcière vomie par l'enfer ?
Mais, Dieu merci, j'ai reconquis mes forces d'athlète
et je me défendrai.

Pendant un instant, ces trois êtres se mesurèrent du
regard.

Une lutte horrible allait s'engager, lorsque soudain
les acteurs de cette scène tressaillirent comme si la
foudre était tombée au milieu d'eux. Le comte de
Mallegardes venait de pénétrer brusquement dans la
chambre par la porte du cabinet de toilette.

— Il est inutile d'aller plus loin, dit-il, j'ai tout entendu.

A cette apparition, Antonine, frappée d'épouvante,
avait reculé jusqu'à la muraille et s'était affaissée sur
elle-même.

— Insensée que je suis ! murmura Mᵐᵉ Lafare, j'a-
vais oublié le couloir qui aboutit au grand vestibule.

Puis, prenant sa fille dans ses bras, elle la porta
sur un fauteuil et chercha à la ranimer.

Les traits contractés et couverts d'une pâleur mortelle, le comte s'était approché de Jean Eyrolles :

— Monsieur, dit-il, je vous remercie de la résolution
que vous aviez prise. J'étais là, derrière cette porte, et
je n'ai perdu aucune des paroles que vous avez pronon-
cées. Chacune de vos révélations m'a fait une blessure.
Je ne croyais pas qu'un homme eût la force de supporter toutes les tortures que j'ai subies en quelques
minutes, car j'aimais cette femme autant que vous
avez pu l'aimer. Je suis donc votre égal dans la douleur. Maintenant, j'ai une grâce à vous demander.

— Parlez, monsieur.

— Il s'agit de décider du sort de ces femmes.

Mᵐᵉ Lafare tendit l'oreille.

— Monsieur le comte, dit Jean Eyrolles, mon devoir
était de vous apprendre les forfaits de ces deux créatures. A présent que vous savez tout, je vous laisse le

soin de les juger et m'en remets entièrement à votre décision.

— Hélas, monsieur, vous avez plus que moi le droit de prononcer. Je dois donc vous soumettre mon avis et obtenir votre approbation. Pour sauvegarder votre honneur et le mien, je crois utile que personne au monde ne soit informé des crimes commis par ces femmes. Dès demain, elles quitteront la France et ne porteront ni mon nom ni le vôtre. Si jamais elles osaient rentrer en ce pays, nous n'aurions plus qu'à demander à la justice le châtiment qu'elles méritent. Tant qu'elles observeront ces conditions formelles, je leur ferai parvenir l'argent strictement nécessaire à leur subsistance. M'approuvez-vous, monsieur ?

— En tous points.

— Vous avez entendu, mesdames ? ajouta d'un ton glacé le comte de Mallegardes, se tournant à demi vers les deux femmes.

— Oui, monsieur, répondit Mme Lafare.

— Vous avez compris quel risque vous courriez, s'il vous arrivait de transgresser une seule de nos conditions ?

— Oui, monsieur, répéta Mme Lafare.

— En ce cas, veuillez être prêtes à partir demain, à midi précis. Et maintenant, ouvrez cette porte.

Mme Lafare exécuta l'ordre donné, et les deux hommes sortirent de cette chambre sans jeter un regard en arrière.

Une fois dehors, comme Jean Eyrolles faisait mine de se retirer, le comte le retint :

— Permettez-moi une question, monsieur : cette femme est-elle réellement une demoiselle Angélique de Sérignan.

— Elle se nomme Antonine, et de plus elle est la fille de Mme Lafare ?

— Qui est-ce Mme Lafare ?

— C'est l'épouvantable femme qui est auprès d'elle

en ce moment et qui exploitait, il y deux mois à peine,
une agence matrimoniale.

— Ainsi, M^me Lafare, sa mère, n'est autre que cette
M^me Lachapelle qui se faisait passer pour sa marraine.
Mon Dieu ! quelle honteuse machination !

— Ces créatures sont de tels monstres que, au prix
de n'importe quelle souffrance, c'est encore un bien-
fait d'en être délivré.

— Qui aurait pu deviner, sous leur air de candeur et
de dignité, les hideurs de leur âme !... En vérité, ces
femmes m'épouvantent à présent.

— Si j'ose vous donner un conseil, jusqu'à ce qu'elles
aient quitté Paris, tenez-vous sur vos gardes.

— Eh mais, j'y pense. Comme j'ai épousé mademoiselle Angélique de Sérignan, il y a substitution de personne. C'est un cas de nullité, cela ?

— Sans doute.

— Enfin ! j'examinerai plus froidement jusqu'à quel
point je puis user de cette circonstance. J'espère que
nous nous reverrons, monsieur ?

— Je serai toujours à votre disposition.

Jean Eyrolles prit congé du comte de Mallegardes,
et quitta l'hôtel en proie à d'amères réflexions.

## XXXVII

### UN CONFLIT D'ATTRIBUTIONS A PROPOS D'UNE BAIGNOIRE

Le valet de chambre du comte de Mallegardes était un petit homme d'une quarantaine d'années nommé Loupion.

Il avait été appelé à cet emploi par M. Dominique, pour lequel il professait un dévouement et une admiration sans bornes.

Le pauvre garçon était d'une intelligence si médiocre, que les idées les plus simples ne pénétraient que fort lentement dans son apathique cerveau.

Par contre le physique s'était développé merveilleusement.

Il était rose et joufflu comme un amour de Boucher, grassouillet et dodu comme un chanoine, douillet et sensitif, comme une femme jalouse.

Pourtant Loupion avait une qualité, conséquence de son infériorité morale : il était obéissant comme une machine, ponctuel comme une horloge.

Il avait été soldat pendant cinq ans et n'avait pas subi une minute de punition. Il vénérait tous ceux qui avaient mission de lui donner des ordres et méprisait les autres.

Il était né valet de chambre.

Chose étrange, ce pauvre garçon, incapable d'éprouver en général le moindre symptôme de sympathie ou d'antipathie, était plein d'aversion pour la vieille Marguerite, la nourrice de Geneviève.

Un jour, Dominique lui avait dit :

— Vous n'avez pas d'ordre à recevoir de cette campagnarde.

Or, Marguerite, qui était le type idéal de la ménagère vigilante, s'immisçait aussi bien dans les affaires du frère que de la sœur, et maintes fois il en était résulté des conflits où le malheureux Loupion avait toujours eu le dessous.

Quoi ! son maître donnait raison à cette bonne femme de laquelle il n'avait pas d'ordres à recevoir ?

Il y avait là une contradiction bien suffisante pour bouleverser toutes les facultés d'un domestique esclave de la discipline.

Or, cette nuit de fête devait offrir une occasion nouvelle de mésintelligence entre le valet de chambre et la nourrice.

Depuis quelque temps, Paul de Mallegardes était affecté d'un léger malaise inflammatoire, contre lequel son médecin avait ordonné un régime de bains sédatifs.

Une magnifique vasque de marbre avait été installée dans le cabinet de toilette du comte qui, deux fois par jour, se baignait pendant quelques minutes.

Ce jour-là, distrait par les apprêts de la fête, il avait oublié de prendre son second bain.

Il était déjà deux heures du matin, et les derniers invités commençaient à se retirer. Comme d'habitude, Loupion terminait les préparatifs de nuit chez son maître dont l'appartement n'était séparé de celui de la comtesse que par la bibliothèque.

Au grand déplaisir du valet de chambre, Marguerite entra, examina, fureta et finalement s'écria :

— Pourquoi ne videz-vous pas cette baignoire ?

— M. le comte n'a pas encore pris son bain.

— Vous ne comprenez donc pas qu'il ne le prendra plus aujourd'hui ?

— Pourquoi donc ?

— D'abord parce qu'il est froid.

— Je vais le réchauffer.

— Allons, videz cela, je vous dis... Etes-vous assez borné !

— C'est possible ; mais j'ai reçu des ordres de la part de personnes qui ont le droit de m'en donner, et je les exécuterai malgré vous.

— Monsieur Loupion, je vous ordonne de vider cette eau.

— Jamais.

— Imbécile ! s'écria la nourrice furieuse.

— Vous êtes grossière, madame.

— Vous, vous n'êtes qu'une machine.

— Je fais mon devoir. Laissez-moi tranquille.

— Vous devriez garder des dindons.

— Et vous, les oies, madame.

— Voulez-vous, oui ou non, faire ce que je vous dis.

— Je n'ai pas d'ordres à recevoir de vous.

La discussion allait s'envenimer, lorsque M<sup>lle</sup> de Mallegardes entra.

— Tu es là, ma bonne Margot ? demanda M<sup>lle</sup> de Mallegardes.

— Oui, Gièvre.

— Mon frère n'est pas encore remonté ?

— Il ne va pas tarder, car il n'y a presque plus personne dans les salons.

— Il paraît que la comtesse est souffrante ?

— Oui, elle s'est retirée chez elle avec M<sup>me</sup> Lachapelle.

— Tu ne sais pas autre chose ?

— Que veux-tu que je sache ?

— Rien... Tu n'as pas revu notre ami Pierre ?

— Non. Il est parti depuis plus d'une heure.

— Ah ! voilà mon frère.

Le comte entrait avec Dominique.

En ce moment, Loupion remettait de l'eau chaude dans la baignoire.

— Le bain de M. le comte est prêt, dit-il en regardant la nourrice d'un air de défi.

— Il est enragé, cet animal-là ! murmura Marguerite.

— C'est bien ; laissez-nous, fit le comte ; vous pouvez aller vous reposer.

— Monsieur le comte n'aura pas besoin de mes services pour se coucher ?

— Non. Allez dormir.

Le valet de chambre se retira.

— Mon bon Paul, je voudrais te parler un instant.

— Laisse-moi donner quelques instructions à Dominique, et je suis à toi.

— Gièvre, dit Marguerite, je vais t'attendre dans ta chambre. Ne reste pas trop longtemps, car tu dois être fatiguée.

Dès que la nourrice fut sortie, le comte se retourna vers Dominique.

— A nous deux, dit-il.

— Je vous écoute, monsieur le comte.

— Demain, M^me la comtesse doit partir pour un long voyage. Vous ferez atteler le coupé pour midi, ainsi que la vieille calèche où l'on mettra les bagages. M^me Lachapelle accompagnera sa filleule.

Vous voudrez bien également veiller à ce que ces dames soient prêtes pour cette heure-là ; vous vous tiendrez à leur disposition, et, au besoin, vous les aiderez dans leurs préparatifs. En un mot, je désire que rien ne puisse entraver leur départ. Vous m'avez bien compris ?

— Parfaitement, répondit Dominique, sans parvenir à dissimuler la surprise que lui causaient de tels ordres.

— Enfin, au moment où ces dames seront sur le point de partir, vous viendrez me parler.

— Oui, monsieur le comte.

— Vous pouvez vous retirer.

L'intendant s'inclina respectueusement et sortit.

Quand la porte se fut refermée, le comte se laissa tomber sur un fauteuil et prit son front dans ses deux mains.

Doucement, Geneviève l'entoura de ses bras et l'embrassa.

Le comte tressaillit.

— Tu souffres, Paul, murmura la jeune fille.

— Non, répondit le comte, réprimant par un effort suprême les sanglots qui l'étouffaient ; je suis un peu fatigué, voilà tout.

— Tu veux me tromper, insista la jeune fille en hochant la tête ; quoique j'ignore la cause de ton chagrin, je sens que tu souffres beaucoup.

— Je t'assure que tu es dans l'erreur.

— Mon Paul, pourquoi mentir ? Ne sais-tu pas que le simple contact de ta main me suffit pour éprouver tout ce que tu ressens ? Ainsi, je suis convaincue qu'en ce moment une pensée douloureuse appesantit ton front et que ton cœur étouffe dans ta poitrine. Ai-je tort ?

— Chère petite sœur, c'est assez vrai ; mais il ne faut attribuer ce trouble qu'à une grande lassitude. D'ailleurs, tu sais bien que je suis un peu malade, depuis quelques jours.

— Non, non, ce n'est pas cela ; c'est ton âme qui est meurtrie.

— Geneviève, laisse-moi, je t'en prie.

— Frère, puisque tu persistes à me cacher ton mal, c'est que tu ne me crois pas tout à fait digne de ta confiance. Pourtant, bien que je sois plus capable de tendresse que d'énergie, je ne suis pas de celles qui fuient la douleur. En admettant, même, que je ne puisse t'offrir la moindre consolation, il est cruel à toi de me dérober une part de ta tristesse.

— Eh bien, plus tard, je te confierai mon amertume.

— Je n'insiste plus... Un dernier mot encore : As-tu vu notre ami Rimeuil à la fin de la soirée ?

— Non, je l'ai cherché en vain.

— Il paraît qu'il est parti brusquement, sans rien dire. C'est inquiétant.

— Qu'y a-t-il d'extraordinaire à cela ?

— Je ne sais, mais il s'est passé ce soir tant de choses étranges !... Ce qui m'a le plus étonné, c'est la conduite de M. Jean Eyrolles. Après avoir poussé une espèce de rugissement à la vue de la comtesse, il s'est élancé vers elle, et tous deux ont disparu, tandis que de ton côté tu t'absentais presque aussitôt.

« M^me Lachapelle elle-même, continua M^lle Mallegardes, n'a pas reparu, pas plus qu'Angélique, retenue chez elle par une indisposition bien subite. En outre, ce voyage précipité, et surtout ton indifférence à laisser la comtesse s'éloigner, tout cela me semble incompréhensible. Mille idées pénibles traversent mon esprit et me remplissent d'inquiétude. Je vais beaucoup souffrir tant que tu ne m'auras pas éclairci ce mystère. Ce dont je suis sûre, c'est qu'un grand malheur t'a frappé. »

— Pardonne-moi, chère enfant, de ne pas te répondre. En vérité, je ne le puis. Accorde-moi jusqu'à demain, et tu sauras tout. En ce moment, j'ai réellement besoin d'être seul.

— Je te laisse ; embrasse-moi.

— Va, Geneviève, va.

Ils s'embrassèrent tendrement. Mais l'étreinte de la sœur fut longue, convulsive, désolée comme un dernier baiser d'adieu.

Enfin, elle regagna son appartement que la largeur d'un couloir mitoyen séparait de celui de son frère.

## XXXVIII

### LA DERNIÈRE ENTREVUE DU COMTE ET D'ANTONINE

L'hôtel de Mallegardes, tout à l'heure si resplen-dissant, était redevenu sombre et silencieux.

Une seule lampe éclairait le cabinet du comte laissant traîner de longues ombres dans les coins, entre les meubles.

Par les croisées, dont les rideaux étaient relevés, on apercevait le jardin dont les grands arbres étaient fantastiquement illuminés par les vifs rayons de la lune.

Un grand vent hurlait dans la cheminée, et faisait tapoter les persiennes en sifflant au travers.

Après le départ de sa sœur, le comte de Mallegardes s'était replongé dans son fauteuil, devant son bureau.

Il commença une longue lettre à son notaire; mais il ne put l'achever, la plume lui tomba de la main.

Alors il se prit à pousser de sourds gémissements. Un effrayant désespoir lui gonflait le cœur et l'étreignait à la gorge.

Il aurait voulu pleurer, mais ses yeux étaient secs et brûlés par la fièvre.

Il aurait voulu marcher, secouer un peu l'horrible douleur qui l'étranglait; mais il essaya vainement de se lever. Un poids énorme l'écrasait et paralysait ses mouvements.

D'un complexion délicate, le comte ne pouvait sup-porter longtemps une violente émotion sans éprouver une sorte de faiblesse générale qui le rendait incapable de réagir.

Son système nerveux tout entier avait reçu un tel ébranlement qu'il souffrait en réalité dans tout son corps.

Son regard s'étant porté d'instinct sur un miroir placé devant lui, il ne put s'empêcher de frissonner en constatant l'altération profonde de son visage. Il était pâle comme un spectre.

Il essaya de continuer sa lettre ; c'était au-dessus de ses forces. Il se renversa dans son fauteuil, et en proie à d'inexprimables tortures, il se meurtrit les joues avec ses poings crispés.

— Comme je l'aime ! proféra-t-il.

Il savait bien qu'elle était indigne, qu'elle l'avait trompé tous les jours, à toute heure. De plus, elle était mariée, elle avait eu des amants, elle s'était prostituée pour de l'argent, elle avait fait assassiner son mari, elle s'était emparée des titres d'une demoiselle Angélique de Sérignan, après l'avoir certainement attirée dans une embûche, tout cela était établi, prouvé, indéniable !

Et cette femme souillée, criminelle, qui méritait d'être traînée sur les bancs de la cour d'assises, cette femme monstrueuse enfin, il l'avait aimée, il l'avait faite comtesse de Mallegardes, il lui avait donné son cœur, son âme, son honneur, il l'avait adorée à genoux, et s'était fait son esclave, ne sachant comment lui rendre les joies dont elle l'enivrait.

En ce moment même, — il était bien forcé de se l'avouer, — cette aventurière flétrie, meurtrière, bigame, il l'aimait encore ; il l'aimait à ce point qu'il était impatient de hâter sa fuite, de la chasser outrageusement, tant il redoutait les défaillances prochaines et les honteux consentements.

Quel homme, dévoré par la passion, peut avoir l'absolue certitude de ne jamais devenir lâche, de ne consentir jamais à rechercher un bonheur perdu jusque dans la fange?

Grâce au ciel, il n'était pas de ceux dont l'orgueil abdique ou s'humilie. Le dernier des comtes de Mallegardes ne pouvait transiger avec l'honneur. Toutefois, il était bon que cette femme s'éloignât au plus vite.

Oui, elle allait partir, et avec elle, toute tentation s'évanouirait.

La chose était bien arrêtée, et nul doute à cet égard n'était possible, puisque telle était sa volonté.

Donc elle allait partir pour toujours, et jamais plus il ne la reverrait, jamais plus il n'entendrait sa voix perfide ! sa douce voix de charmeuse ; jamais il ne verrait son sourire menteur, ce gracieux sourire d'enfant si séducteur ; jamais plus il n'enlacerait ce corps impur, ce corps si parfait, si souple, si ardent ; jamais plus il ne baiserait cette bouche si fraîche ; non, jamais plus il n'irait, le soir, retrouver cette créature trompeuse, mais troublante, insatiable, amoureuse de folles caresses.

Le jeune homme se tordit convulsivement en proie à une exaltation indescriptible.

— Faudra-t-il donc que je m'arrache le cœur? s'écriat-il en se meurtrissant la poitrine. Hélas ! contre de pareils tourments n'y aurait-il de refuge que dans la mort.

Longtemps, il resta immobile. La fièvre brûlait son sang, ses artères battaient avec force ; peu à peu une sorte de délire s'empara de son esprit, et devant ses yeux passèrent d'étranges visions.

Véritablement il croyait sentir des ombres furtives frôler son corps et l'envelopper, tandis qu'il voyait par instants des êtres subtils, larves funestes, ramper autour de lui, sur le tapis, grimacer, se tordre et se dérober sous les meubles.

C'était surtout par l'entrebâillement de la porte de la bibliothèque qu'il les apercevait, s'introduisant et se glissant.

Oh ! comme il aurait voulu que cette porte fût fermée !

Mais vainement il essaya de se mouvoir. Il était anéanti et comme paralysé.

Tout à coup ses cheveux se dressèrent sur sa tête.

Un craquement du parquet, très distinct, s'était produit dans la bibliothèque.

Vaguement il reconnut le bruit étouffé d'un pas indécis, — du pas hésitant de quelqu'un qui marche avec une extrême précaution.

Une horrible sensation de terreur l'envahit tout entier. Il eut soudain comme une double vue qui le fit assister à ce qui se passait au-delà de cette porte.

Sans contredit, une ombre se profilant dans l'ombre, une forme humaine s'agitait, s'approchait avec une lenteur infinie. A chaque minute, elle s'avançait un peu... — oh ! si peu que rien.

Cela dura longtemps, bien longtemps ; le temps de de devenir fou.

Puis il perçut des respirations, des chuchotements, des frôlements d'étoffes ; pourtant, ces bruits confus étaient si faibles, qu'il pouvait croire ne les avoir pas entendus en réalité.

Enfin, il vit, — très distinctement cette fois, — il vit le bout d'une très petite main se glisser peu à peu dans l'entrebâillement de la porte, — des petits bouts de doigts roses qui, pressant cette porte, la firent tourner d'une façon imperceptible.

Pétrifié dans son hallucination, le comte n'avait la faculté ni de se mouvoir, ni de crier ; mais il sentit que ses yeux, fixés sur cette main, s'agrandissaient extraordinairement.

Bientôt la porte se trouva tout à fait ouverte, et le doute ne fut plus possible.

En effet, il vit, se détachant sur un fond de ténèbres profondes, il vit deux femmes qu'il reconnut parfaitement.

L'une était M^me^ Lafare, l'autre sa fille, dont les yeux jetaient d'indéfinissables lueurs.

Comme galvanisé, le comte parvint, non sans saccades, à se dresser sur ses jambes, tandis que, par un mouvement inverse et simultané, les deux femmes arrivaient par degrés à se prosterner sur le seuil.

Les mains étendues dans une attitude suppliante, doucement elles se traînaient sur leurs genoux.

On eût dit qu'elles glissaient tant elles faisaient peu de mouvements.

Toutefois, malgré l'humilité de la posture, le comte démêlait dans leurs regards une suprême résolution, quelque chose comme un dessein funeste.

Et ces regards l'épouvantaient, car ils contenaient la menace d'un péril inévitable.

Incapable de volition, fasciné, terrifié, le comte reculait au fur et à mesure qu'elles avançaient, perdant du terrain, néanmoins.

Or cela dura quelques minutes.

Il essaya de ressaisir sa raison affolée.

— Je suis convaincu, pensa-t-il, je suis absolument convaincu que ces femmes qui se traînent aussi lentement vers moi, pareilles à des suppliantes, oui, je suis convaincu que ces misérables femmes, avec leurs mines hypocrites, ne sont venues ici que pour commettre un crime. Leurs yeux luisants disent assez cette intention et dénoncent l'embûche. N'ont-elles pas déjà sur leurs visage la sinistre pâleur du meurtrier qui va bondir sur une proie ? D'ailleurs, Jean Eyrolles ne l'a-t-il pas dit ?

Quand il y a deux maris pour une seule femme, l'un des deux certes est de trop... Et lui-même, n'ont-elles pas voulu l'assassiner aussi ?... Or, cette fois, il est probable, — que dis-je! — il est évident qu'elles m'ont choisi pour leur victime.

Eh bien, puisque cette certitude m'est acquise, qu'est-ce qui m'empêche d'avoir recours à l'aide de mes gens ?...

ll y a du monde dans l'hôtel, et, pour peu que j'appelle, on accourra bientôt de toutes parts... Sans doute, mais que répondrai-je? et quel secours réclamerai-je contre deux pauvres créatures à genoux devant moi?... On n'y comprendrait rien, et je serais couvert de ridicule... En vérité, mes appréhensions sont absurdes... Comment puis-je avoir peur de deux femmes qui m'implorent?

ll faut que je sois devenu fou pour trembler de la sorte, alors surtout qu'il me suffit de faire un geste pour les chasser et m'en défaire... En ce moment, à force de reculer, il était arrivé près de la baignoire, au marbre de laquelle il se heurta. Pendant la demi-seconde qu'il mit à reprendre son équilibre, les deux femmes, d'un commun élan, s'étaient redressées, et se trouvaient tout contre lui.

Le visage de M<sup>me</sup> Lafare frôlait même de si près la figure du comte que celui-ci voulut d'un mouvement l'éloigner. Mais, d'une irrésistible poussée, l'ex-marieuse fit basculer le jeune homme, le renversa dans le bain et le plongea sous l'eau, où fut étouffé le cri suprême sorti de la gorge de l'infortuné qui se débattait désespérément.

La lutte ne fut pas longue. De ses mains puissantes étreignant le malheureux, M<sup>me</sup> Lafare lui maintint la tête sous l'eau, tandis qu'Antonine, cramponnée aux jambes de la victime, les empêchait de heurter les parois de la baignoire. Les bras de l'homme qui se noyait battirent l'air avec d'effroyables torsions; puis, ils retombèrent et restèrent inertes.

Bientôt on n'entendit plus aucun bruit, plus rien, sinon un sinistre grouillement qui sortait du fond du bain, formant de petits globules à la surface.

Tout à coup, au milieu de ce silence funèbre, un frisson de terreur glaça les deux femmes.

On venait de frapper à une porte latérale.

Peu après, la douce voix de l'aveugle se fit entendre :

— Frère, es-tu malade? demanda-t-elle.

Sans lâcher encore leur victime agonisante, les deux femmes se regardèrent :

— A toi de répondre, souffla M<sup>me</sup> Lafare.

Antonine fit un effort surhumain.

Tout en continuant sa hideuse besogne, la comtesse de Mallegardes balbutia avec un accent naturellement troublé qui donnait un sens intime à sa réponse :

— Nous sommes couchés, Geneviève...

— Oh ! pardon...

Interdite et confuse au suprême degré, la jeune fille se retira à la hâte, pendant que le comte de Mallegardes expirait dans une dernière convulsion.

## XXXIX

### LA COMTESSE DE MALLEGARDES ET LE MOÏSE DE MICHEL-ANGE

Depuis longtemps le comte ne faisait plus de mouvements.

Antonine s'était laissée tomber dans un fauteuil, les bras pendants, la tête abandonnée, vaincue par une sorte de syncope et de totale prostration.

Mme Lafare, debout près de la baignoire, détournait les regards pour ne pas voir le cadavre.

Elle était très pâle.

C'était le premier meurtre qu'elle accomplissait de ses propres mains, et cette femme que rien ne pouvait émouvoir, éprouvait un trouble indéniable.

Après tout, ce n'était qu'un malaise, une faiblesse passagère. Au fond, elle était sensible ; elle avait des nerfs comme les autres que diable : elle payait son tribut à la nature. On ne tue pas un homme comme on tue un poulet. La première fois, cela fait quelque chose.

Mais ce n'était rien ; cela allait se passer évidemment.

Il fallait se secouer, morbleu !

Et d'abord, au plus pressé.

D'un pas assez ferme, elle alla fermer les deux portes à double tour, afin d'éviter toute surprise.

Cependant, elle avait quelque peine à se remettre et respirait encore avec difficulté.

— Ce que c'est que de nous, dit-elle ; il y a des circonstances où toute l'énergie qu'on possède d'habitude ne suffit pas à triompher d'une émotion. Allons ! ce n'est guère le moment de s'écouter.

Elle ouvrit une armoire où se trouvaient des liqueurs, prit un flacon de rhum et s'en versa un demi-verre, qu'elle avala d'un trait.

Elle toussa, s'étira les bras, et se redressant :

— Ah ! ah ! reprit-elle, voilà qui vous redonne du cœur !

Elle remplit de nouveau le verre à moitié.

— A la petite maintenant. Elle est vraiment toute pâmée, la pauvre enfant !

Tout en soutenant la tête de sa fille, elle lui fit boire, bon gré, mal gré, le contenu du verre.

Au bout d'un instant, les joues d'Antonine se colorèrent d'une vive rougeur. Elle frissonna, et ouvrit les yeux.

— Voyons, remue-toi, dit l'ex-marieuse non sans impatience ; ce n'est pas l'heure des pamoisons. Allons ! debout, marche, dégourdis-toi un peu... Il nous reste encore une grosse besogne.

Et, la prenant dans ses bras robustes, comme elle eût fait d'un enfant, elle l'aida à faire quelques pas.

— Mon Dieu ! quel crime nous avons commis ! bégaya Antonine.

— N'y avait-il pas force majeure, et pouvions-nous faire autrement ? Ne sois donc pas si femmelette... C'est qu'il ne s'agit pas de s'endormir. Il est déjà bien tard, et nous n'avons plus que quelques heures devant nous. Secoue-toi vite, et songe qu'il faut le faire disparaître, celui-là, avant le jour. Or, à ce propos, quelle est ton idée ?

— Mon idée... pourquoi faire ?

— Eh bien ! pour cacher le corps. Tu ne veux pas le laisser là, je suppose, et nous n'avons pas de temps à perdre.

— Oh! c'est vrai! fit Antonine qui recouvra à peu près sa présence d'esprit à la pensée du danger prochain. Mais comment expliquer la disparition du comte?

— Nous trouverons, nous inventerons quelque chose... Pour le moment il faut le faire disparaître.

— C'est juste.

— Réfléchissons bien... Le principal, c'est qu'on ne puisse le découvrir.

— Il faudrait l'emmener loin d'ici, dit Antonine.

— Est-ce qu'il nous est possible de sortir sans être vues?

— Que faire alors?

— Il y a un moyen très simple, reprit M<sup>me</sup> Lafare, c'est d'aller l'enterrer dans le jardin.

— Dans le jardin? oui... tout au fond... n'est-ce pas?

— Les instruments du jardinier se trouvent dans le petit pavillon, à droite... Seulement... voilà: il y couche, lui et sa famille... Or, nous risquons d'être aperçues, et le moindre indice peut nous perdre. Décidément, il y a trop de monde dans l'hôtel pour que nous pensions à sortir d'ici... Tiens, vois comme la nuit est claire.

— Hélas! que faire? murmura Antonine.

— Ecoute: n'y a t-il pas un endroit dans l'hôtel où l'on ne pénêtre jamais!...

— La cave?

— Je ne la connais pas... d'ailleurs, nous n'avons pas les clefs.

— Les greniers?

— Non, non. Il nous faut un coin, où, seules, nous aurions le droit d'entrer.

— Alors, mon appartement, fit la comtesse frissonnant, malgré elle, à l'idée de ce lugubre voisinage.

— Ce serait mieux.

— Mais, en peu de jours, ce ne sera pas tenable.

— Eh bien, quelques jours suffisent... Quoique je n'aie point encore de plan très arrêté, je prévois qu'il nous faudra du temps pour nous emparer de la fortune du... défunt. Or, pourvu qu'il nous soit possible d'expliquer son absence pendant une semaine, nous aurons tout le répit nécessaire pour trouver un moyen d'arranger les choses ; sans quoi, nous nous résignerons à fuir à l'étranger.

— J'y pense : dans mon atelier, sous les sacs de plâtre, n'est-il pas facile de cacher quelqu'un ?

— Oh ! quelle idée !... En effet, rien n'empêche, pour le dissimuler... comprends-tu ?

— De l'ensevelir dans le plâtre ?...

— Mieux que cela ! mieux, te dis-je. Nous sommes sauvées !

— Quel projet as-tu ?

— Tu verras... Donne-moi un drap.

Le drap fut étendu sur le sol, et M$^{me}$ Lafare y déposa le cadavre ruisselant du comte de Mallegardes, qu'elle enveloppa de ce linceul.

Cela fait, elle alla ouvrir la porte de la bibliothèque, et revint prendre le corps inanimé, en disant :

— Viens, Antonine ; éclaire-moi.

Elles traversèrent ainsi deux pièces, et ne s'arrêtèrent que dans la chambre de la comtesse.

— Maintenant, dit la terrible femme, prends un flambeau, et monte jusqu'à l'atelier, afin de t'assurer qu'il n'y a aucun danger d'être surprises dans l'escalier.

La comtesse sortit sur la pointe du pied et reparut au bout de quelques minutes.

— Tout le monde dort dans l'hôtel.

— C'est parfait.

M$^{me}$ Lafare ressaisit son sinistre fardeau et, précédée de sa fille qui l'éclairait, elle arriva bientôt à l'étage supérieur.

Les deux femmes pénétrèrent dans le vaste atelier sans avoir fait le moindre bruit, grâce à l'épaisseur propice des tapis.

Dès qu'elles se furent enfermées, la marieuse se mit

à examiner les différentes statuettes disséminées de tous côtés, au grand étonnement de sa fille qui lui demanda :

— Que cherches-tu donc, mère ?

— Attends, attends... Ah ! justement, voilà notre affaire !

Son choix s'était arrêté sur une réduction du Moïse de Michel-Ange, qu'elle plaça sur la table.

Tout le monde connaît ce chef-d'œuvre du grand maître italien, qui représente Moïse assis, tenant les tables de la loi et la tête ornée des cornes flamboyantes.

— Je ne comprends pas... reprit Antonine.

— Patience ! je t'expliquerai. Avance ce fauteuil, là.

Après avoir soulevé le cadavre du comte, M<sup>me</sup> Lafare le débarrassa du drap qui l'enveloppait, l'installa dans le vaste siège demandé, et l'y assujettit solidement avec des cordes.

Ensuite, elle transporta le fauteuil et le planta au milieu d'un plancher mobile usité pour les œuvres de grandes dimension. Alors elle s'écria :

— Antonine, regarde bien ce modèle. Il faut qu'en quelques heures tu en aies fait en plâtre une statue colossale.

— En plâtre ?

— Oui... N'use-t-on pas, en général, d'une armature en fer ou en bois ? Eh bien ! le comte lui-même, fixé sur ce fauteuil, te servira de charpente.

— Je comprends à présent. Quoique effrayante, ton idée est réalisable.

— N'est-ce pas ? reprit l'intrépide et féroce créature, toute fière de son invention.

— En effet, il n'y a pour nous que ce moyen de salut... Seulement, c'est avec de la terre g'aise qu'on procède.

— Non, non ; pas de terre glaise ; ça se fendille trop vite. Il nous faut une chose solide. C'est du plâtre uniquement qu'il convient d'employer.

— Je ne saurai jamais.

— Allons donc !... la besogne est à moitié faite. Je préparerai le plâtre et tu n'auras qu'à l'appliquer sur l'homme et le fauteuil. Tu façonneras en même temps.

— Mais le plâtre sèche très vite, on ne peut le manier que pendant quelques secondes.

— Quelques secondes suffisent. Tu auras du génie voilà tout. Au reste, tu pourras toujours retoucher avec le ciseau. En somme, peu importe que ce soit parfait. Ce sera une ébauche, un essai, et pourvu qu'il y ait une ressemblance même lointaine avec le modèle, le plus clairvoyant n'ira certainement pas soupçonner que cette statue informe est un cercueil.

— C'est vrai, dit Antonine ; eh bien, à l'œuvre !

En un instant, elle fut revêtue de son costume de travail, tandis que sa mère se mettait en train de gâcher du plâtre dans une auge.

Bravement Antonine prit la première truellée et l'appliqua sur la tête du cadavre, mais aussitôt, elle poussa un cri d'effroi et recula de trois pas.

Ce plâtre liquide coulant comme une blanche crème sur les cheveux et le visage du mort, mettait le comble à l'horreur de cette profanation ; il semblait que le comte ressuscitât et qu'on le tuait une seconde fois.

A la vue de cette figure livide, vitreuse et crispée, la comtesse sentit tout courage lui manquer ; elle laissa retomber sa truelle.

— Enfant, lui dit sa mère avec une tranquille bonté, je comprends ce qui t'effraie. Laisse-moi t'aider.

Et, avec une force extraordinaire, elle éleva l'auge à bras tendus, au-dessus du mort roidi dans son habit noir, et lentement elle en vida le contenu sur le cadavre qui disparut à peu près sous cette première couche.

De nouveau, elle remplit l'auge, et la vida de même.

Cette fois la victime perdit toute apparence humaine. Les mains seules et les genoux laissaient entrevoir encore la chair et le drap noir.

Mais ce fut l'affaire d'un instant. M^me Lafare eut bientôt fait disparaître les endroits épargnés au moyen de quelques poignées de plâtre.

— Là, dit-elle, regarde à présent, voilà qui est fait. Ce n'est qu'une simple statue que tu as à terminer. Allons, vite au travail! Ce n'est plus que du plâtre, te dis-je. Tiens, il se durcit déjà.

Antonine n'hésita plus.

Elle reprit la truelle, considéra le modèle, et se remit à l'œuvre.

Avec lenteur d'abord, puis avec plus de hardiesse et de crânerie.

Bientôt la meurtrière effarée fit place à l'artiste; elle s'échauffa, se complut dans sa tâche, vit mieux les lignes, se pénétra de la beauté de son modèle, et ne s'occupa plus que de le reproduire.

Surexcitée par une sorte de fièvre artistique, peu à peu elle saisit avec un bonheur inespéré le mouvement, la force et la majesté de la grande figure qu'elle copiait.

Malgré la difficulté qu'elle éprouvait à modeler du plâtre, elle y mit tant d'attention et d'acharnement que l'ébauche grossière finit par prendre une forme satisfaisante.

Quelle que fût son activité, M^me Lafare suffisait à peine à la préparation des matériaux.

Enfin, tout se trouva recouvert d'une énorme épaisseur de plâtre, et l'ample robe, aux plis solennels, enveloppa le cadavre, ainsi que le fauteuil qui remplaça le vaste siège consacré.

Alors elle s'occupa de la tête et des bras.

Là, les difficultés augmentèrent. Antonine fut obligée de se servir du ciseau, de la râpe, des spatules dentelées.

Le travail fut long et terrible.

Six heures sonnaient, lorsque M^me Lafare, prenant sa fille dans ses bras, lui dit :

— C'est assez, mignonne. Il n'y a pas d'artiste comparable à toi. Tu viens d'exécuter un tour de force. Nous n'avons plus rien à craindre. Nous sommes désormais à l'abri d'une surprise. Viens te reposer.

— Ainsi, tu trouves que c'est bien ? demanda la jeune femme très flattée des éloges de sa mère.

— C'est inouï ; personne au monde n'eût été capable d'en faire autant. Allons, lave-toi les mains, quitte ton peignoir, et redescendons.

— Mais comment expliquerons-nous la disparition du comte ?

— Que cela ne t'inquiète pas. Je m'en charge. Pour le moment — et c'est l'essentiel — tu es toujours comtesse de Mallegardes. Viens.

Quelques minutes après, Antonine se mettait au lit.

Accablée de fatigue, les paupières déjà mi-closes, la séduisante créature, appuyant sa tête sur son bras arrondi, murmura encore :

— Vrai ! c'était dur à faire ce Moïse et je n'espérais guère le réussir.

— Oui, oui ; tu as eu du génie.

— Et maintenant, mère, qui sait ce qui va nous arriver ?...

— Rien, rien ; tranquillise-toi, dors.

Et avec une touchante sollicitude, l'effroyable femme, penchée sur sa fille, l'embrassait tendrement et l'endormait sous ses caresses.

Dès qu'Antonine fut endormie, M^{me} Lafare se retira sur la pointe des pieds et rentra dans sa chambre.

Mais il n'était pas encore temps pour elle de se reposer.

Elle envisageait clairement l'effroyable situation dans laquelle elle allait se trouver, et se préparait à affronter le danger.

Elle mit un chapeau à la hâte, s'enveloppa d'un manteau, et se glissant silencieusement dans l'hôtel endormi, elle traversa la serre et sortit par la porte du jardin.

Elle monta dans la première voiture qu'elle rencontra et se fit conduire rue Elisa Borey.

Ayant réveillé M^me Lulu, l'intrépide femme, lui donna des instructions rapides, lui laissa un rouleau de vingt-cinq louis et remonta en voiture, certaine que ses ordres seraient fidèlement exécutés.

En rentrant à l'hôtel, elle y trouva un nouveau sujet d'inquiétude.

Antonine se promenait dans sa chambre, demi nue, l'œil égaré.

— Que fais-tu là, mignonne, demanda la grosse femme, très alarmée, qu'as-tu?... Voyons, parle-moi... Que cherches-tu?

— Chut! fit Antonine, ne fais pas de bruit... j'attends Jean Eyrolles... Je veux lui parler... je ne veux pas qu'il me boude... car je l'aime, vois-tu...

— Ma chérie... Mon enfant... Tu as la fièvre... Viens, recouche-toi...

— Non, je veux l'attendre... Mais c'est Paul qui le retient... Paul... il est méchant... il veut me chasser... ah!..

Soudain, elle se tordit, en proie à une violente attaque de nerfs.

Cette crise dura dix minutes et fut suivie d'une explosion de larmes et de sanglots.

M^me Lafare la tenait dans ses bras et la couvrait de baisers.

— Pleure, mignonne, pleure... Oh! j'aime mieux te voir pleurer... tu m'effrayais tout à l'heure... Pauvre ange, tu as passé une si terrible nuit...

— Oh! mère, ne me quitte pas... Oh! ne me quitte pas... Je crois que je deviendrais folle.

— Non, je ne te quitterai pas... Tu n'as rien à craindre... je suis là... repose-toi... dors... Je vais garder tes mains dans les miennes... Dors bien... Dors bien...

Et sous le regard caressant de sa mère, la jeune femme s'apaisa peu à peu, et finit par s'endormir.

M^me Lafare veillait encore sur sa fille quand le jour parut.

## XL

### UN LENDEMAIN DE FÊTE

Il était huit heures du matin. Dominique, qui s'était habillé à la hâte, se rendit auprès de M<sup>lle</sup> Rose, la femme de chambre d'Antonine.

— Allez vivement chez votre maîtresse, dit-il ; il est temps qu'elle commence à emballer ses effets, si elle veut être prête à midi.

— Emballer ? quoi ?

— Comment ! cette nuit, madame la comtesse ne vous a pas annoncé qu'elle partait ?

— Non... Elle s'est même déshabillée sans moi.

— Tiens ! c'est égal, dépêchez-vous.

Quelques instants après, l'intendant et la femme de chambre se rendaient à l'appartement de la comtesse.

M<sup>lle</sup> Rose essaya d'ouvrir la porte, mais elle était fermée à clef.

— Frappez, dit Dominique.

La femme de chambre frappa plusieurs fois et, après quelques minutes d'attente la porte s'ouvrit. M<sup>me</sup> Lafare se montrait dans un désordre de toilette qui témoignait qu'elle n'avait pas dû se déshabiller de la nuit.

— Qu'y a-t-il ? demanda-t-elle.

— Madame, excusez-moi, dit l'intendant.

— Ah ! c'est vous, monsieur Dominique... Quelle heure est-il donc ?

— Il est huit heures, madame.

— Eh quoi ! vous venez nous réveiller à huit heures, après une nuit pareille ?

— Vous m'en voyez confus; mais c'est monsieur le comte qui m'a donné l'ordre de veiller à ce que vous soyez prêtes à partir, à midi précis. Or, il vous faut le temps de préparer les malles.

— Ah ! très bien, je comprends... notre voyage ? En ce cas, rassurez-vous, monsieur Dominique, nous ne partons pas,... le voyage est retardé... Monsieur le comte a même décidé qu'il le ferait lui-même...

— Bah !... Cependant il m'avait bien recommandé, cette nuit même...

— Il a changé d'avis. C'est lui qui doit partir dans quelques jours seulement, car il est très souffrant. Toute la nuit nous avons été obligées de le soigner, sa femme et moi, de sorte que nous n'avons presque pas fermé l'œil. Il vient heureusement de s'endormir, et je vous prierai même de faire attention à ce qu'on s'abstienne de tout bruit, car il est là, chez la comtesse.

— Est-il nécessaire d'aller chercher le docteur?

— Non, pas encore. D'abord, il convient de savoir comment il sera à son réveil. Allez vous remettre au lit, Rose, vous devez avoir besoin de repos, et ne revenez qu'à midi. Jusque-là, M. Dominique aura soin que le sommeil du comte ne soit pas troublé.

— Bien, madame.

La porte se referma.

— J'aime autant ça, dit la femme de chambre en étouffant un bâillement ; je vais me recoucher... A tantôt, monsieur Dominique.

Resté seul, l'intendant se mit à songer.

— C'est curieux, murmura-t-il ; il se passe ici des choses dont je ne me rends pas du tout compte. Ce voyage retardé, cette indisposition du comte, ce Jean Eyrolles connu de M<sup>lle</sup> Geneviève et de M<sup>me</sup> la comtesse... tout cela cache un mystère... Evidemment, ce n'est pas naturel... Il faudra que j'aille chez mon frère pour me renseigner sur ce singulier secrétaire qui a l'air si pauvre, et qui paraît au mieux avec toutes ces dames... Au demeurant, il est toujours bon de savoir un secret, attendu que souvent cela rapporte.

Comme il pénétrait dans le grand salon, il fut surpris d'y rencontrer Geneviève.

— Mademoiselle, dit-il en saluant avec respect.

— Monsieur Dominique, il vous est facile de me rendre un service.

— Trop heureux, mademoiselle...

— Quoiqu'il soit de très bonne heure, tâchez de savoir si mon frère n'a pas été malade cette nuit et s'il n'a pas appelé...

— Je puis vous renseigner, mademoiselle : M. le comte, en effet, a été très souffrant à la suite de la soirée.

— Je le sentais bien ! Je cours auprès de lui...

— Il n'est pas dans son appartement, mademoiselle ; il est chez madame la comtesse.

Mme Lachapelle, qui veille dans la chambre voisine, vient de me dire qu'il dormait en ce moment, et qu'il était inutile d'aller chercher un docteur, avant le réveil de M. le comte.

— Pauvre frère ! Il a été bien malade ?

— Ce n'est sans doute qu'une indisposition.

— Est-ce que madame la comtesse ne doit pas partir aujourd'hui ?

— Non, mademoiselle. Il paraît même que c'est monsieur le comte qui partira dès qu'il sera rétabli.

— C'est étrange... murmura Geneviève.

Puis, avec hésitation :

— Monsieur Dominique ?

— Mademoiselle ?

— C'est vous qui avez présenté ici M. Jean Eyrolles ?

— Oui, mademoiselle.

— Alors vous devez savoir où il demeure ?

— Certainement.

— Donnez-moi donc son adresse, je vous prie.

— Voici, mademoiselle, dit Dominique qui écrivait ra-pidement l'adresse demandée, en la répétant à haute voix

— Merci. Maintenant, monsieur Dominique, je rentre chez moi ; veuillez me faire prévenir dès que mon frère sera visible.

— Je n'y manquerai pas, mademoiselle.

Geneviève s'éloigna.

— Ah ça ! ne put s'empêcher de dire Dominique, dès qu'il fut seul, qu'est-ce qu'elles ont donc avec ce Jean Eyrolles ? Voilà un garçon qu'il ne faut pas perdre de vue.

Et l'intendant, tout songeur, s'en retourna dans son bureau, où il se plut à dresser la liste des dépenses qu'avait causées la fête de la veille, non sans en grossir modestement le total de plusieurs milliers de francs qu'il s'adjugea avec la parfaite sérénité du devoir accompli.

Vers dix heures, Antonine se réveilla, souriante, oublieuse.

Elle souleva sa jolie tête déjà fraîche et reposée, et regarda avec étonnement sa mère qui s'était assoupie à côté d'elle, dans un fauteuil.

Alors, brusquement, la mémoire lui revint, et les horribles événements de la nuit se retracèrent dans son esprit.

— Mère ? cria-t-elle.

— Hein, quoi ? Ah ! te voilà réveillée, mignonne ? dit l'ex-marieuse en allant embrasser sa fille.

— Oh ! mère, mère, qu'avons-nous fait !... Qu'allons-nous devenir ?...

— Eh bien ! quelle mouche te pique ? De quoi vas-tu t'inquiéter ? Calme-toi ; nul danger ne te menace.

— Pourrons-nous cacher notre crime ?

— Es-tu folle ? Ne suis-je pas là ?

— C'est vrai. Tu es forte, toi. C'est égal, j'ai peur.

— Voyons, ne t'effare pas, et causons.

— A te voir si calme, on dirait que tu n'as pas conscience de l'affreuse position où nous nous trouvons.

— C'est qu'elle n'est pas si affreuse que tu te le figures.

— Oh ! je redoute tout le monde. Et d'abord comment expliquer la disparition du comte ?

— Tout le monde croit déjà dans la maison qu'il a été malade cette nuit, et qu'il est ici en ce moment, où chacun respectera son sommeil.

— C'est possible, pour quelques heures, mais après?

— Grâce à sa maladie, il est assez naturel que nous tenions à le garder ici deux ou trois jours, et même davantage, en refusant l'entrée de ta chambre à qui que ce soit.

— Excepté à un médecin pourtant...

— Sois tranquille, j'en ai inventé un... Il viendra tout à l'heure.

— Ah ! qui donc ?

— C'est une surprise ; tu verras.

— Il n'y a donc plus que Jean Eyrolles qui soit à craindre.

— Jean Eyrolles se fie à la parole du comte ; comme il lui laisse tout latitude pour décider de notre sort, il n'a conséquemment aucune raison de nous dénoncer. Je ne dis pas qu'il n'intervienne plus tard, s'il apprend que nous sommes encore ici ; mais en attendant, nous avons bien quelques jours devant nous.

— Le principal, dit Antonine, serait de savoir où il est, ce qu'il fait, afin de le faire surveiller au besoin.

— Tiens, nous allons être fixées tout de suite.

Mᵐᵉ Lafare sonna, et ouvrit la porte.

Un domestique parut.

— Priez M. Dominique de venir me parler sur-le-champ.

Le laquais sortit et, quelques minutes après, l'intendant survint.

— Me voici à vos ordres, madame, dit-il.

— N'est-ce pas vous qui avez présenté un certain monsieur Jean... au comte de Mallegardes ?

— Monsieur Jean Eyrolles? oui, madame.

— Savez-vous son adresse ?

— Sans doute, madame.

— Veuillez donc me l'écrire.

— A l'instant, madame, dit Dominique qui, plein d'étonnement, murmurait à part lui :

— Comment, encore ? Quel diable d'homme est donc ce Jean Eyrolles, pour les intriguer toutes de la sorte ?

Puis, remettant l'adresse à Antonine :

— Voici, madame la comtesse.

— Très bien, je vous remercie.

— Est-ce tout ce que madame la comtesse désire ?

— Oui, monsieur, c'est tout... A propos, pouvez-vous nous dire ce que fait ce M. Jean Eyrolles, et quelle est sa position ?

— Je crois savoir qu'il est sans travail et que sa situation est des plus précaires.

— Merci. Cela suffit.

Dominique allait se retirer, lorsqu'il se retourna soudain :

— J'oubliais d'informer madame la comtesse que M<sup>lle</sup> Geneviève a prié qu'on l'informât du réveil de M. le comte. Elle tient, paraît-il, à lui parler le plus tôt possible.

— Veuillez lui répondre que M. de Mallegardes, accablé de lassitude, ne se réveillera probablement que fort tard.

En ce moment, le valet de pied apparut.

— Qu'y a-t-il? demanda Antonine.

— Il y a là un vieux monsieur qui insiste pour voir M<sup>me</sup> la comtesse.

— Son nom ?

— Il a dû l'écrire sur ce papier, qu'il m'a prié de vous remettre.

— Donnez.

Antonine lut d'un regard ces quelques mots :

« Ernest Martinot, docteur-médecin. »

— Faites entrer au salon, et priez qu'on m'attende, dit la comtesse, en congédiant à la fois l'intendant et le domestique.

# XLI

## UNE FAMILLE TRÈS UNIE

Vers huit heures du matin M^me Lulu grimpa au plus haut étage de la maison qu'elle occupait en totalité, et s'arrêtant devant la porte n° 39, elle frappa assez violemment.

— Hé ! hé !... Père Martin ! cria-t-elle.

— Hein, quoi?... Qu'y a-t-il? fit une voix un peu inquiète.

— Levez-vous... vite, vite.

— Quoi donc, madame Lulu... Le feu est-il à l'hôtel?

— Non. Dépêchez-vous... Une bonne affaire pour vous.

— Bah!... Une affaire!.. Je descends.

Deux minutes après, en effet, le père Martin rejoignait M^me Lulu.

— De quoi s'agit-il? demanda le vieux mendiant que nous retrouvons plus flétri et plus dépenaillé que jamais.

— Dépêchez-vous d'avaler cette soupe et ce verre de vin.

— Excellent début! s'écria l'affamé en se précipitant vers la table que lui indiquait l'hôtelière, vous parlez d'or, madame Lulu.

Un instant après, le père Martin s'essuyait délicatement la bouche avec le revers de sa main.

— Hum, fit-il, la mine joyeuse, je le répète, voilà un beau début... Continuez, madame Lulu.

— Montez avec moi dans ce fiacre.

— Vous m'enlevez, hôtesse de mon cœur! vous daignez couronner ma flamme.

— Veuillez vous taire.

Ils montèrent dans le fiacre qui les attendait.

M<sup>me</sup> Lulu fit arrêter la voiture devant la première boutique de coiffeur qu'elle aperçut; puis devant un chemisier, puis enfin devant une maison de confections.

Chaque fois, elle donnait un ordre bref au père Martin qui partait aussitôt et chaque fois celui-ci revenait en meilleur état.

Au bout d'une heure, la transformation était complète; le père Martin n'était plus reconnaissable.

Bottes vernies, pantalon noir, habit boutonné, cravate blanche, tête fine et distinguée, le vieux mendiant, qui s'était redressé, avait soudainement rajeuni de vingt ans.

Sa rude barbe grise était tombée; il n'avait conservé que deux étroits favoris du meilleur ton. Ses cheveux bien taillés avaient pris un tour élégant, son teint s'était éclairci, ses mains étaient presque blanches, sa démarche même était empreinte d'une gravité et d'une distinction incontestables.

Un élégant pardessus, des gants, des lunettes et une canne à pomme d'argent achevèrent de lui donner l'apparence d'un homme du meilleur monde.

— Enfin, exclama M<sup>me</sup> Lulu, vous voilà tout à fait chic!

— Que me reste-t-il à faire? demanda le père Martin qui était devenu sérieux, comprenant qu'il s'agissait d'une affaire d'importance.

— Vous allez monter dans une voiture et vous vous ferez conduire à l'adresse que voici.

— Hôtel du comte de Mallegardes, rue du faubourg Saint-Honoré.

— C'est bien cela. Vous demanderez à parler à la comtesse de Mallegardes et vous vous ferez annoncer sous le nom de Ernest Martinot, docteur-médecin.

— Moi, docteur ! Bon… et puis.

— Le reste regarde la comtesse qui vous expliquera ce qu'elle attend de vous. Au revoir, cher docteur.

— Je vous salue, madame la baronne.

Un moment après le faux docteur était emporté de toute la vitesse d'un cheval de fiacre dans la direction du faubourg Saint-Honoré.

Le vieux mendiant eut comme un frisson de volupté.

— Eh, eh ! fit-il avec un petit rire, je crois que la chance commence à tourner. Qui diable pourrait me reconnaître à cette heure ? Le docteur Martinot ne ressemble guère à ce pauvre Martin, hein !… Bah ! je savais bien que la fortune m'arriverait un jour ou l'autre. Quant à présent, il s'agit de profiter de l'occasion qui m'est offerte… Lafare, Martin ou Martinot, attention, mon bonhomme. Voilà le moment d'être adroit.

Il était près de onze heures quand la voiture s'arrêta devant l'hôtel de Mallegardes.

Le domestique qui était allé l'annoncer revint presque aussitôt.

— Monsieur veut-il me suivre ?…

Il fut conduit dans un salon dépendant de l'appartement d'Antonine, où le valet le laissa :

— M<sup>me</sup> la comtesse prie monsieur de vouloir bien l'attendre.

— J'attendrai, fit le père Martin avec un geste superbe.

Resté seul, le vieux mendiant se prit à regarder autour de lui.

Jamais de sa vie il ne lui était arrivé de pénétrer dans une maison aussi somptueuse. Tout ce qui l'entourait provoquait son admiration, sans pourtant l'étonner outre mesure, car depuis longtemps il avait vu, en imagination, toute cette richesse, toutes ces splendeurs.

Il éprouva une joie enfantine à fouler ces moelleux

tapis, à essayer ces meubles de luxe; plusieurs fois il changea de place, se jetant tantôt dans un fauteuil, tantôt sur un canapé.

Débarrassé de son pardessus, serré dans son habit qui lui dessinait bien la taille, le vieux gueux alla se poser devant la glace et s'amusa à prendre diverses attitudes, tour à tour majestueuses, nobles ou gracieuses, amicales ou hautaines.

Il relevait la tête, se dressait fièrement, fronçait les sourcils, regardait de côté, puis, tout à coup, arrondissant les bras, il souriait, s'inclinait et saluait, le tout avec une grâce et une désinvolture dont il fut tout heureux.

— Eh! eh! se mit-il à dire, que ne suis-je né dans un palais. J'y aurais, à coup sûr, fait très bonne figure. Pardieu, cet habit me va merveilleusement et ma tournure est des meilleures. Est-ce bien moi que je vois là, si noble, si distingué ? Ah ! qu'il faut donc peu de chose pour faire un prince d'un vagabond. Quand je pense qu'il y a deux heures à peine, je n'osais pas me regarder aux vitrines des boutiques, tant je me trouvais laid et cassé. Quand je pense que mon seul aspect inspirait de la pitié aux passants.

Et voilà que tout à coup je prends d'assaut l'hôtel des Mallegardes. Ainsi je vais parler à une comtesse. Elle va sans doute me prier, elle me parlera d'une petite voix charmante en roulant des yeux. Moi, je serai très digne; certes, avec grâce. — Mon Dieu, que c'est bête la fortune! Au moment où l'on y pense le moins, crac! elle vous tombe dessus. Mais, en vérité, c'est que je suis fort bien, j'ai le visage jeune, pas trop ridé, l'œil brillant... Voyons, pourrais-je encore ressembler au père Martin? »

Alors, brusquement, se considérant toujours dans la glace, il se courba, se ratatina, comme un vagabond transi par le froid, baissa la tête et, tendant la main, il dit d'une voix dolente :

— N'oubliez pas un pauvre vieillard, s'il vous plaît...!

En ce moment les deux battants de la porte s'ouvrirent.

L'incurable bandit eut tout juste le temps de se redresser, et de prendre une posture plus digne:

— Madame la comtesse, annonça le domestique.

La comtesse alla jusqu'au docteur Martinot, qui s'arc-boutait en un salut cérémonieux et, lui indiquant un fauteuil rapproché, elle s'assit elle-même en disant:

— Veuillez vous asseoir, monsieur.

— A vos ordres, madame, répliqua le faux docteur en s'installant commodément sur un siège capitonné.

A ce moment, ces deux êtres se regardèrent, et, tout aussitôt, une profonde surprise se peignit sur leur visage.

Antonine ne dut qu'à une grande force de volonté de réprimer l'exclamation qui monta jusqu'à ses lèvres. Elle ne put s'empêcher néanmoins de se trahir par un léger tremblement.

Bien qu'elle ne l'eût pas vu depuis près de douze ans, elle reconnut son père. Non, elle ne se trompait pas : c'était bien lui ; ses traits étaient restés gravés dans sa mémoire. Elle ne pouvait s'abuser.

De son côté, le vieux Lafare, sans bien se rendre compte de ce qu'il éprouvait, n'avait pu voir sans émotion le visage d'Antonine.

Il ne pensa pas un seul instant à cette fille, son enfant, qui n'avait que douze ou treize ans, lorsqu'il avait déserté le toit conjugal. Or, la petite fille s'était complètement transformée.

— Eh bien, c'est là tout ce que vous trouvez à vous dire, fit tout à coup M^me Lafare qui se tenait sur le seuil de la porte.

A cette vue, le faux docteur se dressa sur ses jambes comme s'il eût été mû par un ressort, et oubliant tout à fait la comtesse, il s'écria :

— Ah bah !... Elle ici?

La grosse femme souriait. Antonine, prudente,

attendait qu'un signe de sa mère lui apprît ce qu'elle avait à faire.

Cependant, le faux Martinot, revenu de sa stupéfaction, avait reporté toute son attention sur la jeune femme. Peu à peu, tandis qu'il la regardait, une sorte de voile s'était déchiré dans son esprit ; il s'était redressé, son front s'éclairait, son sourire était radieux, son regard plein de tendresse.

Il était superbe.

— Comtesse de Mallegardes ! comtesse de Mallegardes ! répéta-t-il plusieurs fois. En vérité, je ne m'attendais pas à un pareil triomphe. La réalité dépasse tous mes rêves. — Je suis à la fois le plus heureux et le plus fier des pères...

Et s'approchant d'Antonine :

— Mon bel ange, ma fille aimée, fie-toi à moi, va, ce n'est pas ton père qui te trahira. On ne saurait étouffer la voix du sang, et mon cœur t'avait déjà reconnue. Dans mes bras, mon enfant...

Il attira sa fille à lui, la serra sur sa poitrine et l'embrassa tendrement.

— Mon Dieu ! murmura-t-il avec un air de béatitude, qu'il est doux de retrouver une famille !

Puis, se tournant vers M<sup>me</sup> Lafare :

— Et toi aussi, Victorine, laisse-moi te presser sur mon cœur. Quelle joie inespérée... Il est évident que le ciel se décide à me protéger, puisque je retrouve en un jour ma femme et mon enfant. Venez donc là, que je vous regarde à loisir... Ah ! que c'est bon de se revoir !

Tenant les deux femmes dans ses bras, il les entraîna doucement, jusqu'au canapé où ils s'assirent tous les trois.

— Ma chère Antonine, que tu es belle ! répétait Lafare en embrassant les mains de sa fille ; mais tu ne parles pas ? N'as-tu donc rien à me dire ?...

— C'est la surprise, l'émotion...

— Et toi, ma bonne Victorine, n'es-tu pas heureuse aussi de revoir ton Gustave ?

— Je suis ravie. Mais nous avons à causer sérieusement.

— Je ne demande pas mieux. Causons.

— Mais, reprit-il tout à coup en s'adressant à Antonine, comment es-tu donc devenue comtesse.

— En épousant un comte.

— Plus tard, fit Mme Lafare, nous t'expliquerons.

— Sur ma foi ! s'écria le vieux en se frappant le front, je comprends tout maintenant... C'est trop clair... Tu es bigame, malheureuse enfant !

— Hélas !

— Jean Eyrolles est vivant !

— Nous ne le savons que trop, répliqua Mme Lafare. A ce sujet, ajouta-t-elle, tu dois avoir une petite explication à nous donner. Comment, se fait-il que cet homme soit vivant, après ce qui avait été convenu ?

— En toute sincérité, répondit l'ex-vagabond, je dois t'avouer que le cœur m'a manqué quand j'ai vu qu'il respirait encore... et je l'ai soigné.

— Quoi ! mon père, interrompit Antonine avec stupeur, c'est vous qui l'avez frappé, là-bas, dans l'île de la Grande-Jatte ?

— Que veux-tu ?... Ta mère m'avait affirmé que c'était pour sauver quelqu'un.

— Oh ! c'est horrible ! murmura la jeune femme en frissonnant.

— Le plus fâcheux, conclut l'ex-marieuse, c'est qu'il vive encore.

— Ta mère a raison, chère petite ; j'ai probablement eu tort de ne travailler qu'à moitié. Te voilà deux maris sur les bras.

— Heu ! deux maris, c'est beaucoup dire, insinua Mme Lafare.

— Comment ça ?... Est-ce que Jean Eyrolles serait de nouveau supprimé ?

— Hélas ! non : nous l'avons vu cette nuit...

— Alors, c'est le comte de Mallegardes, que vous avez... éloigné ?

— Chut !...

Gustave Lafare baissa la voix :

— Serait-il mort ?

— Tu as deviné. Il s'est noyé cette nuit, en prenant son bain.

— Diable ! ça simplifie... Mais pourquoi as-tu l'air d'en faire un mystère ?

— Il faut que tout le monde l'ignore.

— En réalité... Est-ce que vous vous en seriez débarrassées ?

— Nous sommes contraintes de cacher sa mort, parce que... les méchantes gens auraient pu la juger assez peu naturelle...

— Ainsi, toutes deux, vous avez fait ce beau coup ?

— Cette nuit, Jean Eyrolles et le comte se sont rencontrés ici... Nous allions être chassées.., comprends-tu ?... La honte, la misère, nous guettaient déjà.

— Diable, diable !... Et Jean Eyrolles ?

— Il est parti, s'en remettant au comte du soin de nous punir. Conséquemment, il nous laissera en repos jusqu'au jour où il apprendra que nous sommes encore ici. A ce moment, sans contredit, notre situation manquera de gaîté.

— A tout prix, il faudra se débarrasser de celui-là. Il n'est pas impossible de lui trouver une occupation en Australie ou en Cochinchine. En attendant, je le surveillerai. Vous savez où l'on peut le retrouver ?

— Parfaitement.

— Il s'agit donc de combiner un plan. D'abord, cependant, racontez-moi ce qu'il est devenu, l'autre, le comte.

— Oh ! le corps est bien caché, et personne ne le trouvera.

— A l'aide de quel prétexte expliquerez-vous son

absence?... Un comte de Mallegardes ne disparaît pas ainsi tout d'un coup, sans qu'on s'en inquiète. Que vont penser les domestiques, de même que sa sœur, et tout le monde enfin?... Il faut avouer que vous vous êtes fourrées dans une jolie position.

Il se leva, et arpenta le salon avec agitation.

— Diable ! voilà un hôtel qui coûte cher !

— C'est un malheureux hasard qui a tout fait...

— Voyons, dit Lafare, ayant l'air de calculer sur ses doigts, faisons bien le compte : tentative d'assassinat sur le premier mari, bigamie, faux, substitution de personne, meurtre du second mari. Il y a tout ce qu'il faut pour obtenir difficilement les circonstances atténuantes... D'un autre côté, tout se découvrira d'un moment à l'autre... Ma foi, bien le bonsoir... Je ne suis pas peureux... mais je vous avoue que je ne suis pas à mon aise, ici. Permettez donc que je prenne congé.

Tout en allant et venant par le salon, le vieux scélérat avait repris peu à peu ses allures sournoises. Il était presque redevenu le père Martin, le bandit inquiet, craignant beaucoup moins la pluie que les gendarmes.

Il prit son chapeau, et fit mine de se diriger vers la porte.

Antonine était devenue d'une pâleur mortelle.

Quant à M<sup>me</sup> Lafare, elle s'était levée et, d'un bond, elle avait rejoint le fuyard. Sa main de fer s'appuya sur l'épaule de son mari, qu'elle ramena jusqu'à un fauteuil, où il fut contraint de s'asseoir.

— Eh quoi ! mon cher Gustave, tu voudrais nous quitter déjà ?

— Dame, c'est compréhensible. Je suis assez préoccupé de mes propres affaires sans me fourrer dans les vôtres. Il n'y a qu'un pas d'ici à la cour d'assises, et, malgré la bonne compagnie, j'aime mieux le faire en arrière.

— Mon pauvre homme, tu me fais pitié, dit M<sup>me</sup> Lafare en couvrant son mari d'un regard énergique et dur. Ta poltronnerie te porte à exagérer beaucoup trop les dangers que nous courons. En tout cas, comment ne comprends-tu pas que, si nous t'avons confié nos secrets, c'est que nous avons quelque intérêt à le faire ?

— Quel intérêt ?

— Je tiens à te lier à notre sort, parce que tu peux nous servir. Nous avons besoin de toi en ce moment. Toutefois, si nous t'appelons à partager notre fortune, il est bien juste que tu partages aussi nos périls.

— Merci ; ils sont trop graves. Je ne suis pas encore dégoûté de ma tête, moi !

— Mon cher, tu m'obliges à te rappeler que depuis le crime commis à l'île de la Grande-Jatte, nos affaires sont devenues les tiennes. Or, quoique nous nous soyons engagées dans une voie presque inextricable, vu l'impossibilité de rétrograder, il serait mille fois plus dangereux de s'arrêter à présent que de continuer bravement la route.

— Moi, je pense que nous n'avons d'autre ressource que de nous sauver au plus tôt.

— Nous sauver, dis-tu ? quand rien n'est encore désespéré !... Nous sauver ? alors que nous avons conquis une position aussi magnifique ! Tu oublies donc que ta fille est comtesse de Mallegardes !... Tiens, la nuit dernière même, ainsi qu'une reine, elle était entourée et adulée par tout ce que la France compte de plus noble et de plus illustre. Nous possédons de telles richesses qu'il serait long de les décrire.

Cet hôtel, par exemple, le plus beau qu'on puisse voir, est à nous. Enfin, nous sommes les maîtres, nous pouvons tout, nous avons la puissance que donne un grand nom et une immense fortune. Il y a huit millions ici, dont quatre appartiennent à M<sup>lle</sup> de Mallegardes, et quatre au comte défunt. Or cette fortune est à nous ; il ne faut qu'un peu d'habileté pour la réunir, pour l'avoir entre nos mains. Quatre millions, entends-tu, quatre millions dont la comtesse de Mallegardes peut disposer, avec un peu de ruse ! Et tu parles de fuir, malheureux ! ! »

— Quatre millions ! répéta le père Lafare, frémissant de convoitise.

— Oui, quatre, et peut être huit, si nous sommes adroits. Pourquoi serait-il impossible de détourner à notre profit la dot de la petite ? Il me semble que cela en vaut la peine.

— Certes, murmura le vieux dont les narines se dilataient.

— Il faudrait avoir perdu la raison pour se sauver. D'ailleurs, la fuite ne ferait que hâter notre ruine. Ce serait provoquer une enquête et avouer bêtement notre culpabilité... Nous sauver, comme cela, les mains vides ?... Allons donc !... J'aime mieux tout risquer que de me revoir dans la misère.

— Cependant, par quel moyen éviter les poursuites de Jean Eyrolles ? Comment expliquer la disparition du comte ?... Que répondre à sa sœur, à ses amis, à ses domestiques, à tout le monde ?

— Voilà ce qu'il faut chercher, parbleu ! dit la terrible femme dont la contention d'esprit se lisait sur son front plissé et dans ses yeux ardents.

— En ce moment, reprit-elle, Jean Eyrolles est le plus à craindre. Il sait tout, lui, sauf la mort du comte. Pourtant, comme il nous croit en route pour un pays lointain, il n'agira, s'il agit, que lorsqu'il apprendra que nous continuons à jouir de notre fortune. Or, avant qu'il soit instruit et qu'il se décide à nous poursuivre il se passera quelques jours. Eh bien, il faut le surveiller, épier toutes ses démarches, et saisir l'occasion de le faire disparaître ou de l'éloigner. C'est possible. Il est dans une affreuse misère. Avec une grosse somme d'argent et une position imaginaire, nous pourrons l'envoyer en Chine, au besoin. N'est-ce pas vrai ?

— En effet, c'est probable.

Pour M$^{lle}$ de Mallegardes, nous trouverons bien le

moyen de nous en défaire. Que nous reste-t-il donc à faire ? à cacher la mort du comte et à expliquer son absence ! Cela ne me semble pas au-dessus de nos forces... Toi, Gustave, tu es le docteur Martinot.

Eh bien le comte étant malade et de plus atteint d'une affection typhoïde, ton devoir est de défendre à quiconque de l'approcher afin d'éviter tout risque de contagion. Seules, la comtesse et moi, nous nous dévouons pour le soigner, et tu uses de tes droits de médecin pour interdire l'entrée de sa chambre à tout le monde, même à sa sœur. Cette défense, imposée et maintenue pendant trois ou quatre jours, nous donnera le temps d'imaginer quelque autre expédient. Dans tous les cas, nous aurons pu, d'ici là, réunir une grande partie de la fortune du comte et nous préparer à la fuite si la nécessité l'exige. Vous voyez que c'est simple

— C'est vrai, dit Antonine un peu rassurée.

— C'est vrai, répéta Lafare qui se réjouissait déjà à l'idée de vivre en grand seigneur. Donc, je m'installe ici comme docteur ?

— Oui. Tout ton rôle se borne à empêcher qu'on ne pénètre dans la chambre à coucher. En outre, je vais te donner un autre travail. Il s'agit d'étudier l'écriture et la signature du comte de Mallegardes, afin de pouvoir retirer les valeurs déposées à la Banque de France, ainsi que les sommes et les titres confiés à des notaires et à des agents de change.

« Ce matin, j'ai passé deux heures dans le cabinet du comte, et me suis emparée des clefs, des papiers et de toutes les valeurs. Je n'ai pu réunir que deux cent mille francs. Il faut donc se remuer pour réaliser le plus possible. Il y a déjà pour près de deux millions de valeurs au porteur, à la Banque de France. »

— Victorine ! s'écria tout à coup le faux docteur, tu as du génie. Je suis à toi, je suis la chose. Ma confiance est entière, et je te prie de disposer de moi-même comme tu voudras. Tu seras la tête qui dirige, je serai le bras qui exécute. Antonine sera la divinité qui nous protégera de son titre et de sa beauté. L'union fait la force.

— A la bonne heure ! dit M^me Lafare ; à présent, je suis sûre que nous viendrons à bout de toutes les difficultés.

— Mère ! s'écria Antonine, nous n'avons d'espoir qu'en toi.

— Décidément, il est doux de retrouver une famille ! répéta le vieux Lafare. Quelle aimable existence nous allons mener à nous trois !

— J'y compte bien. Seulement il faut lutter.

En ce moment M^lle Rose entra.

— On est venu prévenir monsieur le comte et madame la comtesse que le déjeuner est servi, annonça la femme de chambre.

— Le comte est malade, il ne pourra déjeuner, dit Antonine ; pour M^me Lachapelle et pour moi, vous nous servirez dans le petit salon bleu. Vous ferez mettre un troisième couvert pour M. le docteur Martinot.

La soubrette sortit.

## XLII

### LES PRESCRIPTIONS DU DOCTEUR

— Madame, fit Geneviève en entrant, excusez-moi de pénétrer ainsi chez vous. Mais je suis dans une inquiétude mortelle.

— A quel propos, ma chère Geneviève ? demanda Antonine.

— De grâce, dites-moi vite ce qui est arrivé à mon frère.

— Eh bien, il est malade...

— Gravement ?

— Oh! nous espérons bien que non.

— Vous espérez seulement ? Mon Dieu ? qu'a-t-il donc!...

— Hier, ou plutôt cette nuit, continua Antonine, le comte a reçu une mauvaise nouvelle qui lui a causé une vive contrariété. Le voyant fiévreux, souffrant, je l'ai installé chez moi, où nous l'avons soigné, ma marraine et moi. Mais, dès ce matin, nous avons fait prévenir le docteur Martinot qui a bien voulu venir sans retard.

— Pourquoi n'a-t-on pas envoyé chercher notre médecin habituel ?

— Monsieur le comte lui-même a réclamé l'assistance de M. Martinot.

— Quelle singulière idée.

— Il faut obéir aux malades.

— Enfin, monsieur le docteur, fit Geneviève, en se

tournant vers Lafare, quelle est la maladie de mon frère.

Le vieux mendiant avait eu le temps de maîtriser la surprise que lui avait causée la vue de Geneviève.

En effet, bien que se rappelant à peu près le nom de Mallegardes, il n'avait pas songé un seul instant à cette jeune aveugle qui était venue soigner Jean Eyrolles et qu'il avait coutume de désigner simplement par le nom de Geneviève.

Il craignait d'être reconnu tout d'abord; mais réfléchissant que la jeune fille n'avait pu le voir, et qu'il avait fort peu parlé devant elle, il se rassura.

Ce fut donc avec un calme parfait qu'il répondit à la question de Geneviève :

— Mademoiselle, j'ai eu l'honneur d'examiner M. le comte de Mallegardes, et, quoique son état ne soit pas alarmant, je n'ose encore me prononcer.

— Oh! je veux le voir, conduisez-moi auprès de lui.

— C'est impossible, mademoiselle.

— Impossible! Pourquoi donc ?

— Puisqu'il faut vous l'avouer, mademoiselle, sachez que j'ai remarqué chez lui tous les prodromes d'une affection typhoïde, dont les effets contagieux sont fort redoutables pour les personnes qui approcheraient le malade, surtout pour celles qui ont avec lui un rapport originel de consanguinité.

Satisfait de son explication, débitée avec l'assurance péremptoire qui est l'apanage des ignorants et des menteurs, le disciple improvisé d'Esculape poursuivit :

— Je ne renonce pas encore à l'espoir d'enrayer la maladie et j'en combats l'explosion de toutes mes forces... Néanmoins, la prudence me fait un devoir d'empêcher qui que ce soit d'entrer dans la chambre du comte.

— Vous ne pouvez m'interdire de parler un instant à mon frère?...

— Jamais je ne permettrai que vous vous exposiez à un pareil danger.

— Le danger m'importe peu... Je veux le voir, ne fût-ce qu'une minute.

— Je suis désolé.... mais c'est impossible.

— Oh ! vous me cachez quelque chose ! Je le sens... Je veux savoir...

L'aveugle se dirigea résolûment vers la porte de la chambre à coucher, et l'ouvrit en criant :

— Paul, Paul !... C'est moi, Geneviève... Réponds-moi !...

Mais déjà M<sup>me</sup> Lafare s'était placée devant l'entrée, s'opposant comme un mur aux efforts de la jeune fille, tandis qu'Antonine la prenait dans ses bras et l'entraînait peu à peu en disant :

— Geneviève, ma chère enfant, soyez calme... soyez raisonnable...

— Je veux le voir... Il est cruel de m'en empêcher... Paul !

— Il y va de votre vie...

— Mon Dieu !... Il ne répond pas...

— Chut !... Il dort... Vous allez le réveiller, reprit Antonine.

— Mademoiselle, fit le docteur, je vous préviens que vous pouvez le tuer, en lui donnant une trop forte émotion.

— Le tuer ? répéta Geneviève, chancelante.

— Si vous aimez votre frère, n'insistez pas davantage, car nous n'exécutons que ses ordres... C'est lui seul, en effet, qui a exigé de ces dames et de moi la promesse formelle de vous tenir éloignée de lui. Il avait eu même l'intention de se faire transporter dans une maison de santé, pour écarter ainsi toute possibilité de contagion à votre égard, et ce n'a été que sur notre engagement absolu de faire bonne garde, qu'il a consenti à rester à l'hôtel.

Lafare avait débité ce petit discours à voix basse et

d'un ton si convaincu que la jeune fille fut ébranlée.

D'ailleurs, l'émotion l'avait brisée, et elle avait peine à se soutenir. Elle se borna donc à ajouter :

— Du moins, docteur, assurez-moi que, si son état s'aggravait, vous me préviendriez.

— Je vous le jure.

— Vous êtes fatiguée, chère enfant, dit M^me Lalare, tout en l'entraînant ; il faut vous reposer un peu. Surtout ne vous inquiétez pas outre mesure. Il n'est pas impossible que ce ne soit qu'une indisposition. M. Martinot nous a affirmé qu'avant deux jours il serait fixé. D'ici là, ayez de la patience.

Depuis un instant, Dominique était présent.

Attiré par les cris de la jeune fille, il était entré, et avait observé, non sans surprise, ce qui se passait.

— Mademoiselle de Mallegardes désire-t-elle que je la reconduise jusqu'à son appartement, dit-il.

— Oui, monsieur Dominique, je n'en puis plus.

— Ma bonne Geneviève, dit Antonine en embrassant la jeune fille, pour peu que vous vous sentiez souffrante, faites-le moi savoir, car j'irai vous soigner. Je tiens même à vous accompagner.

— Non, merci... M. Dominique me reconduira.

— Eh bien, allez... A propos, monsieur l'intendant, rappelez-vous que nous ne sommes visibles pour personne.

— Bien, madame.

Appuyée au bras de Dominique, Geneviève s'éloigna.

— Cette petite m'inquiète, murmura M^me Lalare, dès que la jeune fille eut disparu.

— Hum, ajouta le père Martin, elle n'a pas l'air commode. Dans deux ou trois jours, je crains qu'elle ne fasse quelque esclandre.

— Dans deux ou trois jours, nous aurons réalisé la plus grosse partie de la fortune du comte de Mallegardes et tout sera prêt pour la fuite, pour le cas où la situation ne serait plus tenable. Dans ce but, je vous

t'indiquer les démarches que tu auras à faire aujour-
d'hui.

— Je veux bien, répondit le faux docteur, la finance,
ça me va.

— Moi, je vais travailler à éloigner Jean Eyrolles au
plus tôt. Je vais tâcher de l'envoyer en Amérique.
Quant à Geneviève, si elle devient trop dangereuse...
on verra... Antonine la surveillera. Tu entends, mignonne?

La jeune femme ne répondit pas.

Assise dans un coin du salon, très pâle, le regard
morne et perdu, elle paraissait captivée par quelque
sinistre vision.

— Antonine, Antonine, répéta Mme Lafare en secouant le bras de sa fille.

— Que voulez-vous? bégaya-t-elle en roulant des
yeux égarés.

En voyant sa fille dans cet état, la marieuse fut prise
de découragement.

— Tout est contre nous, dit-elle.

Elle se passa les mains sur le front comme pour en
chasser les sombres pressentiments, et relevant la tête
avec décision, elle murmura deux ou trois fois entre
les dents :

— Je lutterai, je lutterai !

— Qu'as-tu? demanda timidement Lafare.

— Rien, rien. Va m'attendre dans ma chambre. Je
vais te rejoindre.

Docile comme un chien, Lafare sortit.

Alors, l'ex-marieuse s'approcha d'Antonine, qui
s'était blottie dans les coussins, et de sa voix la plus
douce, elle lui dit :

— Que fais-tu là, ma mignonne? Ne m'entends-tu
pas?... Allons, chasse ces mauvais rêves... Parle-moi...
A quoi penses-tu?

— J'aime Jean Eyrolles, murmura la jeune femme
avec des yeux extasiés.

La terrible commère prit sa fille entre ses bras, l'embrassa et la caressa avec une tendresse infinie :

— Ton front est brûlant, ma chère petite.

— Mère, je l'aime, je l'aime !...

Désespérée, M^me Lafare ouvrit la fenêtre ; ensuite, elle trempa dans l'eau une serviette, et l'appliqua sur la tête de la jeune femme.

Ce contact glacé sembla éveiller Antonine. Elle frissonna à diverses reprises, et une lueur de raison reparut dans son regard.

— M'entends-tu, fillette ?

— Oui, mère ; que fais-tu donc ?

— Tu le vois, je rafraîchis ta pauvre tête. Te sens-tu mieux ?... Es-tu en état de me comprendre ?

— Oui. Pourquoi me demandes-tu cela ?

— Parce que tout à l'heure tu dormais... répondit l'ex-marieuse, qui ne voulait pas effrayer sa fille en lui révélant le grave ébranlement de ses facultés.

— Ah ! je dormais ? Je ne me souviens pas...

— Ecoute-moi bien, mon enfant. Notre situation est très compromise en ce moment. Il faut à tout prix que tu rappelles ton courage et ta présence d'esprit.

— Parle ! Que faut-il faire ?

— Presque rien. Empêcher quiconque de pénétrer ici et surveiller Geneviève.

— Bien, mère.

— Je suis obligée de te quitter ; mais je reviendrai le plus tôt possible. Te sens-tu tout à fait bien ? demanda encore l'ex-marieuse avec un regard plein d'inquiétude.

— J'ai la tête un peu lourde et chaude... mais ce n'est rien ; je veillerai et j'espère que tu seras contente de moi.

Ce ne fut qu'à regret que M^me Lafare se sépara de sa fille.

## XLIII

### UN DÉFENSEUR

Rentrée chez elle, Geneviève se jeta dans les bras de Marguerite et fondit en larmes.

— Gième, Gième, qu'as-tu donc? Voyons, calme-toi... parle.

— On ne veut pas me laisser approcher de mon frère...

— Comment! on ne veut pas? Qui ça, s'il vous plaît? demanda la vieille, devenue tout à coup menaçante.

— Il paraît qu'il est malade. Le médecin, un certain docteur Martinot, qu'on a fait venir ce matin, croit que Paul est atteint d'une fièvre contagieuse, et il ne permet à personne de pénétrer dans la chambre.

— Est-ce possible?... Paul, une fièvre contagieuse?... Oh! j'y vais... J'entrerai bien, moi... Tu vas voir.

La nourrice se rendit chez la comtesse.

Elle fut reçue par M<sup>lle</sup> Rose.

— Que souhaitez-vous, madame Marguerite? demanda la femme de chambre.

— Je désire voir le comte, parbleu.

— C'est impossible... M<sup>me</sup> la comtesse m'a donné l'ordre de ne laisser entrer qui que ce soit.

— Il n'y a pas d'ordres pour moi. Paul est presque mon enfant... Je l'ai nourri, élevé; il faut que je le voie.

— Mes ordres sont précis.

— Oh ! oh ! qu'est-ce que tout cela signifie ?... Il faut au moins que je parle à la comtesse.

— Elle ne reçoit personne.

— C'est ce que nous allons voir ! s'écria la vieille Marguerite d'un ton farouche, en essayant de passer.

— C'est inutile, reprit M<sup>lle</sup> Rose ; M<sup>me</sup> la comtesse a fermé sa porte.

— Comment ! elle s'est enfermée ?

Alors, la nourrice laissa retomber ses bras le long de son corps. En une seconde, dix suppositions traversèrent son esprit, sans qu'aucune supposition lui parût suffisante pour expliquer cette absurde interdiction.

— Que se passe-t-il donc ? murmura-t-elle plusieurs fois.

Puis, s'adressant à Rose :

— Du moins, vous, l'avez-vous vu ?... Etes-vous entrée dans la chambre ?

— Non ; le docteur l'a défendu. Personne ne doit y pénétrer, personne.

— En définitive, gronda la vieille, ceci me semble extraordinaire... Il y a bien quelque mensonge là-dessous, et j'arriverai bien à le découvrir.

Pleine d'agitation, elle retourna vers Geneviève.

— Eh bien ! demanda celle-ci, l'as-tu vu ?

— Non.

— Marguerite, que penses-tu de tout cela ?

— Hum !... ce n'est pas naturel... je ne sais pas, moi... Que veux-tu que je dise... Peut-être est-ce dans notre intérêt qu'on nous défend d'approcher de ton frère.

— Marguerite, je sens que tu doutes..., je sens que tu es aussi inquiète que moi.

En ce moment, la nourrice qui se tenait près de la fenêtre, poussa un cri.

Elle venait d'apercevoir le faux médecin qui traversait la cour pour sortir.

— Est-ce que ce serait ça leur docteur Martinot ?...

— Pourquoi es-tu étonnée ?

— C'est que je connais, cet homme... ou plutôt, j'ai cru le reconnaître... car c'est impossible...

— Qui as-tu reconnu ?

— Bah ! il est clair que je me trompe... Figure-toi qu'un vieux monsieur, qui vient de traverser la cour, ressemble beaucoup au père Martin, de Neuilly... Tu sais bien.

— Oh ! ce doit être lui, fit Geneviève avec violence. Tout à l'heure, quand je lui ai parlé, il me semblait avoir déjà entendu cette voix. Mais j'étais si émue, que je n'y ai pas fait assez attention. Maintenant, en effet, je suis presque sûre que c'est le son de sa voix...

— En tout cas, la ressemblance est grande.

— Que vient faire cet homme ici ?... Comment est-il connu de la comtesse ? Oh ! Marguerite, je commence à avoir tout à fait peur, je t'assure !

— Calme-toi, Gième. Nous nous trompons sans doute.

— Je ne puis rester dans cette incertitude... je souffre trop... Et toi-même, tu es aussi inquiète que moi... tes mains tremblent... Oh, mon Dieu ! qu'est-il arrivé à mon frère ? Pourquoi m'empêche-t-on de le voir ?... Il y a ici un mystère qui m'épouvante...

— Mais, que faire ?..

— Je l'ai bien compris, M. Jean Eyrolles est mêlé à tout ceci. Il n'y a que lui qui pourra me tirer d'inquiétude... Mais, j'ai son adresse. Tiens, Marguerite, la voici... Cours me le chercher, amène-le-moi... Il faut absolument qu'il vienne. Dis-lui que je suis en danger, que j'ai besoin de lui... Il viendra... Hâte-toi, ma bonne Marguerite, hâte-toi.

— J'y cours, Gième.

— La seule espérance de le voir bientôt me rend déjà plus courageuse.

Marguerite fit atteler et partit.

Une demi-heure après, Jean Eyrolles rentrait à l'hôtel de Mallegardes avec la vieille nourrice.

— Gième, dit Marguerite en entrant chez Mᴵˡᵉ de Mallegardes, voici M. Jean Eyrolles.

— Mademoiselle Geneviève!...

— Enfin, c'est vous, mon ami ; oh! merci mille fois d'être venu! s'écria la jeune fille en lui tendant la main.

— J'ai appris par Mᵐᵉ Marguerite que vous étiez toute chagrine...

— Hélas! monsieur Eyrolles, je suis seule... Mon frère, malade, est presque séquestré par la comtesse... Depuis hier je suis pleine d'appréhension, j'avais besoin de sentir un ami près de moi.

— Je suis tout à vous, mademoiselle.

— Merci. Votre présence me rassure et me ranime. Vous resterez ici, n'est-ce pas ?

— Hélas! mademoiselle, je ne sais... Il y a des motifs qui m'interdisent le séjour de cette maison.

— Voilà encore le mystère qui recommence! je parie qu'il s'agit de la comtesse ? Ne me direz-vous pas comment vous la connaissez ?

— Je ne puis m'expliquer, mademoiselle.

— N'auriez-vous pas confiance en moi ?

— C'est le secret de votre frère.

— Oh! je suis sûre que ce mystère cache un événement funeste. Quoique je ne sache rien, je sens que ce doit être très grave. C'est peut-être mal, ce que je suppose, mais il me semble que la comtesse a dû commettre quelque méchante action, car j'ai entendu mon frère — si amoureux de son Angélique! — parler de voyage et de séparation avec une froideur bien extraordinaire. Pour moi, cette femme commence à m'être fort antipathique.

— Comment se fait-il qu'elle ne soit pas partie ?

— Je l'ignore. Paul avait donné des ordres pour

qu'elle quittât l'hôtel hier à midi. Mais, comme il est tombé malade, il paraît qu'elle ne partira pas.

— Ce n'est pas possible !... Elle ne peut rester ici, dit Jean Eyrolles d'une voix sourde. Il faut que je voie le comte.

— Vous ne vous exprimeriez pas ainsi, s'il ne s'était passé quelque chose de terrible...

— Ne m'interrogez pas, mademoiselle.

— Mon Dieu ! Vous m'effrayez...

— Il faut que je parle à M. de Mallegardes.

— Essayez de le voir, mais je doute que vous soyez plus heureux que nous. Le médecin a formellement défendu de l'approcher.

— Il le faudra bien, pourtant.

— Venez, monsieur, fit Marguerite, je vais vous conduire jusqu'à l'appartement de la comtesse.

Un instant après, Jean Eyrolles parlementait avec M<sup>lle</sup> Rose.

— La consigne est formelle, disait celle-ci, le docteur a dit qu'il y allait de la vie de M. le comte.

— Puis-je voir ce docteur, au moins ?

— Pas davantage, il vient de sortir avec M<sup>me</sup> Lachapelle.

— Et la comtesse ?

— La comtesse est ici. Mais elle si souffrante qu'elle ne veut recevoir personne.

— Elle me recevra, moi ! s'écria Jean Eyrolles d'un ton menaçant.

En ce moment, une porte s'entr'ouvrit et la comtesse apparut.

— Que veut-on ? demanda-t-elle.

Puis soudain, ayant reconnu son premier mari, elle pâlit affreusement et fut obligée de se cramponner à la porte pour ne pas tomber.

— Madame, fit Jean Eyrolles, il faut absolument que je parle au comte de Mallegardes. Vous entendez, il le faut...

— Non, non!... bégaya Antonine, non, oh non, ce n'est pas possible.

Une épouvantable expression d'égarement s'étendait sur son visage. Soudain, elle referma la porte et on put l'entendre s'éloigner précipitamment en poussant des cris inarticulés.

Jean Eyrolles, l'âme bouleversée, dut retourner auprès de Geneviève.

— Elles l'ont tué, pensa-t-il, j'en ai la conviction. Je ne tarderai pas à en avoir une preuve matérielle.

— Eh bien, fit Geneviève dès qu'elle l'entendit revenir, vous aussi, vous avez été repoussé ?

Jean Eyrolles fit un effort surhumain pour ne rien laisser paraître de l'horreur dont il était envahi.

— Oui, dit-il, il paraît qu'il ne serait pas raisonnable d'insister... Monsieur votre frère est très malade, à ce qu'il paraît... mais, ce ne sera rien... rassurez-vous... il n'y a aucun danger...

— Très malade... aucun danger... répéta la jeune aveugle en lui prenant les mains.

— Vous tremblez, reprit-elle, vous êtes sous le coup d'une émotion terrible... Monsieur Jean Eyrolles, vous soupçonnez qu'un crime a été commis!

— Mademoiselle... Je ne sais rien, je vous le jure.

— Mon pauvre frère... Dieu!...

Soudain, elle tomba inanimée dans les bras de Marguerite, qui l'étendit sur un divan.

— Oh! monsieur, fit la vieille, ne nous quittez pas; je sens qu'un affreux danger menace ces pauvres enfants, elle, comme lui.

— Vous avez raison, dit Jean Eyrolles, il y a des meurtriers ici. Moi, je me charge de vous en débarrasser. Mais jusque-là, veillez bien sur cette jeune fille. Fermez vos portes, tenez-vous sur vos gardes. Le comte est probablement assassiné. Ce ne sera pas trop de nous deux pour protéger Mlle Geneviève.

— Paul... Mon pauvre petit Paul... Elles me l'ont tué! sanglota Marguerite.

Puis se redressant, terrible, serrant les poings, la vieille reprit :

— Quant à toucher à celle-ci, qu'elles y viennent !

## XLIV

### LA NUIT TERRIBLE

Huit heures venaient de sonner. Il faisait complètement nuit.

Brisée par tant d'émotions, Geneviève avait fini par
s'assoupir, apaisée par les caresses de la vieille Marguerite.

Sur les indications de la nourrice, Jean Eyrolles pro-
cédait à une enquête minutieuse, surveillant tout ce qui
se passait dans l'hôtel.

Il ne se dissimulait pas que pour provoquer une
descente de justice dans l'hôtel du comte de Mallegardes, il lui fallait autre chose que ses convictions
purement morales.

Ni le docteur, ni M<sup>me</sup> Lafare n'étaient encore rentrés.
La comtesse s'était enfermée chez elle. Tous les domestiques étaient à l'office. Il avait donc le champ libre.

Il y avait déjà une demi-heure qu'il examinait la
chambre du comte de Mallegardes.

Quelque chose lui disait que c'était là que le drame
avait dû être commis. Et pourtant il ne découvrait pas
la moindre tache sanglante, ni sur les meubles, ni sur
le parquet, rien, aucun trace.

Enfin il allait s'éloigner lorsqu'il crut entendre tout
à coup un vague bruit de pas sur le parquet de la
bibliothèque.

Il écouta de toutes ses forces, et le bruit, devenu
distinct, s'accentua de plus en plus.

Un frisson glacial agita son corps et suspendit sa respiration.

Immobile, effaré, il tenait ses yeux fixés sur la porte qui s'ouvrit lentement, et Antonine, enveloppée d'un peignoir blanc, lui apparut.

Qu'avait-il donc ?

Pourquoi ne saisissait-il pas cette occasion de l'interroger et de la forcer à faire l'aveu de son crime.

Mais la comtesse avait un aspect tellement étrange qu'il se sentit incapable de parler et de se mouvoir.

Silencieuse, prudente, avec des mouvements automatiques, Antonine se mit à genoux sur le seuil de la porte et, les yeux extraordinairement agrandis et brillants, elle étendit les bras d'une façon suppliante vers un être imaginaire qu'elle semblait apercevoir au milieu de la chambre.

Son regard sans expression, ses gestes incongrus et bizarres, son attitude inexplicable et l'absurde pantomime qu'elle jouait inconsciemment, tout enfin lui donnait l'apparence d'un être privé de raison ou atteint de somnambulisme.

Le front inondé d'une sueur froide, Jean Eyrolles ne quittait pas des yeux cette muette visiteuse, et suivait tous ses incompréhensibles mouvements.

La jeune femme, marchant sur les genoux, avait l'air de suivre quelqu'un, lentement, et n'avançait que peu à peu.

Elle se traîna longtemps ainsi. Enfin, arrivée près de la baignoire, elle se dressa soudain en poussant un cri rauque, et fit le simulacre d'y précipiter l'invisible personnage sur lequel semblaient s'être fixées jusqu'alors ses deux prunelles luisantes.

Après quoi, elle se pencha sur la baignoire et parut étreindre avec force quelque chose entre ses mains.

Pendant cette scène, le jeune homme était parvenu en partie à retrouver l'exercice de son esprit.

— Elle est folle, se dit-il, ou bien elle est affectée de

quelque mystérieuse maladie qui la porte, dans son sommeil, à jouer elle-même ses mauvais rêves.

Puis, s'approchant d'Antonine, il lui dit doucement :

— Que faites-vous là ?

Aussitôt la jeune femme se redressa en murmurant :

— Vite, emportons-le.

Elle se mit alors à faire les mouvements d'une personne qui étendrait un drap sur le sol et qui y roulerait un corps.

— Grand Dieu, pensa Jean Eyrolles, est-ce qu'elles l'auraient noyé dans son bain ?

Comme il avait pris un flambeau, Antonine le lui arracha des mains et lui dit d'un ton confidentiel :

— Dépêchons-nous.

Sans attendre de réponse, elle reprit le chemin de la bibliothèque, et, marchant sur la pointe du pied, elle traversa tout l'appartement.

Palpitant, Jean Eyrolles la suivit.

Elle ouvrit la porte, suivit le couloir jusqu'à l'escalier monta à l'étage supérieur, et entra dans l'atelier de sculpture. Là, se dirigeant vers une colossale ébauche de plâtre, représentant le Moïse de Michel-Ange, elle fit semblant d'y travailler.

La salle n'ayant pas été échauffée depuis plusieurs jours, il y régnait une humidité glaciale, qui fit bientôt frissonner la jeune femme, à peine vêtue.

Pendant quelques minutes, Jean Eyrolles la regarda, cherchant un sens à cette sinistre pantomime.

Soudain, il comprit l'épouvantable vérité.

— Il est là... il est là !

Et, surmontant le sentiment d'horreur qui remplissait son âme, il saisit un marteau et se mit à frapper sur la statue.

D'abord quelques morceaux de plâtre se détachèrent, puis la tête et l'épaule se fendirent ; enfin un énorme bloc se détacha et roula sur le sol, laissant à découvert la moitié de la figure et la poitrine d'un cadavre.

Antonine poussa un cri strident, sauvage, effroyable, désespéré. D'un bond, elle s'élança vers la sortie et disparut dans l'escalier en hurlant :

— Grâce ! grâce ! grâce !!!

Et, sous l'empire d'une invincible terreur, la jeune femme échevelée, à moitié nue, fuyait avec une vertigineuse rapidité, emplissant la maison de clameurs affolées.

Après être redescendue jusqu'au rez-de-chaussée, elle traversa plusieurs pièces et allait s'élancer dans la cour lorsqu'elle fut saisie par M<sup>me</sup> Lafare qui rentrait avec le faux docteur.

— Antonine, s'écria l'ex-marieuse, Antonine, où vas-tu?... Qu'as-tu, mon enfant?...

Cependant tout l'hôtel était en rumeur; les domestiques couraient çà et là, avec des lumières.

— Apaise tous ces gens, dit rapidement M<sup>me</sup> Lafare au vieux Martin, et obtiens qu'ils aillent se coucher au plus vite.

Puis, prenant sa fille sur ses bras, elle la porta dans sa chambre et l'étendit sur le lit.

— Ma fille chérie, qu'as-tu... oh! mon Dieu, qu'as-tu donc?...

Antonine ne répondit pas. Elle tremblait de tous ses membres et ses dents claquaient.

Cependant peu à peu, sous les caresses de sa mère, elle se calma et se mit à chantonner.

L'ex-marieuse, accablée, se laissa tomber dans un fauteuil.

— Tout est contre moi, murmura-t-elle, envahie d'une vague appréhension, je crois qu'il est temps d'abandonner la partie.

Ce jour-là, rien ne lui avait réussi.

M<sup>me</sup> Lulu avait passé toute la journée chez la Canorgue, attendant vainement le retour de Jean Eyrolles.

Malgré tous ses efforts, malgré toute l'activité de

Lafare qui avait couru, de son côté, chez les notaires et chez les agents de change, ils n'avaient pu réaliser, à eux deux, que trois cent mille francs.

Avec les valeurs trouvées à l'hôtel, le total des sommes réalisées s'élevait à peine à quatre cent mille francs.

On ne pouvait pas fuir avec si peu, quand on avait une si grosse fortune sous la main.

Il est vrai que le lendemain, la banque devait lui remettre pour près de deux millions de valeurs.

Ce qui la tourmentait le plus, c'était l'état d'Antonine.

Allait-elle devenir folle?

— Oh! non, c'était impossible. Elle saurait bien la guérir.

Avec toutes sortes de câlineries, elle lui passa la main sur le front, lui arrangea les cheveux et l'embrassa à plusieurs reprises, et lui demanda de sa voix la plus douce :

— Antonine, ma fille, comment te sens-tu?

La jeune femme la regarda sans avoir l'air de comprendre.

Mme Lafare reprit :

— Réponds-moi ; tu me reconnais bien, n'est-ce pas.

Même silence.

— Où souffres-tu?

— J'ai bien mal à la tête.

— Pauvre mignonne... cela se passera, va... mais dis-moi : tu m'entends, tu me comprends?

— Oui, fit Antonine, en regardant autour d'elle comme si elle cherchait quelqu'un.

— Que cherches-tu? Que veux-tu? demanda la mère.

— Je cherche Jean Eyrolles... Je veux le voir...

— A quoi bon, ma chère enfant?

— C'est que je l'aime, fit Antonine en joignant les mains avec une sorte d'extase.

— Voyons, reviens à toi. Jean Eyrolles ne nous veut que du mal. Ce n'est pas à lui qu'il faut penser. Nous courons un grand danger ; nous devons fuir cette nuit même.

— Je veux le voir, je veux le voir. Sans doute il m'attend chez nous, rue Saint-Denis. C'est que nous nous aimons bien, va.

— Mon Dieu, mon Dieu ! elle est folle, s'écria désespérément le marieuse.

Et comme la jeune femme se levait et se dirigeait vers la porte, M<sup>me</sup> Lafare la retint :

— Où vas-tu ? lui demanda-t-elle.

— Il m'appelle... tu n'entends donc pas ? Laisse-moi.

— Allons, reste-là ; tu es trop faible pour marcher...

— Mais il m'appelle, te dis-je.

— Tu te trompes, ma fille chérie... il est parti...

— Parti ! répéta Antonine avec exaltation.

— Calme-toi ; il va revenir... dans quelques heures... Il faut que tu l'attendes ici, ajouta doucement la grosse femme.

— Et l'autre, là-haut... il ne va pas descendre, dis ?

— Non, non, il ne descendra pas, fit la grosse femme avec un horrible frisson.

Et, vaincue enfin par l'affreuse douleur qui lui tordait les entrailles, la Marieuse, qui n'avait jamais pleuré, sentit son cœur se gonfler ; un sanglot lui serra la gorge et de grosses larmes, jaillissant de ses yeux, coulèrent lourdes et brûlantes sur ses joues contractées.

Eh quoi ! tant de combinaisons, tant de ruses, tant d'énergie, tant de crimes commis n'auraient servi à rien ? Toutes ces infernales machinations, conduites avec non moins d'audace que d'adresse, n'auraient abouti qu'à faire perdre la raison à sa fille bien-aimée ? Cette enfant, seul être au monde pour lequel elle eût de l'affection , son Antonine, dont elle était si fière, celle enfin qu'elle avait voulu faire noble, riche, heureuse, enviée, elle n'avait pu que la rendre folle.

Folle, folle ! sa fille, son Antonine !...

En vérité, le châtiment était épouvantable !

Comment pouvait-elle en douter ? Ne lui suffisait-il pas de regarder son enfant pour se convaincre qu'elle avait perdu l'esprit ? Tous ces traits naguère si fins, si expressifs, avaient maintenant une hébétude navrante ; cette bouche si gracieuse, si mobile, était à présent entr'ouverte, baveuse et déformée ; ces yeux, ces beaux yeux, si vifs autrefois, si clairs, si lumineux, étaient éteints désormais, vides, mornes, sans pensée, et d'une fixité effrayante et vitreuse.

Etait-ce possible, cela ? Etait-ce bien là sa fille ? N'y avait-il plus d'espoir ? Ne pourrait-on ramener la vie, la raison dans ce cerveau désorganisé ? Cette souple et rayonnante intelligence était-elle éteinte et morte à tout jamais ?

Non, non... Un pareil malheur n'était pas admissible ! Une telle punition ne pouvait lui être infligée, à elle, la mère. La chose était trop horrible. Elle l'aimait par-dessus tout.

Dans un appel suprême à toutes les énergies de son âme, la Marieuse reprit son enfant dans ses bras, tantôt la pressant contre sa poitrine, tantôt lui parlant, les yeux dans les yeux. Avec une patience héroïque et une prodigieuse tension de volonté, elle s'efforça de galvaniser cette intelligence égarée et tenta de lui insuffler une étincelle au moins de sa propre vitalité.

Ce fut une lutte à la fois épouvantable et surhumaine.

Longtemps dura cette tentative désespérée, et telle était l'ardeur déployée par cette femme énergique que parfois l'esprit d'Antonine semblait se réveiller sous l'influence de ce magnétisme vivifiant.

Une lueur apparaissait dans cet œil éteint, un éclair d'intelligence illuminait ce visage décomposé, et, par instants, la jeune femme paraissait comprendre ce que sa mère lui disait.

Ivre de joie, pendant quelques secondes, l'infatigable Marieuse persévérait dans sa tâche, et se reprenait à l'espoir de dissiper enfin les ombres qui enveloppaient l'âme de son enfant.

Mais bientôt la folle, un moment ranimée par ce souffle puissant, retombait dans les ténèbres et se replongeait dans son idée fixe, appelant et demandant sans cesse Jean Eyrolles.

Un bruit de pas précipités vint faire diversion à la douleur de la mère.

C'était Lafare.

Le vieux était blême.

— Qu'arrive-t-il encore? demanda la grosse femme.

— Je viens de voir sortir Jean Eyrolles de l'hôtel.

— Jean Eyrolles?... Tu es fou!

— Oui, oui, il venait des appartements de M^{lle} Geneviève...

— Est-ce possible?... Ils se connaissent donc?

— Sans doute, c'est elle qui l'a soigné, chez moi, à Neuilly... Le suisse m'a dit qu'il a passé l'après-midi ici.

Oh! pour le coup, la Marieuse pâlissait. Cette imperturbable criminelle, menacée dans son triomphe, se sentait prise de terreur à son tour. Cette fois, le péril était trop réel et trop prochain pour qu'elle ne s'en émût pas.

Elle se vit si bien perdue qu'elle eut, un instant, l'idée de sortir à la dérobée, de se précipiter dans la rue, et de s'enfuir sans regarder derrière elle.

Mais elle finit par se dire que la sagesse lui conseillait de s'assurer, par elle-même, de l'imminence du danger, avant d'en venir à cette honteuse extrémité.

— Il faut voir... pensa-t-elle.

Enfin, elle reconquit l'indomptable énergie qui faisait le fond de son caractère, et ajouta :

— Nous avons bien quelques heures devant nous, que diable !

Elle alla ouvrir la porte et prêta l'oreille.

Tout était calme et silencieux dans l'hôtel.

— As-tu ordonné au suisse de ne laisser entrer personne ?

— En termes formels.

— Où sont les domestiques ?

— La plupart sont couchés. Les autres bavardent encore dans les cuisines. Mais je leur ai dit, au nom de la comtesse, qu'on n'avait plus besoin de leurs services, et qu'ils pouvaient remonter dans leurs chambres. Il ne reste que Loupion et M<sup>lle</sup> Rose qui jouent aux cartes, à l'office.

— C'est bien.

— Que décides-tu ?

— Qu'il faut fuir, parbleu !

— Oui, oui, partons. Depuis ce matin, il me semble que ma tête ne tient plus sur mes épaules. Pour un peu je m'évanouirais.

— Allons, allons ! dit avec colère la sinistre matrone en secouant brutalement son mari par le bras ; assez de gémissements ; ce n'est pas le moment de se pâmer. M'entends-tu ?.. Nous avons autre chose à faire que de nous évanouir. Tiens, bois ceci ; ça te remettra. Il faut que chacun de nous sache valoir un homme cette nuit... Un peu d'énergie, que diable ! Vite, avale-moi ça, je le veux !

Et, joignant le geste à la parole, après avoir à moitié rempli une tasse de rhum, elle la porta à la bouche du vieux mendiant qui dut boire de force.

— A présent, reprit M<sup>me</sup> Lafare, secoue-toi. Rien n'est encore perdu, pourvu que nous ayons de l'audace et du sang-froid. Trêve de pamoisons.

— Que faut-il faire ?

— Tu vas remplir les malles.

— Aurons-nous le temps ?

— Mais, sans doute. Songe donc que Jean Eyrolles ne peut avoir que des soupçons. Le danger n'est donc pas immédiat. Va chercher une malle, là-haut, tu prendras la plus grande.

— Où cela ?

— Au deuxième, là, à droite.

Mᵐᵉ Lafare avait soulevé les rideaux de la fenêtre pour préciser son indication, quand soudain, elle devint muette, pétrifiée, les yeux démesurément agrandis par l'épouvante...

— Il y a de.. de... la... lumière dans l'atelier.

Une sueur froide lui coula sur tout le corps.

— Eh bien ? interrogea Lafare.

L'indomptable femme fit appel à toute son énergie.

— Eh bien, dit-elle, rien... Allons-y tous les deux.

Ils montèrent à l'étage supérieur.

On aurait pu entendre battre le cœur de la marieuse ; cependant, elle allait, sans hésiter.

Par la porte grande ouverte, on apercevait l'atelier éclairé par le flambeau qu'Antonine y avait apporté deux heures auparavant.

Par un effort de volonté surhumain, elle entra, elle osa regarder devant elle.

Mais l'épouvante lui arracha une sorte de rugissement, quand elle aperçut le cadavre du comte de Malle-gardes, visible en partie, par la brèche que venait de faire Jean Eyrolles à la statue de plâtre.

Un instant elle crut qu'elle allait mourir sur place.

Mais une autre idée lui traversa l'esprit comme un éclair.

Le crime était découvert.

Elle s'élança dans l'escalier, entraînant Lafare qui n'avait rien vu.

Comme ils descendaient, des hommes montaient.

— La police ! hurla le vieux bandit, en rebroussant chemin.

Elle aussi avait bien vu les agents ; mais elle n'avait pas proféré un cri.

Elle se précipita dans sa chambre, ferma la porte à double tour, et y traîna une armoire.

Tenant toujours son revolver, elle s'approcha du lit où jouait Antonine et, la prenant dans ses bras, elle l'emporta comme on emporte un enfant.

Elle traversa le salon bleu, puis les appartements du comte, et s'engagea dans l'escalier qui menait au jardin.

— La voilà ! La voilà ! crièrent plusieurs voix d'hommes.

Elle dut rentrer dans la chambre du comte, et barricader la porte.

Elle courut à la porte qui conduisait chez Geneviève. Cette porte massive était fermée.

Elle alla regarder par la fenêtre qui donnait sur la cour. La cour était pleine de monde.

Alors, elle s'avoua vaincue.

Elle se dirigea vers la cheminée et alluma plusieurs bougies.

Elle se vit dans la glace.

— Tiens, j'ai les cheveux tout blancs, dit-elle

Enfin, approchant un fauteuil du canapé sur lequel, en entrant, elle avait déposé Antonine, elle s'assit lourdement.

— Ouf ! fit-elle, je suis lasse.

En ce moment les agents attaquaient la porte.

La grosse femme se mit à jouer avec les cheveux de sa fille.

— Eh bien, petite, comment te sens-tu ?

En voyant briller le revolver dans la main droite de sa mère, Antonine tendit les mains :

— Donne, dit-elle.

— Non, mignonne, non, ce n'est pas pour toi. Allons, mon ange, ne fais pas la moue... Embrasse-moi, embrasse-moi bien fort... Oh ! de toutes tes forces !... Oui, comme cela... oh ! mon Antonine, comme je t'aime !

La porte tombait par éclats.

— Un dernier baiser...

La marieuse approcha le revolver de sa tempe.

Une détonation retentit.

Justice était faite.

Antonine fut enfermée dans une maison d'aliénés. Mais elle mourut avant la fin du procès.

Le vieux Lafare fut condamné aux travaux forcés à perpétuité.

Accompagnés de la vieille Marguerite, Jean Eyrolles et la pauvre Geneviève accomplissent de longs voyages.

— Mariez-vous donc, leur dit quelquefois la vieille nourrice, puisque vous vous aimez.

FIN

# TABLE DES CHAPITRES

55. CHATEAUBRIAND, [illegible]
56. IVAN TOURGUENEFF, Récits d'un Chasseur.
57. L. JACOLLIOT, Le Crime du Moulin d'Usor.
58. P. BONNETAIN, Marsouins et Mathurins.
59. A. DELVAU, Mémoires d'une Honnête Fille.
60. RENÉ MAIZEROY, Vavaknoff.
61. GUÉRIN-GINISTY, La Fange.
62. ARSÈNE HOUSSAYE, Madame Trois-Étoiles.
63. CHARLES AUBERT, La Belle Luciole.
64. MIE D'AGHONNE, L'Écluse des Cadavres.
65. GUY DE MAUPASSANT, L'Héritage.
66. CATULLE MENDÈS, Monstres parisiens (nouvelle série).
67. CH. DIGUET, Moi et l'Autre (Ouvrage couronné).
68. L. JACOLLIOT, Vengeance de Forçats.
69. HAMILTON, Mémoires du Chevalier de Grammont.
70. MARTIAL MOULIN, Nella.
71. CHARLES DESLYS, L'Abîme.
72. FRÉDÉRIC SOULIÉ, Le Lion amoureux.
73. HECTOR MALOT, Les Amours de Jacques.
74. EDGAR POE, Contes extraordinaires.
75. EDOUARD BONNET, La Revanche d'Orgon.
76. THÉO-CRITT, Le Sénateur Ignace.
77. ROBERT HALT, Brave Garçon.
78. JEAN RICHEPIN, Les Morts bizarres.
79. TONY RÉVILLON, Noémi. — *La Bataille de la Bourse.*
80. TOLSTOÏ, Le Roman du Mariage.
81. FRANCISQUE SARCEY, Le Siège de Paris.
82. HECTOR MALOT, Madame Obernin.
83. JULES MARY, Un coup de Revolver.
84. GUSTAVE TOUDOUZE, Les Cauchemars.
85. STERNE, Voyage Sentimental.
86. MARIE COLOMBIER, Nathalie.
87. TANCRÈDE MARTEL, La Main aux Dames.
88. ALEXANDRE HEPP, L'Amie de Madame Alice.
89. CLAUDE VIGNON, Vertige.
90. ÉMILE DESBEAUX, La Petite Mendiante.
91. CHARLES MÉROUVEL, Caprice des Dames.
92. Mme ROBERT HALT, La Petite Lazare.
93. ANDRÉ THEURIET, Lucile Desenclos. — *Une Ondine.*
94. EDGAR MONTEIL, Jean des Galères.
95. CATULLE MENDÈS, Le Cruel Berceau.
96. SILVIO PELLICO, Mes Prisons.
97. MAXIME RUDE, Une Victime de Couvent.
98. MAURICE JOGAND (Marc-Mario), L'Enfant de la Folle.
99. EDOUARD SIEBECKER, Le Baiser d'Odile.
100. VALLERY-RADOT, Journal d'un Volontaire d'un an
    (Ouvrage couronné par l'Académie française).
101. VOLTAIRE, Zadig. — *Candide.* — *Micromégas.*
102. CAMILLE FLAMMARION, Voyages en Ballon.
103. HECTOR MALOT, Cara.
104. ÉMILE ZOLA, Nantas.
105. Mme LOUIS FIGUIER, Le Gardian de la Camargue.
106. ALEXIS BOUVIER, Les Petites Ouvrières.
107. GABRIEL GUILLEMOT, Maman Chautard.
108. JEHAN SOUDAN, Histoires américaines (Illustrées).
109. GASTON D'HAILLY, Fleur de Pommier.
110. IVAN TOURGUENEFF, Premier Amour.
111. OSCAR MÉTÉNIER, La Chair.

PARIS. — IMP. C. MARPON ET E. FLAMMARION, RUE RACINE, 26.